U0165816

史記

概說及名篇賞析

魏聰祺 編著

五南圖書出版公司 印行

自　序

　　本書是筆者歷年從事《史記》教學與《史記》研究累積的心得及成果。書中包括《史記》概說和名篇賞析兩大部分。

　　全書共十七章，前四章屬於《史記》概說：第一章「《史記》名稱與作者」，談《史記》名稱的演變、作者先世譜系、司馬談、司馬遷。第二章「李陵案對《史記》成書的影響」：催化《史記》成書；表現忍辱負重的精神；認清或重於泰山，或輕於鴻毛的生死觀；提出「發憤著書」的見解；揭露世態炎涼、人情冷暖的現實；懷疑天道的真實。

　　第三章「《史記》編纂過程」，可分五個階段：

壹、「緒論—基本前題」：包括

1. 研究動機：平素志向、臨終遺命、李陵之禍。

2. 研究方向：撰寫以人為中心的歷史作為切入點；

3. 研究範圍：

　　⑴時間範圍，是寫從黃帝到漢武帝，由古至今，二千多年的通史。

　　⑵空間範圍，是寫中國到四夷，從北到南，由東到西，縱橫數萬里的世界史。

　　⑶人物範圍，是寫上自帝王，下至販夫走卒，包括社會各階層，不同地位、不同職業、不同類型的社會史。

　　⑷事類範圍，是寫包括政治、軍事、外交、禮樂、律曆、天文、宗教、水利、經濟、風俗民情等的文化史。

　　⑸體裁範圍，是採本紀、表、書、世家、列傳五種方式，創為紀傳通史。

4. 研究目的：⑴論治；⑵究天人之際、通古今之變、成一家之言。

貳、「史料蒐集」：〈自序〉：「百年之間，天下遺文古事靡不

畢集太史公，太史公仍父子相續纂其職。」又說：「網羅天下
放失舊聞」。可見司馬遷蒐集史料之豐。包括： 1.書籍檔案，
2.耳聞目見兩部分。

參、「**史料考訂**」：其考訂史料之原則有： 1.考信六藝，折中夫
子； 2.多從古文； 3.參驗訂誤。故有「實錄」之稱。

肆、**史料運用**：包括

1. 整理：厥協六經異傳，整齊百家雜語。

2. 選擇：史料去取：明言史料來源；擇雅；著有關天下存亡者；錄
軼事；世多有者不錄；闕疑傳疑。

3. 剪裁：詳近略遠：依史料多寡而做適當剪裁，史料多則詳寫，史
料少則略寫。時空近、史料多，則詳寫而篇幅多；時空遠，史料
少，則略寫而篇幅少：此即詳近略遠。

4. 安排：繁省得宜：以互見法安排，(1)其方式有三：此有彼無，此
詳彼略、互有詳略；(2)其功用有五：避免重複，寄託褒貶，掩飾
忌諱、把握主題、因應體例。

伍、「**文字運用**」：史料經過整理、選擇、剪裁和安排之後，才可
見諸文字。司馬遷在文字的運用上，頗為費心處理，形成篇章
嚴謹、長於布局、寫人生動、活用語言的文學效果。

　　第四章「表述形式」，創立五體兼備的人類全史。包括十二本
紀、十表、八書、三十世家及七十列傳，分別從人物、事件和時間三
方面討論這五種體裁的特性和內涵。

　　第五章至第十七章屬於名篇賞析。第五章「析論項羽『略知其
意，又不肯竟學』」：

1. 項羽的「略知其意，又不肯竟學」，其適用範圍應涵蓋：「學書
不成」、「學劍又不成」及「學兵法，略知其意，又不肯竟學」
三項。

2. 略知其意：「學書不成」，並不是只學會「記名姓而已」，「學

劍不成」，亦非只學得「一人敵」的功夫，項羽「大喜」之兵法，當是專精研究，大略地都知道其奧義所在。

3. 不肯竟學：項羽因個性不喜文靜之事，所以「學書不成」；又因志向遠大，所以對於「一人敵」的「學劍」，也不肯竟學，而想學「萬人敵」的兵法。又受限於自己「婦人之仁」、「意忌信讒」、「僄悍猾賊」的個性，對兵法不肯竟學，所以兵法中「上兵伐謀，其次伐交」及「攻心為上」的策略，都無法領略，而中了敵人反間、心戰，使得部屬、盟邦離心離德，終至兵敗垓下，自刎烏江的悲劇下場。

第六章「析論《史記・項羽本紀》之鴻門宴」：1.事件起因：(1)外在原因：曹無傷告密、范增慫恿、項伯報恩；(2)內在原因：沛公作為、項羽性格。2.事件過程：以實帶虛的寫作手法；危機四伏的緊張情節；對比映襯的結構。

第七章「用武俠小說輔助語文教學——以『坦上納履』為例」：透過武俠小說《神雕俠侶》中金輪法王和郭襄的互動，可以輔助教學，讓學生經由類化作用而理解坦上老父墜履考驗張良，是明師欲求高徒的測試，張良合乎「天資高」、「品行好」、「有恆心」及「機緣巧合」的條件，所以老父說：「孺子可教也」。因此，才會有五日後早會，由老父以身教代言教，和張良鬥智，來教導張良。

第八章「《史記・留侯世家》九大計評析」：張良「所與上從容言天下事甚眾，非天下所以存亡，故不著。」反之，該篇所著錄者，即為有關天下存亡大事。本文評析「利啗秦將，旋破嶢關，漢以是先入關」；「勸還霸上，固要項伯，漢以是脫鴻門」；「燒絕棧道，激項攻齊，漢以是得還定三秦」；「敗於彭城，則勸連布、越」；「將立六國，則借箸銷印」；「韓信自王，則躡足就封」：此漢所以卒取天下。「勸封雍齒，銷變未形」；「勸都關中，垂安後世」；「勸迎四皓，卒定太子」：又所以維持漢室於天下既得之後。

第九章「從〈伯夷列傳〉論司馬遷竊比孔子」：不論是「崇讓」、「徵信」、「天人」或「闡幽」，司馬遷都是以孔子為圭臬。可見〈伯夷列傳〉之寫作，隱含竊比孔子的撰述心志。

第十章「《史記‧老子列傳》所呈現的老子形象──其猶龍邪」：從史料選擇、史料可信度及文字敘述三方面，詳細分析〈老子列傳〉是如何地呈現老子撲朔迷離，變幻莫測的神龍形象。

第十一章「論戰國四公子養士態度與門客回報」：從養士態度和門客回報兩方面，評論戰國四公子之優劣。其順序為信陵君、平原君、孟嘗君、春申君。

第十二章「馮諼客孟嘗君事件評析──以《史記‧孟嘗君列傳》與《戰國策‧齊人有馮諼者章》作比較」：得到結論為二文「主題不同」、「寫作重點不同」、「詳略可以互補」。

第十三章「善用動畫提升教學效果──以蔡志忠動畫《史記》為例」：善用該動畫的優點：「反復對照，增添印象」、「由抽象文字敘述變為具體動畫影音」、「可與其他文獻或動畫比較」，以提升教學效果。另外，該動畫編製時，因為缺乏史學專長，造成許多不合史實的缺點。老師可以轉禍為福，因敗為功，將這些缺點化為教學上的利器，以提問法讓學生找出該動畫有哪些錯誤之處，再問學生原因何在？正確答案為何？如此一來，必能使學生注意該問題，進而主動思索。

第十四章「《史記‧劉敬叔孫通列傳》析評」：劉敬與叔孫通二人屬於「性質相近」一類。二人之所以合為一傳，乃因二人為漢家奠定長治久安之制度，一是建都關中，一是制訂朝儀，皆有其久遠影響。本文從「立傳原因」、「傳主性格」、「史事評論」和「寫作方式」加以析評。

第十五章「善用史實作為分辨疑難之關鍵──以秦王子嬰之身分為例」：基於「公子嬰」的稱謂、胡亥聽趙高之讒而殺諸公子、胡亥

殺蒙氏兄弟而子嬰曾勸諫、趙高以義立子嬰為秦王、子嬰年齡等史實，子嬰的身分應是始皇弟。

第十六章「善用『時間』作為分辨疑難之關鍵——以漢孝惠皇后之身分為例」：筆者認為她不是張敖與魯元公主所生之女，而是張敖與前婦所生之女。其理由如下：

1. 《史記・外戚世家》曰：「呂后長女為宣平侯張敖妻，敖女為孝惠皇后。」只說張敖之女為孝惠皇后。

2. 張敖早有前婦，也生有二子，則孝惠皇后可能是張敖與前婦所生之女。

3. 魯元公主既是張敖嫡妻，則張敖其他姬妾之子女在名義上也是魯元公主的子女，那就符合親上加親的「重親」意義。

反之，若孝惠皇后為張敖與魯元公主所生，則有數點不合邏輯之處：

1. 孝惠帝娶親外甥女，有亂倫之譏；

2. 血源太近，其生不蕃；

3. 孝惠皇后當時只有八足歲。這都與呂后「欲其生子」的願望相違背。

第十七章「善用電子資料庫解決教研問題——以「季布母弟丁公」為例」：《史記・季布欒布列傳》云：「季布母弟丁公，為楚將。」唐・司馬貞《索隱》：「謂布之舅也。」唐・顏師古曰：「此母弟為同母異父之弟。」二人說法不同。本文在「中央研究院・漢籍電子文獻・瀚典全文檢索系統」分別輸入關鍵字詞，經過資料比較，得出「季布母弟丁公」是說「季布的同母弟弟丁公」，而非「季布母親的弟弟丁公」。

能夠寫完本書，最該感謝的是內人，沒有她的催促與勉勵，我仍是一年拖過一年，不知何時才能完成。其次是系上同仁與同學的互動，使我能教學相長，精益求精。再者是感謝各篇外審教授給予的鼓勵與建議，使本書的素質大幅提升。最後是感謝五南圖書出版股份有

限公司給予出書的機會，得以面對讀者。

魏聰祺　謹識

民國107年7月於國立臺中教育大學語文教育系

目　次

第一章

《史記》名稱與作者

壹、《史記》的名稱

一、該書所言「史記」意義

　　指古代史籍。如：〈周本紀〉：「周太史伯陽讀史記。」〈孔子世家〉：「因史記作春秋。」〈天官書〉：「余觀史記。」〈太史公自序〉（簡稱〈自序〉）：「史記放絕。」

二、該書書名

　　該書書名從產生到固定，大約有五：

1.《太史公書》

　　〈自序〉：「凡百三十篇，五十二萬六千五百字，為《太史公書》。」《漢書・東平思王傳》：「上疏求諸子及《太史公書》。」《後漢書・楊終傳》：「受詔刪《太史公書》為十餘萬言。」

2.《太史公傳》

　　〈龜策列傳〉：「褚先生曰：臣以通經術，受業博士，治《春秋》，以高第為郎，幸得宿衛，出入宮殿中十有餘年。竊好《太史公傳》，《太史公之傳》曰：『三王不同龜，四夷各異卜，然各以決吉凶，略闚其要，故作〈龜策列傳〉。』」

3.《太史公記》

　　《漢書・楊惲傳》：「惲始讀外祖《太史公記》。」東漢・荀悅《漢紀》：「司馬子長既遭李陵之禍，喟然而嘆，幽而發憤，遂著史記。始自黃帝，以及秦漢，為《太史公記》。」

4.《太史公》

　　《漢書・藝文志・春秋類》：「《太史公》百三十篇。」《漢書・敘傳》：「自東平思王以叔父求《太史公》、諸子書，大將軍白不許。語在〈東平王傳〉。」桓譚《新論》：「遷所著書成，以示東方

朔，朔皆署曰：『太史公』。」（《史記索隱》引）

5.《史記》

　　《三國志・魏書・王肅傳》：「帝又問：『司馬遷以受刑之故，內懷隱切，著《史記》非貶孝武，令人切齒。』對曰：『司馬遷記事，不虛美，不隱惡。漢武帝聞其述《史記》，取孝景及己本紀覽之，於是大怒，削而投之。於今此兩紀有錄無書。後遭李陵事，遂下遷蠶室。此爲隱切在孝武，而不在於史遷也。』」

貳、先世譜系

　　「昔在顓頊，命南正重以司天，北正黎以司地。唐虞之際，紹重黎之後，使復典之，至于夏商，故重黎氏世序天地。其在周，程伯休甫其後也。當周宣王時，失其守而爲司馬氏。司馬氏世典周史。惠襄之閒，司馬氏去周適晉。晉中軍隨會奔秦，而司馬氏入少梁。」

　　「自司馬氏去周適晉，分散，或在衛，或在趙，或在秦。其在衛者，相中山。在趙者，以傳劍論顯，蒯聵其後也。在秦者名錯，與張儀爭論，於是惠王使錯將伐蜀，遂拔，因而守之。錯孫靳，事武安君白起。而少梁更名曰夏陽。靳與武安君阬趙長平軍，還而與之俱賜死杜郵，葬於華池。靳孫昌，昌爲秦主鐵官，當始皇之時。蒯聵玄孫卬爲武信君將而徇朝歌。諸侯之相王，王卬於殷。漢之伐楚，卬歸漢，以其地爲河內郡。昌生無澤，無澤爲漢市長。無澤生喜，喜爲五大夫，卒，皆葬高門。喜生談，談爲太史公。」（〈自序〉）

參、司馬談

　　「太史公學天官於唐都，受《易》於楊何，習道論於黃子。太史公仕於建元、元封之閒，愍學者之不達其意而師悖，乃論六家之要指曰：《易大傳》：『天下一致而百慮，同歸而殊塗。』夫陰陽、儒、墨、名、法、道德，此務爲治者也，直所從言之異路，有省不省耳，嘗竊觀陰陽之術，大祥而眾忌諱，使人拘而多所畏；然其序四時之大順，不可

失也。儒者博而寡要，勞而少功，是以其事難盡從；然其序君臣父子之禮，列夫婦長幼之別，不可易也。墨者儉而難遵，是以其事不可徧循；然其彊本節用，不可廢也。法家嚴而少恩；然其正君臣上下之分，不可改矣。名家使人儉而善失眞；然其正名實，不可不察也。道家使人精神專一，動合無形，贍足萬物。其爲術也，因陰陽之大順，采儒墨之善，撮名法之要，與時遷移，應物變化，立俗施事，無所不宜，指約而易操，事少而功多。儒者則不然。以爲人主天下之儀表也，主倡而臣和，主先而臣隨。如此則主勞而臣逸。至於大道之要，去健羨，絀聰明，釋此而任術。夫神大用則竭，形大勞則敝。形神騷動，欲與天地長久，非所聞也。」（〈自序〉）

肆、司馬遷

依〈自序〉所言：「太史公既掌天官，不治民。有子曰遷。」

一、遷生龍門：景帝中元五年（B.C.145）

〈自序〉：「卒三歲而遷爲太史令，紬史記石室金匱之書」句下，司馬貞《索隱》：「《博物志》，太史令，茂陵顯武里大夫司馬遷，年二十八，三年六月乙卯，除六百石。」——依此，則遷生於漢武帝建元六年（B.C.135）。

〈自序〉：「五年而當太初元年」句下，張守節《正義》：「按遷年四十二歲。」——依此，則遷生漢景帝中元五年（B.C.145），本文採此說。

二、耕牧河山之陽：山南水北曰陽。

三、年十歲則誦古文

武帝建元五年（B.C.136），遷父談於此年仕爲太史令，隨父入京，居於茂陵顯武里。從孔安國問學，《漢書‧儒林傳》：「而司馬遷

亦從安國問故。」

四、南遊江淮：20歲。元朔三年（B.C.126）

〈自序〉：「二十而南游江、淮，上會稽，探禹穴，闚九疑，浮於沅、湘；北涉汶、泗，講業齊、魯之都，觀孔子之遺風，鄉射鄒、嶧；厄困鄱、薛、彭城，過梁、楚以歸。」

五、仕為郎中：23歲

元朔六年（B.C.123），補博士弟子員，〈自序〉：「於是遷仕為郎中」。

六、奉使巴蜀：35歲。元鼎六年（B.C.111）

〈自序〉：「奉使西征巴、蜀以南，南略邛、筰、昆明，還報命。」

七、封禪泰山：36歲。元封元年（B.C.110）

「是歲天子始建漢家之封，而太史公留滯周南，不得與從事，故發憤且卒。而子遷適使反，見父於河洛之間。太史公執遷手而泣曰：『余先周室之太史也。自上世嘗顯功名於虞夏，典天官事。後世中衰，絕於予乎？汝復為太史，則續吾祖矣。今天子接千歲之統，封泰山，而余不得從行，是命也夫，命也夫！余死，汝必為太史；為太史，無忘吾所欲論著矣。且夫孝始於事親，中於事君，終於立身。揚名於後世，以顯父母，此孝之大者。夫天下稱誦周公，言其能論歌文武之德，宣周邵之風，達太王王季之思慮，爰及公劉，以尊后稷也。幽厲之後，王道缺，禮樂衰，孔子脩舊起廢，論《詩》、《書》，作《春秋》，則學者至今則之。自獲麟以來四百有餘歲，而諸侯相兼，史記放絕。今漢興，海內一統，明主賢君忠臣死義之士，余為太史而弗論載，廢天下之史文，余甚懼焉，汝其念哉！』遷俯首流涕曰：『小子不敏，請悉論先人所次舊

聞，弗敢闕。』」（〈自序〉）

八、瓠子塞河：37歲。元封二年（B.C.109）

〈河渠書〉：「自河決瓠子後二十餘歲，歲因以數不登，而梁楚之地尤甚。天子既封禪巡祭山川，其明年，旱，乾封少雨。天子乃使汲仁、郭昌發卒數萬人塞瓠子決。」

九、繼任太史令：38歲。元封三年（B.C.108）

〈自序〉：「卒三歲而遷爲太史公，紬史記石室金匱之書。」

十、太初改曆：42歲。太初元年（B.C.104）。

〈自序〉：「五年而當太初元年，十一月甲子朔旦冬至，天曆始改，建於明堂，諸神受紀。」

十一、李陵之禍：47歲。天漢二年（B.C.99）

「於是論次其文。七年而太史公遭李陵之禍，幽於縲紲。乃喟然而歎曰：『是余之罪也夫！是余之罪也夫！身毀不用矣。』退而深惟曰：『夫《詩》、《書》隱約者，欲遂其志之思也。昔西伯拘羑里，演《周易》；孔子戹陳蔡，作《春秋》；屈原放逐，著《離騷》；左丘失明，厥有《國語》；孫子臏腳，而論兵法；不韋遷蜀，世傳《呂覽》；韓非囚秦，〈說難〉、〈孤憤〉；《詩》三百篇，大抵賢聖發憤之所爲作也。此人皆意有所鬱結，不得通其道也，故述往事，思來者。』於是卒述陶唐以來，至于麟止，自黃帝始。」（〈自序〉）

十二、下獄腐刑：48歲。天漢三年（B.C.98）

〈報任安書〉：「草創未就，適會此禍，惜其不成，是以就極刑而無慍色。」

古、在獄著書：49歲。天漢四年（B.C.97）

古、出獄任中書令：50歲。太始元年（B.C.96）

　　《漢書・司馬遷傳》：「遷既刑之後，爲中書令，尊寵任職。」

古、巫蠱之禍：55歲。征和二年（B.C.91）

　　任安因巫蠱之禍而入獄，司馬遷寫〈報任安書〉：「今少卿抱不測之罪，涉旬月，迫季冬，僕又薄從上上雍，恐卒然不可諱，是僕終已不得舒憤懣以曉左右，則長逝者魂魄私恨無窮。請略陳固陋。」此後，《漢書・司馬遷傳》說：「遷既死後，其書稍出。」未明言司馬遷之卒年。

第二章

李陵案對《史記》成
書的影響

壹、前言

　　漢武帝天漢二年（西元前99年）秋天，貳師將軍李廣利奉命率領三萬騎兵往祁連天山一帶攻打匈奴右賢王。而當時在酒泉、張掖一帶屯兵備胡，並教習射法的李陵，因表現很好，也奉命率領五千射士步卒，深入居延北邊沙漠一千多里，以分散匈奴軍隊。結果李陵深入敵境，到了約定日期才領軍返程，但半途卻被匈奴單于八萬軍隊包圍，李陵在寡不敵眾的處境下，雖然殺了一萬多匈奴兵，無奈弓矢用盡，士卒死傷過半，只得且戰且走，連打八天，最後在糧食缺乏、救兵不至的困境下，投降了匈奴（《史記‧李將軍列傳》）。消息傳回朝中，君臣震恐，此時羣臣大都阿附武帝，媒孽羅織李陵的罪過，司馬遷因素知李氏一門忠烈，挺身為李陵辯白，闡述李陵所以不死而降者，必有伺機以報漢的打算。但卻忤怒武帝，被認為與李陵朋黨為私，且有譏諷李廣利用人不當之嫌，因而被下獄治罪（《漢書‧司馬遷傳》之〈報任安書〉）。匈奴單于既得李陵，素聞李氏家聲，且在戰鬥時十分猛壯，因此以女配李陵為妻，而且尊貴他。武帝得知，大怒，即族滅李陵之母及妻子（〈李將軍列傳〉），並將替他美言的司馬遷處以腐刑（〈報任安書〉）。

　　司馬遷遭遇如此痛苦打擊，對於世態炎涼、人情世故有了更深的體會；對於常與善人的天道，不禁懷疑其真是真非；自己如果因此自裁，豈不是默認自己的罪行？而父親臨終遺命及自己平素志願所要完成的史書，豈非永無完成之日，要遺憾終身嗎？因此隱忍苟活，忍辱著書，以寄託心中憤懣不平的情緒。本文即是針對李陵案對司馬遷寫作《史記》的影響，略作一番剖析。

貳、催化《史記》成書

　　司馬遷寫作《史記》有幾個動機：其一是父親的遺命，所以在〈太史公自序〉中，司馬遷提到「是歲，天子始建漢家之封，而太史公留滯周南，不得與從事，故發憤且卒。」而此時司馬遷剛好奉使西征巴

蜀的任務結束，返回復命，見父親臨終最後一面，他的父親司馬談「執遷手而泣曰：『余先，周室之太史也，……後世中衰，絕於予乎？汝復為太史，則續吾祖矣。……余死，汝必為太史，為太史，無忘吾所欲論著矣。……今漢興，海內一統，明主賢君忠臣死義之士，余為太史而弗論載，廢天下之史文，余甚懼焉，汝其念哉！』」司馬遷聽了父親臨終遺命，馬上俯首流涕地回答：「小子不敏，請悉論先人所次舊聞，弗敢闕。」其二是平素的志願，司馬談要兒子司馬遷著史，這是蓄積已久的志向，所以從小給他受好的教育，找好的古文老師，以奠定學問基礎，所以〈太史公自序〉有：「年十歲則誦古文。」成年之後，又讓他遊歷大江南北，培養他的見識與氣度，因而有古蹟尋訪和風土採錄的收穫。由於司馬遷所受的教育，是儒家教材，而父親臨終時，亦以孔子作《春秋》來期勉他，所以〈太史公自序〉提到：

> 太史公曰：「先人有言：『自周公卒，五百歲而有孔子；孔子卒後，至於今五百歲，有能紹明世，正易傳，繼春秋，本詩書禮樂之際。』意在斯乎？意在斯乎？小子何敢讓焉！」

這種「何敢讓焉」的態度，就是孟子「捨我其誰」的精神。由於這種繼承孔子作《春秋經》的抱負，深植於司馬遷的心中，加上父親臨終遺命，所以在司馬遷繼任太史令之後，隨即「紬史記石室金匱之書」，並「網羅天下放失舊聞」，想寫出一部「究天人之際，通古今之變，成一家之言」的巨著。

　　有了上述兩項動機，《史記》的編寫工作已順利進行，但何時完成，猶未可期；能否竟功，亦頗難料。此時卻發生了「李陵案」，使得司馬遷幾乎引決自裁。假使司馬遷當時不能忍辱而自裁，則《史記》一書無法完成，這是李陵案可能帶來的影響；反之，若非李陵案的打擊，司馬遷是否能在平穩的日子中如期完成《史記》，亦頗令人懷疑。所以李陵案可視為《史記》成書的加速催化劑。

　　李陵案雖使司馬遷身受宮刑，精神受辱，但卻使他下定決心，要以

《史記》的完成來洗刷自身的羞辱,讓歷史上的是非有個公正評斷;若是無法完成《史記》,豈不是白挨一刀,枉遭指責嗎?所以說李陵案的影響是加速催化《史記》的成書。

參、表現忍辱負重的精神

先秦的士大夫們,大致都有「刑不上大夫」的觀念,所以當一位有氣節的士大夫犯罪後,寧願引決自裁,也不願受審被刑。這種觀念在漢初仍是如此,所以司馬遷在〈報任安書〉中說出「士有畫地為牢勢不入,削木為吏議不對」的話,當他因李陵案而被判死罪,原有自殺的打算,但最後甘心接受腐刑而苟活於世,卻是有不得已的苦衷,在〈報任安書〉中,司馬遷將此苦衷說得十分詳細:

> 且夫臧獲婢妾,猶能引決,況若僕之不得已乎?所以隱忍苟活,函糞土之中而不辭者,恨斯心有所不盡,鄙沒世而文采不表於後也。……僕竊不遜,近自託於無能之辭,網羅天下放失舊聞,考之行事,稽其成敗興壞之理,凡百三十篇,亦欲以究天人之際,通古今之變,成一家之言。草創未就,適會此禍,惜其不成,是以就極刑而無慍色。僕誠已著此書,藏之名山,傳之其人通邑大都,則僕償前辱之責,雖萬被戮,豈有悔哉!

不僅如此,他在《史記》一書當中,有許多地方的取材,都富有忍辱負重的教訓在內,即是欲藉傳述前人忍辱負重而成就功業的例子,來說明自己「就極刑而無慍色」的內心掙扎,以免被世俗之人誤會自己「怯懦苟活」,而貽羞先人。例如:

對於句踐臥薪嚐膽,十年生聚,十年教訓,而雪恥復仇的行徑,司馬遷讚賞地說:「句踐苦身焦思,終滅彊吳,北觀兵中國,以尊周室,號稱霸王,句踐可不謂賢哉!」(〈越王句踐世家贊〉)對於范雎、蔡澤的困厄發憤,終為秦相,名揚諸侯,司馬遷也心有同感地說:「然二

子不困厄，惡能激乎！」（〈范雎蔡澤列傳贊〉）對於伍子胥忍辱逃離楚國，說動吳王闔廬伐破郢都，並將楚平王鞭屍三百，以報仇雪恨的精神，司馬遷則讚許地說：「向令伍子胥從奢俱死，何異螻蟻！棄小義，雪大恥，名垂後世，悲夫！方子胥窘於江上，道乞食，志豈嘗須臾忘郢邪？故隱忍就功名，非烈丈夫孰能致此哉！」（〈伍子胥列傳贊〉）對於季布為了躲避高祖的通緝，不避羞辱地讓人剃光頭髮，戴上枷鎖，被當成奴隸賣給游俠朱家，後來得到赦免，又成為漢初名將的隱忍行為，司馬遷也有一番感慨：「以項羽之氣，而季布以勇顯於楚，身屢典軍搴旗者數矣，可謂壯士！然至被刑戮，為人奴而不死，何其下也。彼必自負其材，故受辱而不羞，欲有所用其未足也，故終為漢名將。賢者誠重其死，夫婢妾賤人感慨而自殺者，非能勇也，其計畫無復之耳。」（〈季布欒布列傳贊〉）凡此皆是藉前賢英雄忍辱負重以成就功名的事例，來說明自己含垢著書的不得已的抉擇。

肆、認清或重於泰山，或輕於鴻毛的生死觀

　　由《史記》的忍辱負重史料中，我們可以鑿出司馬遷對生死的看法，也就是他在〈報任安書〉中所說的：「人固有一死，或重於泰山，或輕於鴻毛，用之所趨異也。」這其中又有幾點需要說明的：

1. 人應該有殺身成仁、捨身取義的犧牲精神，這種死，才是死得有價值，死得重於泰山。所以司馬遷在〈廉頗藺相如列傳〉中描述藺相如「完璧歸趙」、「澠池會」及「將相和」的場面之後，於篇末則發表評論說：「知死必勇，非死者難也，處死者難。方藺相如引璧睨柱，及叱秦王左右，勢不過誅。然士或怯懦而不敢發，相如一奮其氣，威信敵國，退而讓頗，名重泰山，其處智勇，可謂兼之矣！」這是讚揚藺相如在「完璧歸趙」及「澠池會」的關鍵時刻，勇於一死，所以威勢鎮懾秦人，縱使因此而犧牲生命，他的死也是重於泰山。

2. 若是目前死得沒價值，輕於鴻毛，倒不如忍下一口氣，爭取日後更大的成就。〈報任安書〉中說：「勇者不必死節，怯夫慕義，何所不勉

焉！」意思是說：眞正勇者並不是在任何情況下都要犧牲生命的，怯懦者也不是在任何情況下都會貪生怕死，如果遇上他所仰慕的情況時，他也會無所不勉的。這種觀念，正是前面所言「非死者難，處死者難也」，所謂「處」字，即是指正確判斷、正確選擇。所以在〈淮陰侯列傳〉中描述韓信被淮陰少年挑釁羞辱時，韓信的表現是「孰視之，俛出袴下，蒲伏。」當他貴爲楚王時，召來當初辱己的少年，並告訴部屬說：「方辱我時，我寧不能殺之邪？殺之無名，故忍而就於此。」這段話就是韓信當初「孰視之」時所想的事情。他覺得在當時爲了忍不下一口氣而殺了辱己少年，難保自己也要殺人償命，這樣死了，實在不值得，只好忍辱以求日後更大的功業。但是這種忍辱苟活的苦衷，一般人是不會了解的，所以當韓信承受「袴下之辱」後，「一市人皆笑信以爲怯」，楚將司馬龍且在與韓信對陣時，也說「固知信怯也」；而司馬遷忍辱接受宮刑，其內心的痛苦、掙扎，更是數倍於韓信，在〈報任安書〉中，他說：「負下未居易，下流多謗議，僕以口語遭此禍，重爲鄉黨所笑，以污辱先人，亦何面目復上父母丘墓乎？雖累百世，垢彌甚耳！是以腸一日而九回，居則忽忽若有所亡，出則不知其所往，每念斯恥，汗未嘗不發背沾衣也。」這種痛苦，只有自己知道，外人甚至還譏諷地說：「今無行之人貪利以陷其身，蒙戮辱而損禮儀，恒於苟生者何？一日下蠶室，瘡未瘳而宿衛人主，得由受俸祿，食太官享賜，身以尊榮，妻子獲其饒。」（《鹽鐵論・周秦》）這是司馬遷最悲憤、最痛苦的，所以他要在〈報任安書〉中，反覆說明這個觀念，並在《史記》中充分描寫忍辱負重的前哲典範，用以說明自己的情形，正亦如此。如果自己在被判死刑時，隨即伏誅，則「不白之冤」的恥辱永遠無法洗清，如此一死，眞是「輕如鴻毛」；自己請求宮刑，在當時的人眼中，其恥辱則更甚於一死。但司馬遷藉此「怯懦苟活」的機會，終能完成《史記》，一方面得以完成父親遺命，了卻自己的夙願；另一方面又可以讓自己「究天人之際、通古今之變，成一家之言」的學說理想能夠傳揚於後世，這

不就是「重於泰山」嗎！

3. 有時要犧牲，有時要忍辱，其間界線為何？司馬遷在〈伍子胥列傳〉
中有一段說明：楚平王囚禁伍奢，並派人召其二子說：「來，吾生汝
父；不來，今殺奢也。」哥哥伍尚想去，弟弟伍子胥說：「楚之召
我兄弟，非欲以生我父也。恐有脫者，後生患，故以父為質，詐召二
子。二子到，則父子俱死，何益父之死？往而令讎不得報耳。不如奔
他國，借力以雪父之恥。俱滅，無為也！」伍尚說：「我知往終不能
全父命，然恨父召我以求生而不往，後不能雪恥，終為天下笑耳。」
並向伍子胥說：「可去矣！汝能報殺父之讎，我將歸死。」伍尚自知
無力報父仇，縱使今日逃了，日後無法雪恥，徒留不孝之名，倒不如
現在陪父親一起死，還可以有「孝子」的名聲；伍子胥為人「剛戾忍
詢，能成大事」，日後必能為父報仇，所以他捨去「小孝」，獨自逃
走，寧願暫時被人誤會，承受「不孝」的罪名，目的就是要報仇雪
恥。由此說明，我們可以知道：當一個人在面臨生死抉擇時，要衡量
客觀形勢，並衡量自我條件，該犧牲時，則義無反顧，視死如歸，希
望死有重於泰山；不值得犧牲時，則忍辱以負重，日後創出更輝煌的
成果；但時機轉瞬即過，自己無法掌握生死的關鍵，可能會有不必犧
牲而犧牲了，卻得到匹夫之勇的譏諷；也可能忍了辱而負不了重的結
局，反而招來「怯懦苟活」的嘲笑。這其中關鍵，就是要掌握住「人
固有一死，或重於泰山，或輕於鴻毛，用之所趨異也。」這四句話。

伍、提出「發憤著書」的見解

　　除此之外，在文學方面，司馬遷又提出了「發憤著書」的觀點，
他認為許多文學家之所以有不朽名著的產生，往往都與文學家個人的受
辱發憤有關，所以在〈平原君虞卿列傳〉中提到「然虞卿非窮愁，亦不
能著書以自見於後世云。」在〈屈原賈生列傳〉中說：「離騷者，猶離
憂也。夫天者人之始也；父母者人之本也。人窮則反本，故勞苦倦極，
未嘗不呼天也；疾痛慘怛，未嘗不呼父母也。屈平正道直行，竭忠盡智

以事其君，讒人間之，可謂窮矣！信而見疑，忠而被謗，能無怨乎？屈
平之作〈離騷〉，蓋自怨生也。」在〈太史公自序〉中也提到「昔西伯
拘羑里，演《周易》；孔子戹陳蔡，作《春秋》；屈原放逐，著〈離
騷〉；左丘失明，厥有《國語》；孫子臏腳，而論兵法；不韋遷蜀，世
傳《呂覽》；韓非囚秦，〈說難〉〈孤憤〉；《詩》三百篇大抵賢聖發
憤之所爲作也：此人皆意有所鬱結，不得通其道也。」而司馬遷自己也
是在這種「意有所鬱結，不得通其道也」的情形下，於是效法「賢聖發
憤」的精神，「故述往事、思來者，於是卒述陶唐以來，至于麟止」，
寫成一部曠世巨著──《太史公書》。

　　所謂「發憤著書」，包含兩層意義：首先是受挫折、遭羞辱，雖
然使人「鬱結不得通其道」，但卻能夠激勵人，使其意志更堅強，而在
困境中迸出生命燦爛的火花。其次是受挫折、遭羞辱能使人的感受更深
刻，認識更清楚，令人猛省，而看清過去平順時所不容易看清、認識的
事物，使其思想、識見更加提升。如果司馬遷一生都很平順，他的《史
記》因無困境的激勵可能半途而廢，無法完成；縱使完成，因一生平
順，無法深刻感受政治的黑暗、腐敗和陰私，眼光也停留在政府宣傳的
表面現象上，這樣的史學著作，其價值必須重新大打折扣。正因爲李陵
案的打擊，使司馬遷遭受宮刑，才使得他的眼光更銳利，感觸更深入，
才能使他看清下層民眾的疾苦，以及上層政治的鬥爭醜惡內情。也因此
令《史記》的思想內容大幅提升，而成爲一部不朽的巨著。

　　在中國文學批評史上，司馬遷的「發憤著書說」，對後世頗有影
響。如唐代韓愈在〈送孟東野序〉中說：「大凡物不得其平則鳴。」宋
代歐陽修在〈梅聖俞詩集序〉中也說：「蓋愈窮則愈工。」不論是「發
憤著書」或是「不平則鳴」、「窮而後工」，都是在說明當人遭受困辱
窮愁時，會激發出一種創作動力，而這種理論一旦成立，又可以反過來
鼓舞坎坷不遇、身處逆境的人奮發不懈。司馬遷的忍辱著書，可說是影
響深遠！

陸、揭露世態炎涼、人情冷暖的現實

　　司馬遷因「李陵案」而被認定兩條罪：一條是「沮貳師」，即是誹謗貳師將軍李廣利；一條是「誣上」，即是誣衊皇上，大不敬之罪。以武帝用法之嚴，酷吏揣度帝意而羅織罪狀，司馬遷應是死路一條。依漢代法令，罪當斬者可贖爲庶人，但司馬遷因爲「家貧，貨賂不足以自贖」，而且「交遊莫救，左右親近不爲壹言」，怕觸怒武帝而被連累，在這種呼天不應，叫地不靈的絕境中，司馬遷唯有走上另一條不得已的路，即是自請宮刑以贖死。依漢代法令規定：死罪欲腐者許之，如《漢書·景帝紀》云：「中元四年秋，赦徒作陽陵者死罪欲腐者許之。」司馬遷面對「交遊莫救，左右親近不爲壹言」的打擊下，內心的悲苦，眞是難爲外人訴說，也因此認清了世態炎涼、人情冷暖的殘酷現實面，所以他在《史記》中經常批判、譴責那種「天下以市道交」及「一死一生，乃見交情；一貴一賤，交情乃現」的涼薄世態。如〈廉頗藺相如列傳〉有「廉頗之免長平歸也，失勢之時，故客盡去；及復用爲將，客又復至。廉頗曰：『客退矣！』客曰：『吁！君何見之晚也！夫天下以市道交，君有勢，我則從君；君無勢則去，此固其理也，有何怨乎？』」〈孟嘗君列傳〉有「自齊王毀廢孟嘗君，諸客皆去。後召而復之。……孟嘗君太息歎曰：『文常好客，遇客無所敢失，食客三千有餘人，先生所知也。客見文一日廢，皆背文而去，莫顧文者。今賴先生得復其位，客亦有何面目復見文乎？如復見文者，必唾其面而大辱之。』」〈汲鄭列傳〉有「夫以汲、鄭之賢，有勢則賓客十倍，無勢則否，況眾人乎！下邽翟公有言。始翟公爲廷尉，賓客闐門；及廢，門外可設雀羅。翟公復爲廷尉，賓客欲往。翟公乃大署其門曰：『一死一生，乃知交情；一貧一富，乃知交態；一貴一賤，交情乃見。』汲、鄭亦云，悲夫！」這些都是人情冷暖、世態炎涼最明顯的例子，也是司馬遷有意揭露的人間醜態。

　　但是對於那些「其言必信，其行必果，已諾必誠，不愛其軀，赴

士之阨困」的游俠們，則予以極大的讚賞，如「陰脫季布將軍之阨」的
朱家，及「狀貌不及中人，言語不足採者，然天下無賢與不肖，知與不
知，皆慕其聲，言俠者皆引以爲名」的郭解，則寄以熱情的景仰（〈游
俠列傳〉）。對於包容管仲，推薦管仲的鮑叔牙，司馬遷不僅引管仲的
話「生我者父母，知我者鮑子也」來稱揚他，而且對管鮑二人下了「天
下不多管仲之賢，而多鮑叔能知人也」的結論。對於「解左驂贖越石
父」及「薦御者以爲大夫」的晏嬰，司馬遷不僅是十分景仰，而且還
說：「假令晏子而在，余雖爲之執鞭，所忻慕焉」（〈管晏列傳〉）。
這是司馬遷有感於昔人遭遇困阨，皆有俠義之士施以援手，而得度過難
關；反觀自己的際遇，若有鮑叔、晏嬰、朱家、郭解等俠義之士及時施
援，則不致蒙受奇恥大辱的宮刑，難怪他會如此感慨。

柒、懷疑天道的真實

　　在李陵事件中，司馬遷原是因爲李陵戰敗的消息傳回，「主上爲
之食不甘味，聽朝不怡，大臣憂懼，不知所出」，所以興起「竊不自料
其卑賤，見主上慘愴怛悼，誠欲效其款款之愚」的臣子盡忠本分，並且
以「李陵素與士大夫絕甘分少，能得人死力，雖古之名將不能過也。身
雖陷敗，彼觀其意，且欲得其當而報於漢；事已無可奈何，其所摧敗，
功亦足以暴於天下」的旨意，來推論李陵的功過，目的是「欲以廣主上
之意，塞睚眦之辭」。但是好心卻沒有好下場，因爲「未能盡明，明主
不深曉」，所以誤會他是「沮貳師而爲李陵游說」，結果被關到監獄，
遭受宮刑（〈報任安書〉）。這股拳拳忠心，卻無法得到善報，反而罹
禍，不禁令他對於「天道無親，常與善人」的天道觀有所懷疑，所以在
《史記》中，我們可以找到許多司馬遷懷疑天道的資料及議論。

　　如〈李將軍列傳〉載李廣一生爲國出生入死的征戰，但一些功勞不
如他的將領，早已封侯，甚至位列三公，而他卻至死只是二千石的官，
於是去請教算命者：「豈吾相不當侯邪？且固命也？」他的不甘心及懷
疑，導致後來主動請戰，被衛青排擠而冤屈自殺。〈白起王翦列傳〉也

記載功業彪炳的白起，因得罪秦相范雎，被賜死於杜郵，臨死前激奮地問：「我何罪於天，而至此哉？」〈蒙恬列傳〉也記載北伐匈奴，取得河南土地的蒙恬，因政治鬥爭被趙高陷害，臨終前也說：「我何過於天？無罪而死？」這些「信而見疑，忠而被謗」的大臣們，在垂死之際，都曾對現實世界的不平、苦難發出懷疑的怒吼，司馬遷不僅取材前人事例以發洩自我情緒，而且在〈伯夷列傳〉中，更是借題發揮，以議論的口氣來抒發他個人對現實不公的社會、黑暗的政治表達強烈不滿與憤怒。他說：

> 或曰：「天道無親，常與善人。」若伯夷、叔齊可謂善人者非歟？積仁絜行如此而餓死！且七十子之徒，仲尼獨稱顏淵為好學，然回也屢空，糟穅不厭，而卒蚤夭。天之報施善人，其何如哉？盜跖日殺不辜，肝人之肉，暴戾恣睢，聚黨數千人，橫行天下，竟以壽終。是遵何德哉？此其尤大彰明較著者也。至若近世，操行不軌，專犯忌諱，而終身逸樂富厚，累世不絕；或擇地而蹈之，時然後出言，行不由徑，非公正不發憤，而遇災禍者，不可勝數也。余甚惑焉，儻所謂天道，是邪？非邪？

積仁潔行的君子，如伯夷、叔齊、顏淵之流，竟是餓死、早夭；日殺不辜，橫行天下的大盜，反而壽終，豈非公道無存、是非不明嗎？這也難怪司馬遷要大發牢騷，並懷疑天道真的是「常與善人」嗎？但是懷疑歸懷疑，這只是情緒上的一種反應而已，一種受限於現實功利觀念的不平、不滿表現而已。畢竟司馬遷是一位有眼光、有思想的史學家，他定下心來，冷靜思考，終於領悟出「道不同，不相為謀」的真理，所謂「貪夫徇財，烈士徇名，夸者死權，眾庶馮生」，亦只不過是各從所好罷了。而身為一個君子，他的要求是什麼呢？難道只是要「終身逸樂，累世不絕」嗎？絕對不是的，司馬遷認為孔子所說的「君子疾沒世而名不稱焉」，才是君子所要追求的，所以「伯夷、叔齊雖賢，得夫子而名

益彰,顏淵雖篤學,附驥尾而行益顯」,即是得遂所願,所以孔子才說:「伯夷、叔齊,求仁得仁,又何怨乎?」既然得遂所願,則「天道常與善人」這句話,也就不必懷疑了。

捌、結語

李陵案對司馬遷的影響頗深,上述剖析,只是略就《史記》一書中有關司馬遷思想上的蛻變昇華,及形諸筆墨的史事、見解,作一番歸納統整,挂漏之處,猶待他日補足。

第三章

《史記》編纂過程

　　我們寫過學位論文、升等專書，可以將這種經驗套在司馬遷編纂《史記》之上。藉由司馬遷在《史記》書中的零星資料，發揮想像將其組成一整套編纂過程。

壹、緒論 —— 基本前題

　　「緒論」是學術論文的第一章，也是首先要交代的寫作前題。它包括：

一、研究動機

　　司馬遷寫作《史記》有三個動機：

㈠平素志向

　　第一個動機是平素的志向，司馬談要兒子司馬遷著史，這是蓄積已久的志向，所以從小給他受好的教育，找好的古文老師，以奠定學問基礎，所以〈自序〉有：「年十歲則誦古文。」成年之後，又讓他遊歷大江南北，培養他的見識與氣度，因而有古蹟尋訪和風土採錄的收穫。由於司馬遷所受的教育，是儒家教材，而父親臨終時，亦以孔子作《春秋》來期勉他，所以〈自序〉提到：

> 太史公曰：「先人有言：『自周公卒，五百歲而有孔子；孔子卒後，至於今五百歲，有能紹明世，正易傳，繼春秋，本詩書禮樂之際。』意在斯乎？意在斯乎？小子何敢讓焉！」

這種「何敢讓焉」的態度，就是孟子「捨我其誰」的精神。也是司馬遷平素立下的志向 —— 作《史記》上繼《春秋》。

㈡臨終遺命

　　第二個動機是父親臨終的遺命，在〈自序〉中，司馬遷提到「是歲，天子始建漢家之封，而太史公留滯周南，不得與從事，故發憤且

卒。」而此時司馬遷剛好奉使西征巴蜀的任務結束，返回復命，見父親臨終最後一面，他的父親司馬談「執遷手而泣曰：『余先，周室之太史也，……後世中衰，絕於予乎？汝復爲太史，則續吾祖矣。……余死，汝必爲太史，爲太史，無忘吾所欲論著矣。……今漢興，海內一統，明主賢君忠臣死義之士，余爲太史而弗論載，廢天下之史文，余甚懼焉，汝其念哉！』」司馬遷聽了父親臨終遺命，馬上俯首流涕地回答：「小子不敏，請悉論先人所次舊聞，弗敢闕。」

(三)李陵之禍

由於這種繼承孔子作《春秋經》的抱負，深植於司馬遷的心中，加上父親臨終遺命，所以在司馬遷繼任太史令之後，隨即「紬史記石室金匱之書」，並「網羅天下放失舊聞」，想寫出一部「究天人之際，通古今之變，成一家之言」的巨著。

有了上述兩項動機，《史記》的編寫工作已順利進行，但何時完成，猶未可期；能否竟功，亦頗難料。此時卻發生了「李陵案」，使得司馬遷幾乎引決自裁。假使司馬遷當時不能忍辱而自裁，則《史記》一書無法完成，這是李陵案可能帶來的影響；反之，若非李陵案的打擊，司馬遷是否能在平穩的日子中如期完成《史記》，亦頗令人懷疑。所以李陵案可視爲《史記》成書的加速催化劑，也是第三個寫作《史記》的動機。

二、研究方向

歷史是人類活動的歷程，包括人類、活動和歷程，亦即人物、事件和時間。司馬遷要寫的是一部論治的史書，他認爲人物才是治亂盛衰成敗的主要原因，因此，他由此切入，撰寫以人爲中心的歷史。所以本紀以帝王爲本位，世家以諸侯王公爲本位，列傳以公卿傑士爲本位，即使十表也是以人爲本位，八書則是專講文化，文化是人類所創，也是以人爲本位的文化記載。

三、研究範圍

司馬遷以畢生精力寫作《史記》，他是要匯合各種史籍，撰爲一部人類全史。茲從時間、空間、人物、事類和體裁五個範圍來談：

㈠時間範圍

《史記》記事的時間，〈自序〉便有二說：

1.「卒述陶唐以來，至于麟止。」
2.「余述歷黃帝以來，至太初而訖。」

第一個說法，與《史記》現況不符，它只是當初要效法孔子《春秋經》的一種比附心態而已。第二個說法則符合《史記》現況。所以《史記》是寫從黃帝到漢武帝，由古至今，二千多年的通史。

㈡空間範圍

全書130篇，其中124篇寫的是中國本地，另有6篇外夷傳：朝鮮、匈奴、大宛、西南夷、南越、東越，以今日而言，只是亞洲部份，但以西漢人的角度而言，則是寫中國到四夷，從北到南，由東到西，縱橫數萬里的世界史。

㈢人物範圍

本紀主要寫帝王，世家寫諸侯，列傳除了立功名於天下的將相公卿，還有許多扶義俶儻的人物，如伯夷、叔齊、仲尼弟子、魯仲連、游俠、儒林，以及佞幸、滑稽、日者、龜策、貨殖等人物，亦即是寫上自帝王，下至販夫走卒，包括社會各階層，不同地位、不同職業、不同類型的社會史。

㈣事類範圍

本紀、世家、表主要寫政治、軍事、外交，八書則寫禮、樂、律、歷、天官、封禪、河渠、平準，列傳則更爲多元，如管晏之交友、老子韓非之學術、蘇秦張儀之遊說、日者龜策之卜筮、貨殖之經濟。亦

即寫包括政治、軍事、外交、禮樂、律歷、天文、宗教、水利、經濟、風俗民情等的文化史。

(五)體裁範圍

清·趙翼曰：

> 司馬遷參酌古今，發凡起例，創爲全史：本紀以序帝王，世家以記侯國，十表以繫時事，八書以詳制度，列傳以誌人物。然後一代君臣政事，賢否得失，總彙於一編之中，自此例一定，歷代作史者，遂不能出其範圍，信史家之極則也。（《廿二史劄記·卷一》）

則是採本紀、表、書、世家、列傳五種方式，創爲紀傳通史。

四、研究目的

(一)論治

司馬遷寫作《史記》的思想立場，我們可以由〈自序〉得知：

> 先人有言：「自周公卒五百歲而有孔子。孔子卒後至於今五百歲，有能紹明世，正易傳，繼春秋，本詩書禮樂之際？」意在斯乎！意在斯乎！小子何敢讓焉。

司馬遷之所自承不讓，是要效法孔子，而其重點，乃是欲據詩、書、禮、樂、易、春秋六藝的思想，以從事著述。然而，六藝的要旨爲何？在於欲治。司馬遷曾引司馬談〈論六家要旨〉：「夫陰陽、儒、墨、名、法、道德，此務爲治也。」〈滑稽列傳〉引孔子曰：「六藝於治，一也。」六家學說皆務爲治，六藝作用皆於治一也，其所重視者，皆在「治」這個字。尤其他所明言要「繼」的《春秋》，更是「長於治人」，所以說司馬遷歷史思考的出發點是「論治」。（參見

阮芝生〈試論司馬遷所說的「通古今之變」〉

(二)究天人之際，通古今之變，成一家之言

司馬遷寫作《史記》，並非單純地為寫歷史而寫歷史。《史記》一書不僅網羅天下舊聞，成為一部豐富的、客觀的人類全史，而且還包含有他個人眾多複雜而深刻的主觀思想。〈報任安書〉說：

> 網羅天下放失舊聞，考之行事，稽其成敗興壞之理，亦欲以
> 究天人之際，通古今之變，成一家之言。

其中「究天人之際，通古今之變，成一家之言。」這三句話即是司馬遷作史的目的。

這三句話，見於〈報任安書〉，一者〈報任安書〉載於《漢書‧司馬遷傳》，可以確定是司馬遷親筆，二者《史記》中有些話可以跟〈報任安書〉相印證，如〈自序〉云：「禮樂損益，律曆改易，兵權山川鬼神天人之際，承敝通變」、「以拾遺補藝，成一家之言」、「故禮因人質為之節文，略協古今之變」，其中明白提到「天人之際」、「古今之變」、「成一家之言」，故可確信此三句名言，乃司馬遷最重要的作史觀念與目的。

1.究天人之際

司馬遷寫作《史記》之目的，主要是以一家之言來達成論治的目的。他身為史官，對於古今歷史、人事變遷十分熟悉，他經由通古今之變，發現世上有治、亂、盛、衰、興、廢、存、亡、成、敗、得、失、吉、凶、禍、福。以人的立場而言，自然是欲治不欲亂、欲盛不欲衰、欲興不欲廢、欲存不欲亡、欲成不欲敗、欲得不欲失、欲吉不欲凶、欲福不欲禍。司馬遷站在論治的立場，他要追尋治亂、盛衰、興廢、存亡、成敗、吉凶、禍福的原因，給世人有個依循的根據，才不致於漫無目標，而偏離正道。

　　然而，決定治亂、盛衰、興廢、存亡、成敗、吉凶、禍福的原因何在？是決定於人的力量呢？還是人力之外另有天的因素存在呢？若是二者因素皆有，則必須探究「天」與「人」之間的互動關係，何處是「天」主導而人無能爲力？何處是「人」應盡力而人事未盡？何處是人事已盡而天人合德？司馬遷的「究天人之際」，即是在具體的治亂、盛衰、興廢、存亡、成敗、吉凶、禍福事件上，探究「天」與「人」的關係，藉此建立正確的人生觀，並據以指示人類的行爲，以達成論治的目的。

2.通古今之變

　　司馬遷要「通古今之變」，但是形成「變」的因素卻很複雜，故司馬遷曰：「變所從來，亦多故矣。」（〈鄭世家贊〉）雖然變化的因素複雜，但仍有跡可循，亦即「變」決非朝夕突然發生，而是經由「漸」的過程慢慢醞釀形成，故司馬遷曰：「臣弒君，子弒父，非一旦一夕之故也，其漸久矣。」（〈自序〉）「漸」爲「變」之始，「變」則爲「漸」之成。但歷史無盡頭，事物的演變亦無終了。事物既變之後，只是暫時成一段落，仍會終而復始地演變下去，以至無窮。就上所述，可以得知：歷史不停地在演變，而其運行軌道是依「漸─變─終始」的循環規律生生不息。

　　因此他認爲研究歷史變化的方法是「原始察終」，也就是把它從頭到尾，前前後後的來龍去脈弄清楚，如此庶幾可以找出史事演變的線索，指明前因後果的關聯。所以〈自序〉云：「罔羅天下放失舊聞，王跡所興。原始察終，見盛觀衰……天人之際，承敝通變。」是說司馬遷以「原始察終」的方法來了解古今之變，但在「原始察終」的過程中，司馬遷特別在意「見盛觀衰」及「承敝通變」。

　　司馬遷「通古今之變」的目的，是要以古通今，以史爲鏡，達到垂戒後人，展望未來。所以他說：「綜其終始，稽其成敗興壞之理」（〈報任安書〉）又說：「居今之世，志古之道，所以自鏡也」（〈高

祖功臣侯者年表序〉）、「述往事，思來者」、「俟後世聖人君子」（〈自序〉）。可知司馬遷著史，是要從歷史中稽考一些成敗興壞的道理和教訓，作為當世的借鏡，並留傳給後世作為參考。

3.成一家之言

所謂「言」，即是議論、思想和主張。「成一家之言」就是獨創一個思想體系，具有完整的內涵，能啟迪世人，影響社會。司馬遷寫作《史記》的目的，即是要「成一家之言」，將自己的完整思想體系透過《史記》表達。因此在表述形式方面，是以十二本紀、十表、八書、三十世家、七十列傳，凡百三十篇的紀傳通史形式呈現；在思想內涵方面，是以「究天人之際，通古今之變」作為「稽其成敗興壞之理」的方法，以達成論治的目的。

貳、史料蒐集

寫論文之前要蒐集材料，司馬遷寫《史記》也要先蒐集史料。〈自序〉說：「百年之間，天下遺文古事靡不畢集太史公，太史公仍父子相續纂其職。」又說：「罔羅天下放失舊聞」。可見司馬遷蒐集史料之豐。茲略述《史記》所言運用到的重要史料。

一、書籍檔案

1. **詩三百**：〈殷本紀贊〉云：「余以頌次契之事，自成湯以來，采於書詩。」
2. **今文尚書**：〈儒林列傳〉云：「秦時焚書。伏生壁藏。其後兵大起，流亡，漢定，伏生求其書，亡數十篇，獨得二十九篇，即以教于齊魯之閒，學者由是頗能言《尚書》。」
3. **古文尚書**：〈儒林列傳〉云：「孔氏有《古文尚書》，而安國以今文讀之，因以起其家。逸書得十餘篇，蓋《尚書》滋多於是矣。」
4. **五帝德、帝繫姓**：〈五帝本紀贊〉云：「孔子所傳宰予問〈五帝德〉

及〈帝繫姓〉，儒者或不傳。……予觀《春秋》、《國語》，其發明〈五帝德〉、〈帝繫姓〉章矣。」〈五帝德〉及〈帝繫姓〉，屬於今本《大戴禮記》中的二篇。

5. 左氏春秋：〈十二諸侯年表序〉云：「魯君子左丘明懼弟子人人異端，各安其意，失其眞。故因孔子史記，具論其語，成《左氏春秋》。」

6. 公羊傳：〈儒林列傳〉云：「故漢興至于五世之間，唯董仲舒名爲明於《春秋》，其傳《公羊氏》也。」

7. 《論言弟子籍》、《論語弟子問》：〈仲尼弟子列傳贊〉云：「《論言弟子籍》，出孔氏古文近是。余以弟子名姓文字悉取《論語弟子問》，并次爲篇，疑者闕焉。」

8. 《戰國策》：《漢書·司馬遷傳贊》云：「春秋之後，七國並爭，秦兼諸侯，有《戰國策》……。故司馬遷……采《戰國策》。」

9. 《諜記》、《五帝繫諜》：〈三代世表序〉云：「余讀諜記，黃帝以來皆有年數，稽其歷譜諜、終始五德之傳，古文咸不同乖異。夫子之弗論次其年月，豈虛哉！於是以《五帝繫諜》、《尙書集世》紀黃帝以來訖共和，爲世表。」

10. 《春秋歷譜諜》、《五德歷譜》：〈十二諸侯年表序〉云：「太史公讀《春秋歷譜諜》，至周厲王，未嘗不廢書而歎也。……」又說：「漢相張蒼歷譜五德」。

11. 《歷術甲子篇》：〈歷書〉有《歷術甲子篇》的記載。它的主要內容，詳載於《史記·歷書》之中。

12. 《秦記》：〈六國年表序〉云：「太史公讀《秦記》……獨有《秦記》，又不載日月，其文略不具。然戰國之權變，亦有可頗采者，何必上古。……余於是因《秦記》，踵《春秋》之後，起周元王，表六國時事，訖二世，凡二百七十年。」

13. 《列封》：〈高祖功臣侯者年表〉云：「余讀高祖侯功臣，察其首封。」又〈惠景閒侯者年表〉云：「太史公讀《列封》」。

二、耳聞目見

(一)耳聞資料

1.聞之具名者

(1)〈項羽本紀贊〉云：「吾聞之周生曰：『舜目蓋重瞳子』，又聞『項羽亦重瞳子』」

(2)〈趙世家贊〉云：「吾聞馮王孫曰：『趙王遷，其母倡也，嬖於悼襄王。悼襄王廢適子嘉而立遷。遷素無行，信讒，故誅其良將李牧，用郭開。』」

(3)〈刺客列傳贊〉云：「世言荊軻，其稱太子丹之命，『天雨粟，馬生角』也，太過。又言荊軻傷秦王，皆非也。始公孫季功、董生與夏無且游，具知其事，為余道之如是。」

(4)〈樊酈滕灌列傳贊〉云：「吾適豐沛，問其遺老，觀故蕭、曹、樊噲、滕公之家。及其素，異哉所聞！方其鼓刀屠狗賣繒之時，豈自知附驥之尾，垂名漢廷，德流子孫哉！余與他廣通，為言高祖功臣之興時若此云。」

(5)〈酈生陸賈列傳〉云：「至平原君（朱建）子與余善，是以得具論之。」

(6)〈田叔列傳贊〉云：「孔子稱曰：『居是國必聞其政』，田叔之謂乎！義不忘賢，明主之美以救過。（田）仁與余善，余故并論之。」

(7)〈衛將軍驃騎列傳贊〉云：「蘇建語余曰：『吾嘗責大將軍至尊重，而天下之賢大夫毋稱焉，願將軍觀古名將所招選擇賢者，勉之哉！』大將軍謝曰：『自魏其、武安之厚賓客，天子常切齒。彼親附士大夫，招賢詘不肖者，人主之柄也。人臣奉法遵職而已，何與招士！』」

2. 聞之不具名者

(1) 〈五帝本紀贊〉云：「余嘗西至空桐，北過涿鹿，東漸於海，南浮江淮矣。至長老皆各往往稱黃帝、堯、舜之處，風教固殊焉。」

(2) 〈樊酈滕灌列傳贊〉云：「吾適豐沛，問其遺老……」

(3) 〈魏世家贊〉云：「吾適故大梁之墟，墟中人曰：『秦之破梁，引河溝而灌大梁，三月城壞，王請降，遂滅魏。』說者皆曰：『魏以不用信陵君故，國削弱至於亡。』余以爲不然。」

(4) 〈淮陰侯列傳贊〉云：「吾如淮陰，淮陰人爲余言：『韓信雖爲布衣時，其志與眾異。其母死，貧無以葬，然乃行營高敞地，令其旁可置萬家。』余視其母冢，良然。」

(5) 〈封禪書贊〉云：「余從巡祭天地諸神名山川而封禪焉。入壽宮侍祠神語，究觀方士祠官之意。」

(6) 〈孟嘗君列傳贊〉云：「吾嘗過薛，其俗閭里率多暴桀子弟，與鄒魯殊。問其故，曰：『孟嘗君招致天下任俠、姦人入薛中蓋六萬餘家矣。』世之傳孟嘗君好客自喜，名不虛矣！」

(7) 〈龜策列傳〉云：「余至江南，觀其行事，問其長老，云：『龜千歲乃遊蓮葉之上，著百莖共一根。又其所生，獸無虎狼，草無毒螫。江傍家人常蓄龜飲食之，以爲能導引致氣，有益於助衰養老。』豈不信哉！」

(二)目見資料

1. 見其地者

(1) 〈河渠書贊〉云：「余南登廬山，觀禹疏九江，遂至于會稽太湟。上姑蘇，望五湖；東闚洛汭、大邳，迎河，行淮、泗、濟、漯、洛渠，西瞻蜀之岷山及離碓；北自龍門至于朔方。曰：甚哉，水之爲利害也！」

(2) 〈齊太公世家贊〉云：「吾適齊，自泰山屬之琅邪，北被于海，膏壤二千里，其民闊達多匿知，其天性也。」

(3)〈魏公子列傳贊〉云：「吾過大梁之墟，求問其所謂夷門。夷門者，城之東門也。」

(4)〈春申君列傳贊〉云：「吾適楚，觀春申君故城，宮室盛矣哉！」

(5)〈屈原賈生列傳贊〉云：「適長沙，觀屈原所自沈淵，未嘗不垂涕想見其為人。」

(6)〈蒙恬列傳贊〉云：「吾適北邊，自直道歸，行觀蒙恬所為秦築長城亭障，塹山堙谷，通直道，固輕百姓力。」

2.見其人者

(1)〈韓長孺列傳贊〉云：「余與壺遂定律曆，觀韓長孺之義，壺遂之深中隱厚。世之言梁多長者，不虛哉！」

(2)〈李將軍列傳贊〉云：「余睹李將軍悛悛如鄙人，口不能道辭。及死之日，天下知與不知，皆為盡哀，彼其忠實心，誠信於士大夫也。」

(3)〈游俠列傳贊〉云：「吾視郭解，狀貌不及中人，言語不足採者。然天下無賢與不肖，知與不知，皆慕其聲，言俠者，皆引以為名。」

3.見其事者

(1)〈禮書序〉云：「余至大行禮官，觀三代損益，乃知緣人情而制禮，依人性而作儀，其由來尚矣！」

(2)〈封禪書贊〉云：「余從巡祭天地諸神名山川而封禪焉，入壽宮侍祠神語，究觀方士祠官之意，於是退而論次自古以來用事於鬼神者。」

(3)〈河渠書贊〉云：「余從負薪塞宣房，悲瓠子之詩而作河渠書。」

4.見其物者

(1)〈孔子世家贊〉云：「適魯，觀仲尼廟堂車服禮器，諸生以時習禮其家，余祗迴留之不能去云。」

(2)〈留侯世家贊〉云：「余以爲其人計魁梧奇偉，至見其圖，狀貌如婦人好女。」

參、史料考訂

　　寫史以求真爲前提，但史料龐雜，真偽不明則容易出錯，所以考訂真偽是史家處理史料的第一步。但它必須有一定的原則和標準，茲從《史記》歸納司馬遷考訂史料的原則。

一、考信六藝，折中夫子

　　〈伯夷列傳〉：「夫學者載籍極博，猶考信於六藝。」〈孔子世家贊〉：「自天子王侯，中國言六藝者，折中於夫子，可謂至聖矣。」可知載籍之真偽以考信六藝爲標準，若六藝有出入則以折中夫子爲原則。茲舉例說明：

(一)〈五帝本紀贊〉

　　太史公曰：學者多稱五帝尚矣，然《尚書》獨載堯以來，而百家言黃帝，其文不雅馴，薦紳先生難言之。孔子所傳宰予問〈五帝德〉及〈帝繫姓〉，儒者或不傳。余嘗西至空桐，北過涿鹿，東漸於海，南浮江淮矣，至長老皆各往往稱黃帝、堯、舜之處，風教固殊焉，總之不離古文者近是。予觀《春秋》《國語》，其發明〈五帝德〉、〈帝繫姓〉章矣，顧弟弗深考，其所表見皆不虛。書缺有間矣，其軼乃時時見於他說，非好學深思，心知其意，固難爲淺見寡聞道也。余并論次，擇其言尤雅者，故著爲本紀書首。

現存《尚書》以〈堯典〉爲首，沒有記載黃帝，則無法考信六藝；但「百家言黃帝，其文不雅馴」，難以取信，只好採用「孔子所傳宰予問五帝德及帝繫姓」，這是折中夫子，而且「春秋國語，其發明五帝德、帝繫姓章矣」，則也有考信六藝的用意。

㈡〈大宛列傳贊〉

> 《禹本紀》言：「崑崙其高二千五百餘里，日月所相避隱爲光明也。其上有醴泉、瑤池。」今自張騫使大夏之後也，窮河源，惡睹本紀所謂崑崙者乎？故言九州山川，《尚書》近之矣！至《禹本紀》、《山海經》所有怪物，余不敢言之也。

此言不敢相信《禹本紀》所言內容，而認爲「言九州山川，《尚書》近之矣」，此即考信六藝。

㈢〈伯夷列傳〉

> 詩書雖缺，然虞夏之文可知也。堯將遜位，讓於虞舜，舜禹之間，岳牧咸薦，乃試之於位，典職數十年，功用既興，然後授政。示天下重器，王者大統，傳天下若斯之難也。而說者曰：堯讓天下於許由，許由不受，恥之逃隱。及夏之時，有卞隨、務光者，此何以稱焉？

《尚書》所載堯舜禪讓，必須經過「岳牧咸薦，乃試之於位，典職數十年，功用既興，然後授政」的過程，當然比說者（《莊子·讓王》）所言許由、卞隨、務光更可信，此即考信六藝。又該傳引采薇軼詩，但司馬遷不取信，而以孔子「求仁得仁，又何怨乎？」來論斷伯夷，這是折中夫子。

二、多從古文

〈五帝本紀贊〉：「總之，不離古文者近是。」此因古文寫本較接近事實，而作爲考訂史料原則。但司馬遷所說的「古文」，究竟是指什麼？王國維說：

> 太史公修《史記》時所據古書，若〈五帝德〉、若〈帝繫姓〉，若〈牒記〉，若〈春秋歷譜諜〉，若《國語》，若《春秋左氏傳》，若《孔氏弟子籍》，凡先秦六國遺書，非當時寫本者，皆謂之古文。（《王觀堂先生全集冊一‧史記所謂古文說》）

他認爲：「凡先秦六國遺書，非當時（漢代）寫本者，皆謂之古文。」但司馬遷爲何會以「多從古文」作爲他考訂史料的標準呢？其因有三：

1. **家學淵源**：〈自序〉云：「年十歲則誦古文」。王國維〈史記所謂古文說〉認爲「太史公自父談時，已掌天官，其家宜有此種舊籍也。」則司馬遷幼年即已接受家學薰陶而學習古文。此時以家學淵源爲基礎，再去考訂史料，也是理所當然。

2. **師承有自**：《漢書‧儒林傳》：「孔氏有古文《尚書》，孔安國以今文字讀之，因以起其家，逸書得十餘篇，蓋《尚書》茲多於是矣。遭巫蠱，未立於學官。安國爲諫大夫，授都尉朝。而司馬遷亦從安國問故。遷書載〈堯典〉〈禹貢〉〈洪範〉〈微子〉〈金縢〉諸篇，多古文說。」司馬遷向孔安國學古文《尚書》，在考訂史料時，難免以師學爲標準。

3. **實事求是**：先秦以古文寫成的史料，有的未經秦火焚滅，它們的可信度及價值，相對於今文來的更高，以古文考訂史料，當然更接近眞實。

三、參驗訂誤

　　《韓非子・顯學》：「無參驗而必之者，愚也。弗能必而據之者，誣也。」所以司馬遷在寫《史記》時，如果發現一些史料有誤時，則必參考其他證據，加以辨別訂正。如：

1. 〈周本紀贊〉：「學者皆稱周伐紂，居洛邑，綜其實不然。武王營之，成王使召公卜居，居九鼎焉，而周復都豐、鎬。至犬戎敗幽王，周乃東徙于洛邑。」

2. 〈魏世家贊〉：「說者皆曰：『魏以不用信陵君故，國削弱至於亡。』余以爲不然。天方令秦平海內，其業未成，魏雖得阿衡之佐，曷益乎！」

3. 〈蘇秦列傳贊〉：「蘇秦被反閒以死，天下共笑之，諱學其術。然世言蘇秦多異，異時事有類之者，皆附之蘇秦。夫蘇秦起閭閻，連六國從親，此其智有過人者。吾故列其行事，次其時序，毋令獨蒙惡聲焉。」

4. 〈刺客列傳贊〉：「世言荊軻，其稱太子丹之命，『天雨粟，馬生角』也，太過。又言荊軻傷秦王，皆非也。始公孫季功、董生與夏無且游，具知其事，爲余道之如是。」

5. 〈蒙恬列傳〉：「蒙恬喟然太息曰：『我何罪於天，無過而死乎？』良久，徐曰：『恬罪固當死矣。起臨洮屬之遼東，城壍萬餘里，此其中不能無絕地脈哉？此乃恬之罪也。』」贊曰：「夫秦之初滅諸侯，天下之心未定，痍傷者未瘳，而恬爲名將，不以此時彊諫……而阿意興功，此其兄弟遇誅，不亦宜乎！何乃罪地脈哉！」

6. 〈酈生陸賈列傳贊〉：「世之傳酈生書，多曰：『漢王已拔三秦，東擊項籍而引軍於鞏洛之閒，酈生被儒衣往說漢王。』迺非也。自沛公未入關，與項羽別而至高陽，得酈生兄弟。」

7. 〈大宛列傳贊〉：「《禹本紀》言：河出崑崙……今自張騫使大夏之後也，窮河源，惡睹本紀所謂崑崙者乎？故言九州山川，《尚書》近之矣。至《禹本紀》、《山海經》所有怪物，余不敢言之也。」

四、小結

司馬遷既然採用上述幾種標準來考訂史料，那麼《史記》記事的可靠性一定很高。這可從下列二件事實來證明。

㈠《史記》對外國的記事

沈剛伯〈古代中西的史學及其異同〉說：「試看他所載大宛、康居、月支諸國之事、原係得之傳聞，而仍有好些地方可與西人的記載互相印證；對域外之事尚且可信，則其對於本國文獻之徵考翔實，應可令人不必多作無憑證之懷疑了。」

㈡《史記》對古代的記事

屈萬里〈史記殷本紀及其他記錄中所載殷商時代的史事〉一文，拿《史記·殷本紀》和王國維所著〈殷卜辭中所見先公先王考〉和〈續考〉的甲骨文獻作比較，發現只有少部分有出入，大部分都能吻合。司馬遷沒有見過甲骨文，那〈殷本紀〉中的史事如何而來？應是他根據自古流傳下來的譜牒和史料撰寫，絕非憑空虛造。

正因為連域外和古代史事尚且可信，則其他有關中國和當代的記事，應當更可信才對。所以《漢書·司馬遷傳》云：「然自劉向、揚雄博極羣書，皆稱遷有良史之材，服其善序事理，辨而不華，質而不俚，其文直，其事核，不虛美，不隱惡，故謂之實錄。」《史記》有「實錄」之稱，乃實至名歸。

肆、史料運用

史家把蒐集到的史料加以考訂真僞後，還須經過整理、選擇、剪裁、安排的過程，然後才能形諸文字，寫成史書。茲將過程說明於下：

一、整理

整理是匯合相同類型的史料，以便史家採用。又可分為兩方面：

㈠厥協六經異傳

　　司馬遷考訂史料標準之一是「考信六藝，折中夫子」，但孔子之後，六經有異傳，他應該如何整理，以備採用呢？其原則是〈自序〉所言：「厥協六經異傳」。「厥協」就是「協」，協者，合也。王先謙解釋爲「稽合同異，折衷取材。」（《漢書補注》卷62）「厥協六經異傳」就是不偏從六經的某一傳，而是把六經的各種異傳都「稽合同異，折衷取材」，經過一番整理比對，而後善加採擇。茲以《詩》、《書》、《春秋》三經異傳之運用加以說明。

1.詩

　　陳喬樅《魯詩遺說考》：「全氏祖望云：『太史公嘗從孔安國問古文《尚書》，安國爲魯詩者也，史遷所傳，當是魯詩。』喬樅今即以《史記》證之，其傳儒林，首列申公，敘申公弟子，首數孔安國，此太史公尊其師傳，故特先之。據是以斷，《史記》所載詩，必爲魯詩無疑矣。」

　　司馬遷在《詩經》異傳的取材上，雖然是以魯詩爲主，但也偶而採及齊、韓二家的說法。

2.書

　　司馬遷時，《尚書》只有歐陽一家立於學官，司馬遷原是學習歐陽尚書。以後又從孔安國問故，於是兼通今古文《尚書》。故司馬遷於書經異傳，兼採今、古文二家，而且還採及《尚書》逸篇。

3.春秋

　　《春秋》有左氏、公羊、穀梁三傳，司馬遷於春秋異傳，大體上是史事多從左氏，經義則本公羊。

㈡整齊百家雜語

　　阮芝生〈太史公怎樣搜集和處理史料〉說：「《史記》所說的百

家，仍是泛指先秦的諸子百家而說。」諸子百家，各名一家，其學說各異，司馬遷要如何整齊百家雜語呢？

徐復觀〈論史記〉：「他把兩種以上的材料擺在一起，如爲各材料所並有，則採其合理者；如此有而彼無，則使其有無相補。如僅有一種材料可用，而其中有甚不合理者，則裁而去之。」茲說明如下：

1.採其合理者

「四罪而天下咸服」一事，爲〈堯典〉與〈五帝德〉所同有，但司馬遷對此事，則捨〈堯典〉而用〈五帝德〉。此因〈五帝德〉在「流共工於幽陵」下，多「以變北夷」；在「放驩兜於崇山」下，多「以變南蠻」；在「遷三苗於三危」下，多「以變西戎」；在「殛鯀於禹山」下，多「以變東夷」。司馬遷大概是取其在流放四罪之中，依然有教化四夷之意。這對於「四罪而天下咸服」來說，是較合理的。

2.有無相補

徐復觀〈論史記〉：

他在〈五帝本紀〉中，除以〈五帝德〉、〈帝繫姓〉及《尚書》之〈堯典〉、〈舜典〉、〈皋陶謨〉等爲骨幹外，更採用《左傳》者六，採用《國語》者三，採用《孟子》者七，採用《韓非子》及《呂氏春秋》者各二，採用《墨子》、《尸子》、《莊子》、《禮記》〈檀弓〉及〈郊特牲〉與《戰國策》者各一。此外還有爲我們今日所無法查考的材料。〈自序〉所謂「整齊百家雜語」，此即其一例。

又如依《尚書·堯典》以述堯之事，而補以〈五帝德〉「其仁如天，其知如神，就之如日，望之如雲，富而不驕，貴而不舒，黃收純衣，彤車乘白馬。」八句。而將其中「黃黼黻衣」一句改爲「黃收純衣」。這都是彼有而此無，司馬遷使其互補有無。

3.裁不合理者而去之

司馬遷依〈五帝德〉述黃帝，而將其中「黃帝黼黻衣，大帶黼裳，乘龍辰雲」等舉而去之。其意大概是以黼黻大帶為當時所不能有；而乘龍辰雲，乃事實上所不可能者。所以將此不合理者，刪而去之。

又如依〈五帝德〉以敘顓頊時，則去「乘龍而至四海」一句；述帝嚳時，則去「春夏乘龍，秋冬乘馬，黃黼黻衣」之語。這些都是司馬遷認為不合理的部分，所以不加採用，裁而去之。

二、選擇——史料去取

司馬遷自言史料之去取，有下列情形：

(一)明言史料來源

1. 〈殷本紀贊〉云：「余以頌次契之事，自成湯以來，采於書詩。」
2. 〈仲尼弟子列傳贊〉云：「余以弟子名姓文字，悉取論語弟子問，并次為篇。」

(二)擇雅

〈五帝本紀贊〉云：「百家言黃帝，其文不雅馴，薦紳先生難言之……予觀《春秋》、《國語》，其發明〈五帝德〉、〈帝繫姓〉章矣，顧弟弗深考……余并論次，擇其言尤雅者。」雅者正也，擇雅即是選擇雅正可靠的材料。司馬遷於《史記》第一篇即揭示「擇雅」的原則，以見其用心。

(三)著有關天下存亡者

〈留侯世家〉：「（張良）所與上從容言天下事甚眾，非天下所以存亡，故不著。」可見該篇不載小事，而著有關天下存亡大事。其他例子，如：

1. 〈陳杞世家〉：「杞小微，其事不足稱述。」又說：「滕、薛、騶，

夏、殷、周之閒封也。小，不足齒列，弗論也。」又說：「及幽厲之後，諸侯力攻相并。江、黃、胡、沈之屬，不可勝數，故弗采著于傳云。」此言小國事微，故不記載。

2. 〈封禪書贊〉：「於是退而論次自古以來用事於鬼神者，具見其表裡。後有君子，得以覽焉。若至俎豆珪幣之詳，獻酬之禮，則有司存。」有司保存之祭禮詳情，乃例行公事，不必記載。

孫德謙《太史公書義法・識大》：

> 史遷於〈封禪書〉云：「俎豆珪幣之詳，獻酬之禮，則有司存。」彼觀其意，作史之道，非以識大體爲貴乎！其識大體奈何？吾聞有言之者矣。夫遷紹法《春秋》爲十二本紀。其年表列傳次第爲篇，足以備其事之本末。至於典章制度，所以經緯人倫，綱維世宙之具，別爲八書以討論之……然遷所爲禮樂諸書，不過采其綱領，討論大凡，俾與紀傳互相發明。若名物器數，以爲自有專家之書，不求全備。……子長之略於名物器數，惟期得其大體。

著有關天下存亡大事，而不載小國微事及有司保存之例行公事，乃司馬遷識大體的表現。

㈣錄軼事

〈管晏列傳贊〉說：「既見其著書，欲觀其行事，故次其傳。至其書，世多有之，是以不論，論其軼事。」軼事皆非大事，卻可因小見大，由此表現人物性格，或關係其一生成敗。如：

1. 李斯觀鼠

> 李斯者，楚上蔡人也。年少時，爲郡小吏，見吏舍中鼠食不絜，近人犬，數驚恐之。斯入倉，觀倉中鼠，食積粟，居大廡之下，不見人犬之憂。於是李斯乃歎曰：「人之賢不肖，

譬如鼠矣，在所自處耳。」（〈李斯列傳〉）

這種價值觀影響李斯之成敗，從此努力往上爬，終於功成名就，但沙丘與趙高密謀，也是因既患得之，又患失之的價值觀所導致。

2.張湯審鼠

張湯者，杜人也。其父爲長安丞，出，湯爲兒守舍。還而鼠盜肉，其父怒，笞湯。湯掘窟得盜鼠及餘肉，劾鼠掠治，傳爰書，訊鞫論報，并取鼠與肉，具獄磔堂下。其父見之，視其文辭如老獄吏，大驚，遂使書獄。（〈酷吏列傳〉）

由此可知張湯乃天生刀筆吏，且生性殘酷，因此日後當了廷尉，仰承帝意，治淮南、衡山、江都反獄，皆窮根本。

(五)世多有者不錄

〈管晏列傳〉：「至其書，世多有之，是以不論。」〈樂書〉：「春歌青陽，夏歌朱明，秋歌西皞，冬歌玄冥。世多有，故不論。」〈司馬穰苴列傳贊〉：「世既多司馬兵法，以故不論。」〈孫子吳起列傳贊〉：「吳起兵法，世多有，故弗論，論其行事所施設者。」〈孟子荀卿列傳〉：「自如孟子至于吁子，世多有其書，故不論其傳云。」

此因要寫「成一家之言」的《史記》，而不是要把所有的史料通通抄錄，以《史記》一書取代所有的書籍。若是如此，豈不成了「四庫全書」一類的書庫嗎！

(六)闕疑傳疑

司馬遷遇到史料有可疑之時，他採用兩種方法解決：「疑者闕焉」和「疑則傳疑」。

1.疑者闕焉

〈高祖功臣侯者年表〉云：「於是謹其終始，表其文，頗有所不

盡本末；著其明，疑者闕之。」〈仲尼弟子列傳〉云：「余以弟子名姓文字悉取論語弟子問，并次爲篇，疑者闕焉。」此乃效法孔子而來，如《論語‧子路》：「君子於其所不知，蓋闕如也。」《論語‧爲政》：「子曰：『多聞闕疑，愼言其餘，則寡尤。多見闕殆，愼行其餘，則寡悔。言寡尤，行寡悔，祿在其中矣。』」《論語‧爲政》：「子曰：『由！誨汝知之乎！知之爲知之，不知爲不知，是知也。』」

(1)〈楚世家〉云：「季連生附沮，附沮生穴熊。其後中微，或在中國，或在蠻夷，弗能紀其世。」

(2)〈越王句踐世家〉云：「越王句踐，其先禹之苗裔，而夏后帝少康之庶子也。封於會稽，以奉守禹之祀。文身斷髮，披草萊而邑焉。後二十餘世，至於允常。」

(3)〈荊燕世家〉云；「荊王劉賈者，諸劉，不知其何屬。」

(4)〈韓信盧綰列傳〉云：「陳豨者，宛胸人也。不知始所以得從。」

(5)〈匈奴列傳〉：「其後三百有餘歲……其後百有餘歲……其後二百有餘年……穆王之後二百有餘年……是後六十有五年……自是之後百有餘年……。」

2.疑則傳疑

〈三代世表〉云：「孔子因史文次《春秋》，紀元年，正時日月，蓋其詳哉！至於序《尚書》則略無年月；或頗有，然多闕，不可錄。故疑則傳疑，蓋其愼也。」此亦效法孔子，如魯桓公五年《春秋經》云：「五年春正月甲戌己丑陳侯鮑卒」，《穀梁傳》：「鮑卒何爲以二日卒之？《春秋》之義，信以傳信，疑以傳疑，陳侯以甲戌之日出，己丑之日得，不知死之日，故舉二日以包也。」

孫德謙《太史公書義法‧載疑》：「夫讀書而不善疑，則義理必不能推求。但有疑而不知姑從其闕，將自信過深，必有妄言之弊，亦非持愼之道也。」又說：「夫人生古人後，傳聞異辭，安能由我決之？所

以傳疑者，留待後賢之研討耳。使是非任臆遽行去取於其間，如我之所刪存者，未必得當，豈不使後人轉滋疑誤乎？故疑以傳疑，斯慎之至也。」則闕疑和傳疑都是持慎之道。傳疑之例如：

(1)殷之三仁

〈殷本紀〉：紂愈淫亂不止，微子數諫不聽，乃與大師、少師謀，遂去。比干曰：「為人臣者，不得不以死爭。」迺強諫紂。紂怒曰：「吾聞聖人心有七竅。」剖比干，觀其心。箕子懼，乃詳狂為奴，紂又囚之。殷之大師、少師乃持其祭樂器奔周。——順序為：微子、比干、箕子。

〈宋微子世家〉：紂為淫泆，箕子諫，不聽。人或曰：「可以去矣。」箕子曰：「為人臣諫不聽而去，是彰君之惡而自說於民，吾不忍為也。」乃被髮詳狂而為奴。……王子比干者，亦紂之親戚也。見箕子諫不聽而為奴，則曰：「君有過而不以死爭，則百姓何辜！」乃直言諫紂。紂怒曰：「吾聞聖人之心有七竅，信有諸乎？」乃遂殺王子比干，刳視其心。微子曰：「父子有骨肉，而臣主以義屬。故父有過，子三諫不聽，則隨而號之；人臣三諫不聽，則其義可以去矣！」於是太師、少師乃勸微子去，遂行。——順序為：箕子、比干、微子。

(2)西伯受命

〈周本紀〉在「西伯崩，太子發立，是為武王」之下，云：「西伯蓋即位五十年，其囚羑里，蓋益《易》之八卦為六十四卦。詩人道西伯，蓋受命之年稱王而斷虞芮之訟，後十年而崩，謚為文王。」此為西伯另一種說法。

(3)呂尚歸周

〈齊太公世家〉：呂尚蓋嘗窮困，年老矣，以漁釣奸周西伯。西伯將出獵，卜之，曰：「所獲非龍非彲，非虎非羆，所獲霸王之輔。」於是周西伯獵，果遇太公於渭之陽，與語大說，曰：「自吾先君太公曰：『當有聖人適周，周以興。』子真是邪？吾太公望子久矣。」故號之曰「太公望」，載與俱歸，立為師。或曰：太公博聞，嘗事紂。紂無道，

去之。游說諸侯，無所遇，而卒西歸周西伯。或曰：呂尚處士，隱海濱。周西伯拘羑里，散宜生、閎夭素知而招呂尚。呂尚亦曰：「吾聞西伯賢，又善養老，盍往焉。」二人者為西伯求美女奇物，獻之於紂，以贖西伯。西伯得以出，反國。言呂尚所以事周雖異，然要之為文武師。

⑷老子身分

〈老子韓非列傳〉：老子者，楚苦縣厲鄉曲仁里人也。姓李氏，名耳，字聃，周守藏室之史也。……莫知其所終。或曰：老萊子亦楚人也。著書十五篇言道家之用，與孔子同時云。蓋老子百有六十餘歲，或言二百餘歲，以其脩道而養壽也。自孔子死之後百二十九年，而史記周太史儋見秦獻公曰：「始秦與周合，合五百歲而離，離七十歲而霸王者出焉。」或曰儋即老子，或曰非也，世莫知其然否。

⑸墨子時代

〈孟子荀卿列傳〉云：「蓋墨翟，宋之大夫，善守禦，為節用。或曰：並孔子時。或曰：在其後。

三、剪裁──詳近略遠

司馬遷依史料多寡而做適當剪裁，史料多則詳寫，史料少則略寫。時空近、史料多，則詳寫而篇幅多；時空遠，史料少，則略寫而篇幅少：此即詳近略遠。如：

㈠時間：黃帝至先秦只佔三分之一篇幅；秦漢卻佔三分之二篇幅。

㈡空間：124篇寫中國，6篇寫外夷。

㈢秦記：〈六國年表序〉云：「秦既得意，燒天下詩書，諸侯史記尤甚，為其有所刺譏也。詩書所以復見者，多藏人家，而史記獨藏周室，以故滅。惜哉！惜哉！獨有《秦記》，又不載日月，其文略不具。然戰國之權變，亦有可頗采者，何必上古。……余於是因《秦記》，踵《春秋》之後，起周元王，表六國時事，訖二世，凡二百七十年。」所以列傳中，戰國人物以秦國人士傳記最多。如：〈商君列傳〉〈張儀列傳〉〈樗里子甘茂列傳〉〈穰侯列傳〉〈白起

王翦列傳〉〈范睢蔡澤列傳〉〈呂不韋列傳〉〈李斯列傳〉〈蒙恬列傳〉皆秦之將相。其他六國人士則各國僅一二篇而已。

㈣體裁：

1.十二本紀：〈夏本紀〉〈殷本紀〉〈周本紀〉一代一篇；〈秦本紀〉〈秦始皇本紀〉分爲二篇；〈項羽本紀〉〈高祖本紀〉〈呂后本紀〉〈孝文本紀〉〈孝景本紀〉〈今上本紀〉一人一篇。

2.十表：〈三代世表〉、〈十二諸侯年表〉〈六國年表〉、〈秦楚之際月表〉，有世表、年表、月表之分。

3.列傳：有一人一傳之單傳、二人以上之合傳、同類型人物之類傳、事少而依附他人之附傳。

四、安排——繁省得宜

把事件載於此篇，而不載於彼篇；或略敘於此篇，而詳述於彼篇，這種敘述史實的方法叫做「互見法」。事件可能關係到二人以上時，應如何安排其位置，才能做到繁省得宜，且表現史家對此材料之史識？司馬遷採用的即是「互見法」。

㈠互見法的方式

司馬遷所寫的一百三十篇《史記》，是一部完整的作品，而非篇篇孤立，互不相關。他在敘述一個人物的性行，一件事情的原委，往往是散見於若干篇章，讀者要參看了若干篇後，才可得其全貌。他運用這種互見法的方式，有下列三種類型：

1.此有彼無

事件被此篇記載則彼篇不載。如：

〈孝景本紀〉以編年爲主，列述景帝在位十六年之國朝大政，全似史料之排比，而無法表現景帝之性格。但在其他篇章則有表現景帝性格之事件。

〈吳王濞列傳〉載有景帝爲太子時，與吳太子下棋，發生爭執，

結果景帝「引博局提吳太子，殺之」，使吳王濞慘遭喪子之痛，終於導致日後吳、楚七國之亂。〈張釋之馮唐列傳〉有景帝為太子時，與梁王一起乘車入朝，經司馬門不下車，被公車令張釋之追上禁止，劾為「不敬」，後經薄太后「使使承詔赦太子」，才平息此事。又有張釋之事景帝歲餘，即被外放為淮南相，司馬遷點明「猶尚以前過也」，表明景帝仍對張釋之當年彈劾自己之事而記恨。〈萬石張叔列傳〉有「景帝入臥內，於後宮祕戲，（周）仁常在旁。」的記載，可知景帝自小至大，都不太守禮法。又載石奮在景帝為太子時，被任為太子太傅，等到景帝即位，以為九卿，但因「迫近，憚之」，而「徙奮為諸侯相」。對於自己老師尚且不能容忍，更何況是他人。又載：「孝景為太子時，召上左右飲，而（衛）綰稱病不行」，及景帝立，對衛綰歲餘不聞不問，後來召其參乘，開口所問，竟是「吾為太子時召君，君不肯來，何也？」仍是記恨之心而翻舊帳。〈佞幸列傳〉有文帝病癰，鄧通為文帝吮之，景帝為太子，入宮問病，文帝也使唶癰，景帝色難之，由此怨鄧通。即位後，盡沒入鄧通家，使鄧通貧餓而死。另外，景帝冤殺鼂錯（〈袁盎鼂錯列傳〉）、逼死亞夫（〈絳侯周勃世家〉）、害死親子（〈五宗世家〉），皆因刻薄寡恩所致。

2.此詳彼略

　　事件於此篇詳寫，而於彼篇略寫。有兩種情形：

(1)事見某篇

　　詳述於此篇，而略述之篇乃採「事在某篇」、「語在某篇」的形式交代。例如：〈周本紀〉有「其事在周公之篇」；〈秦本紀〉有「其事在商君語中」、「其語在始皇本紀中」；〈秦始皇本紀〉有「語在李斯傳中」；〈呂太后本紀〉有「語在齊王語中」；〈孝文本紀〉有「事在呂后語中」；〈禮書〉有「事在袁盎語中」；〈趙世家〉有「語在晉事中」；〈蕭相國世家〉有「語在淮陰事中」；〈留侯世家〉有「語在淮陰事中」、「語在項籍事中」；〈絳侯周勃世家〉有「其語在呂后、

孝文事中」；〈袁盎鼂錯列傳〉有「其語具在吳事中」；〈酈生陸賈列傳〉有「語在南越語中」、「語在黥布語中」；〈滑稽列傳〉有「語在田完世家中」。

⑵此詳彼略

詳述於此篇，但略述之篇並未明言「事在某篇」，只是略提一筆而已。如：朱家救季布一事，司馬遷詳載於〈季布傳〉，在〈游俠列傳〉的朱家部份，只提到「既陰脫季布將軍之阨，及布尊貴，終身不見也。」數句而已。

項羽使武涉往說淮陰侯之事，司馬遷詳述於〈淮陰侯列傳〉，在〈項羽本紀〉則略述之：「項王聞龍且軍破，則恐，使盱台人武涉往說淮陰侯，淮陰侯弗聽。」數句而已。

3.互有詳略

事件關係甲乙二人，在甲傳則詳寫甲之言行而略寫乙之言行；在乙傳則詳寫乙之言行而略寫甲之言行。如：劉敬勸都關中，張良贊同一事，司馬遷採互有詳略之法敘述。在〈劉敬叔孫通列傳〉詳述婁敬衣羊裘託虞將軍而見高祖；並反復陳說漢之取天下與周室異，周室務以德致人，不欲依險阻，故都洛陽；漢以戰而得天下，必須以險自守，而關中被山帶河，四塞為固，可以搤天下之亢而拊其背。至於張良贊同一節，則只有「及留侯明言入關便，即日車駕西都關中」二句而已。

反之，在〈留侯世家〉中，對於劉敬勸都關中，只有「劉敬說高帝曰：都關中」一句而已。至於留侯贊同一節，則詳述如下：

雒陽雖有此固，其中小，不過數百里，田地薄，四面受敵，此非用武之國也。夫關中左殽函，右隴蜀，沃野千里，南有巴蜀之饒，北有胡苑之利，阻三面而守，獨以一面東制諸侯。諸侯安定，河渭漕輓天下，西給京師；諸侯有變，順流而下，足以委輸。此所謂金城千里，天府之國也。劉敬說是也。

此因在〈劉敬傳〉中，當然要詳寫劉敬的意見，而略寫張良的見解；反之，在〈留侯世家〉中，當然要詳寫張良的意見，而略寫劉敬的建議。此即「互有詳略」者。

㈡互見法的功用

互見法的功用有五：

1.避免重複

同一事件重複出現，有浪費篇幅，囉嗦蕪雜之弊，互見法可以避免重複。如：

管仲、晏嬰兩人的重要事蹟都敘在〈齊太公世家〉中，於是在〈管晏列傳〉中，對於管仲，只敘他與鮑叔的交情和他的政治主張兩點；對晏嬰，便只敘他事齊三世、贖越石父和薦其御者為大夫三點。

〈管蔡世家〉云：

伯邑考，其後不知所封。武王發，其後為周，有本紀言。管叔鮮作亂誅死，無後。周公旦，其後為魯，有世家言。蔡叔度，其後為蔡，有世家言。曹叔振鐸，其後為曹，有世家言。成叔武，其後世無所見。霍叔處，其後晉獻公時滅霍。康叔封，其後為衛，有世家言。冄季載，其後世無所見。

此述文王十子傳國的始末，寫得非常的簡要，因為有的人另外有專篇敘述，此處不必詳加描寫，只須稍加幾筆，即可帶過，這就是為了避免重複而做的安排。

〈陳杞世家〉：

舜之後，周武王封之陳，至楚惠王滅之，有世家言。禹之後，周武王封之杞，楚惠王滅之，有世家言。契之後為殷，殷有本紀言。殷破，周封其後於宋，齊湣王滅之，有世家言。后稷之後為周，秦昭王滅之，有本紀言。皋陶之後，或

封英、六，楚穆王滅之，無譜。伯夷之後，至周武王復封於
齊，曰太公望，陳氏滅之，有世家言。伯翳之後，至周平王
時封爲秦，項羽滅之，有本紀言。垂、益、夔、龍，其後不
知所封，不見也。

此乃敍述唐虞之際股肱之臣十一，傳國的梗概，粗略而不失明白，這
也是爲了避免重複，所作的省文的安排。

2.寄託褒貶

司馬遷寫作《史記》，以繼承孔子《春秋》爲心願，並效法《春
秋》褒貶精神來敍述史實。他認爲某人該褒，便在關於其人的篇章裡，
專述其長處；他認爲某人該貶時，便在關於其人的篇章中，專述其短
處。遇到該褒的人確有短處，無可諱言；該貶的人確有長處，不容不說
時，便用互見的方法，都給安排到另外的篇章裡。例如〈魏公子列傳〉
前面既說「諸侯以公子賢，多客，不敢加兵謀魏十餘年。」末後又說
「秦聞公子死，使蒙驁攻魏，拔二十城，初置東郡。其後秦稍蠶食魏，
十八歲而虜魏王，屠大梁。」〈魏世家贊〉裡加以補正：「說者皆曰：
『魏以不用信陵君故，國削弱至於亡。』余以爲不然。」讀者若單看
〈魏公子列傳〉而不注意〈魏世家贊〉裡的話，對於司馬遷的史識，難
免要發生誤會。

又如〈魏公子列傳〉中寫信陵君的個性，先提明「公子爲人仁而
下士」，以下所敍許多故事，都是集中在這一點上發揮。所以就文章而
言，這是一篇把握住主題的完整之作。但「仁而下士」只是信陵君個性
好的一方面；另外有不甚高明的方面，卻放在別的篇章中。如〈范雎蔡
澤列傳〉中敍秦昭王要爲范雎報仇，向趙國索取從魏逃往平原君家中的
魏齊，魏齊往見趙相虞卿，虞卿解相印與魏齊同至大梁，欲見信陵君，
信陵君猶豫不肯見，魏齊怒而自剄。虞卿可以棄官陪友亡命，信陵君卻
畏忌秦國，拒不肯見，無怪會引起侯嬴的譏刺。同傳裡又敍秦昭王把平
原君騙到秦國，加以軟禁，向他要魏齊的人頭，平原君只說：「貴而爲

交者，爲賤也；富而爲交者，爲貧也。夫魏齊者，勝之友也。在，固不出也；今又不在臣所。」平原君看重交情，表示得如此勇決，與信陵君的顧忌猶豫相比，更可見出信陵君「仁而下士」並非毫無問題。司馬遷爲了襃信陵君，所以在其本傳中只敍好的一面，而將有瑕疵而不得不說的事件，放在別的篇章，以寄託襃貶。

蘇洵《嘉祐集・卷九・史論中》：

> 遷之傳廉頗也，議救閼與之失不載焉，見之〈趙奢傳〉；傳酈食其也，謀撓楚權之繆不載焉，見之〈留侯傳〉。固之傳周勃也，汗出洽背之恥不載焉，見之〈王陵傳〉；傳董仲舒也，議和親之疏不載焉，見之〈匈奴傳〉。夫頗、食其、勃、仲舒，皆功十而過一者也。苟列一以疵十，後之庸人必曰：智如廉頗，辯如酈食其，忠如周勃，賢如董仲舒，而十功不能贖一過，則將苦其難而怠矣。是故本傳晦之，而他傳發之。則其與善也，不亦隱而章乎？

此言互見法可寄託襃貶，對有功者達到揚善隱惡之效。

3. 掩飾忌諱

司馬遷寫當代史，難免會牽涉到當朝君王、大臣的醜事。事實上是如此，但在他所處的地位，卻不容許他直接了當地說出，否則便觸犯忌諱。於是他也用互見的方法，使讀者參互求之，自得其眞相。例如：

司馬遷對於高祖、項羽兩人，他似乎完全是同情項羽，但他是漢朝的臣子，不容不稱讚高祖；因此，他寫兩人時，就運用互見的方法。大概從正面寫起，高祖是一個長者，而項羽一個暴君；從側面寫時，便恰恰相反。

〈高祖本紀〉開頭說高祖「仁而愛人」，這是正面。在其他篇章裡，便常有相反的記載。如〈張丞相列傳〉中記載高祖騎周昌項，問「我何如主？」周昌回答他是桀紂之主。〈佞幸列傳〉中直說「高祖至

暴抗也。」〈張耳陳餘列傳〉記載高祖從平城過趙，趙王敖禮甚卑，有子壻禮。高祖卻是「箕踞罵，甚慢易之。」〈魏豹彭越列傳〉中，借魏豹的口中說出「今漢王慢而侮人，罵詈諸侯羣臣如罵奴耳，非有上下禮節也。」〈淮陰侯列傳〉中，蕭何說「王素慢無禮，今拜大將如呼小兒耳。」〈酈生陸賈列傳〉敘高祖「倨牀使兩女子洗足而見酈生」。從這許多記載，讀者可以見到高祖怎樣「暴而無禮」，恰正是「仁而愛人」的反面。另外在〈蕭相國世家〉中，記載蕭何請把上林中空地，讓人民進來耕種。高祖大怒，教廷尉論蕭何之罪，其後對蕭何說：「相國休矣！相國為民請苑，吾不許，我不過為桀紂主，而相國為賢相。吾故繫相國，欲令百姓聞吾過也。」「桀紂主」的話，高祖自己也說出來了，可見他連假裝「仁而愛人」的心思也沒有。

同樣的，司馬遷在〈高祖本紀〉中寫項羽的為人，「懷王諸老將皆曰：『項羽為人僄悍猾賊』」這是直接的批評項羽。但在其他篇章裡，便也有相反的記載。如〈陳丞相世家〉記載陳平對高祖說：「項王為人，恭敬愛人，士之廉節好禮者多歸之。」；又如〈淮陰侯列傳〉記載韓信對高祖說：「項王見人恭敬慈愛，言語嘔嘔，人有疾病，涕泣分食飲。」便在〈高祖本紀〉中，也留有高起、王陵回答高祖「項羽仁而愛人」的一句話。陳平、韓信都是棄楚歸漢之人，王陵的母親被項羽所烹。他們三人對於項羽，當然不會有所偏祖。把他們的話合起來看，項羽「恭敬愛人」該是真的，恰正是「僄悍猾賊」的反面。這是為掩忌諱所作的安排，讀者不把各篇參看，對於高祖、項羽兩人，就得不到真切的認識。（見朱自清〈史記菁華錄讀法指導大概〉，載於《史記菁華錄》）

另外，高祖大敗於彭城，楚騎追高祖急，高祖為求得脫，不惜三番兩次將親生子女孝惠、魯元兩人推墜車下，幸賴滕公常下車收載，不然此二人早就沒命了。俗語說：「虎毒不食子」，高祖的心，真是比虎狼還狠毒。又如楚漢相距廣武而軍。項羽置太公於俎上以要挾高祖。高祖卻說出「吾翁即若翁，必欲烹而翁，則幸分我一桮羹」如此大逆不孝

的話。這兩件事情在高祖而言，必視爲不可告人的醜行，如果有人膽敢當面翻此舊帳，必遭慘酷之政治迫害。司馬遷爲求掩飾忌諱，不將此二事敘在〈高祖本紀〉中，而在〈項羽本紀〉裡全盤托出，可見史料的安排，還是有其必要的道理存在。

4.把握主題

司馬遷寫作《史記》，有其主題存在。整部《史記》的大主題是要「究天人之際，通古今之變，成一家之言」。《史記》百三十篇，每一篇也是有其小主題存在。他爲求能把握住每一篇的主題，不得不將某一人物的不同事跡，分別載述於不同的篇章中。例如：

淳于髡的事跡，見於〈滑稽列傳〉。但是在〈孟荀列傳〉中，卻有一大段淳于髡見梁惠王之事。〈滑稽列傳〉的主題是要表現「談言微中，亦可以解紛」（〈滑稽列傳序〉）的另一種治道。所以傳中敘淳于髡之事，只有「國中有大鳥，三年不飛不鳴」、「道旁穰田者所持少而所欲奢」及「飲一斗亦醉，一石亦醉」三事諫齊威王。而〈孟荀列傳〉的基本精神，在反映戰國學術的趨勢，以及遊士的作風。於是淳于髡倍受梁惠王禮遇的事跡，正好烘托〈孟荀列傳〉的基本精神，當然要把它置於〈孟荀列傳〉中，而不會誤置於〈滑稽列傳〉裡。

又如〈李斯列傳〉的基本精神，在於闡釋一個人由於畏懼貧賤，乃立志求名求利，及至功成名就，則更懼怕失去已有的富貴，因而受制於人，終致身敗名裂的因果關係。所以整篇內容，從開頭「見鼠有感」、「從荀卿學帝王術」、「游說秦王」、「矯詔立二世」、「阿順二世以嚴刑督責」一直到「腰斬咸陽」。都是針對這個主題而寫的，所以司馬遷才會在篇末感歎地說：

> 李斯以閭閻歷諸侯，入事秦，因以瑕釁，以輔始皇，卒成帝業，斯爲三公，可謂尊用矣。斯知六藝之歸，不務明政以補主上之缺，持爵祿之重，阿順苟合，嚴威酷刑，聽高邪説，廢適立庶。諸侯已畔，斯乃欲諫爭，不亦末乎！人皆以斯極

> 忠而被五刑死，察其本，乃與俗議之異。不然，斯之功且與
> 周、召列矣。（〈李斯列傳贊〉）

為了這個原因，李斯曾經諫止攻伐匈奴的事情，只好放到〈平津侯主
父列傳〉中。再者，李斯之所以反對攻伐匈奴，乃是站在為民生著想
的立場，頗有黃老思想的傾向，與〈李斯列傳〉為法家精神者不合，
因此不便寫入其本傳中。

5.因應體例

　　《史記》有本紀、表、書、世家、列傳五種體裁，而其作法重點
各有不同：「本紀」以編年為主，寫以帝王為中心的天下大事，因此要
求「體貴簡要，僅書大事」。「表」比本紀更注重「體貴簡要」，必須
先將成段史事刪繁就約，以成「提要」；而後將其「咸表終始」，以為
「匯總」。提要可以一覽明瞭，匯總可便於尋檢。「書」其體貴詳，詳
述制作本意與沿革大端。「世家」以編年為主，寫各國封君為中心的大
事。「列傳」作法「體貴詳要」，詳述人物一生進退成敗之要點。

　　由於五種體裁所要求的作法重點不同，因此，相同事件必須分述於
不同體裁之時，勢必有詳略之別，而造成互見現象。

　　⑴本紀詳而表略

　　〈周本紀〉：「十七年，襄王告急于晉，晉文公納王而誅叔帶。襄
王乃賜晉文公珪鬯弓矢，為伯，以河內地與晉。」在〈十二諸侯年表〉
周襄王十七年則簡略為「晉納王」。

　　〈周本紀〉：「二十年，晉文公召襄王，襄王會之河陽、踐土，
諸侯畢朝，書諱曰：『天王狩于河陽』。」在〈十二諸侯年表〉周襄王
二十年則簡略為「王狩河陽」。

　　⑵本紀略而世家詳

　　〈周本紀〉云：

> 初，管蔡畔周，周公討之，三年而畢定，故初作大誥，次作

微子之命，次歸禾，次嘉禾，次康誥、酒誥、梓材，其事在
周公之篇。

〈魯周公世家〉則詳述之。

(3)本紀略而列傳詳

〈秦本紀〉有：

衛鞅說孝公變法修刑，內務耕稼，外勸戰死之賞罰。孝公善
之。甘龍、杜摯等弗然，相與爭之。卒用鞅法，百姓苦之；
居三年，百姓便之。乃拜鞅爲左庶長。其事在商君語中。

在〈商君列傳〉中，則詳載商君說孝公以帝道、王道、霸道；並詳載
與甘龍、杜摯之辯論；且載變法內容等事。

(4)本紀略而書詳

〈自序〉云：「漢興五世，隆在建元，外攘夷狄，內脩法度，封
禪，改正朔，易服色。作今上本紀。」則〈孝武本紀〉應略載這些大
事。但今本〈孝武本紀〉已佚，全抄〈封禪書〉內容，則無法見其實
貌。可是在〈封禪書〉詳載封禪、改正朔、易服色之事，在〈平準書〉
詳載外攘四夷所造成的影響，可知本紀略而書詳。

(5)世家詳而表略

〈楚世家〉云：

二十年，圍宋，以殺楚使也。圍宋五月，城中食盡，易子而
食，析骨而炊。宋華元出告以情。莊王曰：「君子哉！」遂
罷兵去。

〈十二諸侯年表〉於楚莊王十九年有「圍宋，爲殺使者」，二十年有
「圍宋，五月，華元告子反以誠，楚罷。」；於宋文公十六年有「殺
楚使者，楚圍我」，十七年有「華元告楚，楚去。」都是簡略記載。

(6)世家略而列傳詳

〈楚世家〉有「吳王闔閭、伍子胥、伯嚭與唐、蔡俱伐楚，楚大敗，吳兵遂入郢，辱平王之墓，以伍子胥故也。」在〈伍子胥列傳〉則詳述交戰過程及鞭尸之事。

(7)表略而列傳詳

〈高祖功臣侯者年表〉於留侯「侯功」之處有：「以廄將從起下邳，以韓申徒下韓國，言上張旗志，秦王恐，降。解上與項羽之郄，為漢王請漢中地，常計謀平天下，侯，萬戶。」在〈留侯世家〉則詳寫張良佐高祖滅秦、滅項之功。

由上述例證，可見「互見法」之運用，亦有因應體例之需要。

伍、文字運用

史料經過整理、選擇、剪裁和安排之後，才可見諸文字。司馬遷在文字的運用上，頗為費心處理，形成篇章嚴謹、長於布局、寫人生動、活用語言的文學效果。

一、篇章嚴謹

茲以〈田單列傳〉為例，說明於下：

(一)篇法

1.辨體

〈田單列傳〉乃戰國時代齊國名將田單個人之專傳，贊語之後，有君王后及王蠋之附傳。

2.主旨

〈太史公自序〉云：「湣王既失臨淄而奔莒，唯田單用即墨破走騎劫，遂存齊社稷。作田單列傳。」破燕存齊之功，是司馬遷為田單立傳之因。而樂毅一舉攻下齊七十餘城，所未拔者，唯莒及即墨二城而已；齊湣王又被楚將淖齒所殺，外無援軍，齊之敗已至此，田單非用奇

計則不可救，故全篇行文純以「奇計復國」為主旨，吳見思《史記論文》曰：「田單是戰國一奇人，火牛是戰國一奇事，遂成太史公一篇奇文。」所以「奇」字乃〈田單列傳〉之線眼，篇末「太史公曰」則明白點出：「兵以正合，以奇勝。善之者出奇無窮，奇正還相生，如環之無端。夫始如處女，適人開戶；後如脫兔，適不及距：其田單之謂邪！」連用三「奇」字，將全篇寫作主意點出：田單復國以奇計而得成功。

3.取材

　　主旨既是「奇計復國」，司馬遷之取材乃環繞「奇」字而行文：首敘斷軸傅鐵籠而使宗人得全，略施小計，已見田單之奇；次敘縱反間於燕，使騎劫代樂毅，則去一勍敵；又令城中人食必祭其先祖於庭，引飛鳥翔舞下食，令燕人怪之；又每出約束，必稱神師，以自神其事；計使燕劓齊之降卒，以固士卒堅守之志；反間使燕盡掘壟墓，以激怒士卒戰志；使老弱乘城，詐降於燕，遣富豪賂燕將，燕軍由此益懈；夜縱火牛，銜枚襲擊，敗燕而復齊：凡此皆出奇制勝之策，終能克復齊國。

　　贊後附傳君王后及王蠋，一為奇女子，識太子於危難，而善遇之；一為奇士，生而保全畫邑三十里，死而太子得立為王：二人皆傳奇人物，使齊得復國，彼亦有功焉。

　　然而，田單之事蹟見於史料者，不僅上述內容而已，如《戰國策‧齊策六》有「燕攻齊齊破」、「貂勃常惡田單」、「田單將攻狄」的事蹟，而〈魯仲連鄒陽列傳〉亦有「田單攻聊城」之事，但是這些事蹟有的在稱許貫珠者勸襄王嘉許田單之善，因以為己善；有的在表現貂勃以辯才求仕於田單，且為田單釋疑於襄王；有的在表揚魯仲子先見之明，知田單攻狄不下；有的在讚許魯仲連之排難解紛，為書勸降聊城燕將。這些史料不僅無法表現田單之奇，甚至由說士們的機智辯才，反而對襯出田單之危機、受疑、不智、無功。所以司馬遷為求把握主題，而將這些史料割愛不取。

㈡章法

1.外部形式之組合

本文外部形式可分為三大部份：一為田單本傳，二為太史公曰，三為附傳。

其一、田單本傳是本文主體，可分為五段：首段寫田單出身（田單者——不見知）。次段寫燕伐齊的時代背景（及燕使樂毅伐破齊——以即墨距燕）。三段寫田單策畫反攻（頃之，燕昭王卒——燕軍由此益懈）。其中包括反間使騎劫代樂毅、假神道以齊一眾心（包含食必祭先祖於庭，引飛鳥下城以駭燕軍；每出約束，必稱神師）、促燕軍之暴行以激怒齊人（包含使燕劓齊降卒；使燕掘齊壟墓）、身操版插與士卒分功、詐降以鬆懈敵心。四段寫火牛反攻（田單乃收城中得千餘牛——皆畔燕而歸）。五段寫復國結果（田單兵日益多——號曰安平君）。

其二、「太史公曰」部份，讚揚田單出奇制勝，善於用兵，為全文之總結論。

其三、附傳部份，包括君王后及王蠋二人。其安排之位置較特殊，一般篇章皆附於「太史公曰」之前，如〈孟嘗君列傳〉之附載馮驩。但此篇卻在「太史公曰」之後，有人認為，是錯簡所致，但並無明證。若以文章寫作角度而言，應是前文敘田單復國，欲使一氣呵成，不傷文氣，故安排於此。

2.內部材料之聯繫

其一、田單本傳，首段敘田單之出身：「齊諸田疏屬也。湣王時，單為臨菑市掾，不見知。」以田單早年之「不見知」，映襯其後因「鐵籠」保全宗人而得知於即墨，並藉此而奇計復國。

次段寫燕伐齊之時代背景，為田單復國展開序幕；其中寫田單「令其宗人盡斷其車軸末而傅鐵籠」，略施小計，宗人得以保全，因此被即墨人推為將軍以抗燕，開始主導復國計畫。

三段寫田單策畫反攻。其一，利用燕惠王與樂毅「有隙」的矛

盾，乃縱反間，使燕以騎劫代樂毅。樂毅一去，田單往後之奇計才得以施行，否則田單之計未必能瞞過樂毅。其二，以神靈之威齊一眾心，如「令城中人食必祭其先祖於庭，飛鳥悉翔舞城中下食，燕人怪之。」並且「令城中人曰：當有神人為我師」、「每出約束，必稱神師」：一方面疑惑燕軍，一方面穩定即墨軍心，在惶惑無主之時，神意可以成為最大的信心支柱。其三，促成燕軍暴行以激怒齊人：如促使燕劓齊之降卒，使城中人「皆怒，堅守，唯恐見得。」則堅守不降，可免內部不穩，偷生叛降；反間令燕軍盡掘壟墓，燒死人，使得即墨人「皆涕泣，俱欲出戰，怒自十倍。」則鼓舞齊人士氣，與燕軍勢不共戴天。其四，身操版插，與士卒分功，妻妾編於行伍之間，盡散飲食饗士，則是與士卒同甘共苦，增進向心力。前述以神靈之威齊一眾心，是威之以神，對田單只有敬畏；如今與士卒分功，則對田單是心悅誠服。其五，使老弱女子乘城，遣使詐降於燕，令即墨富豪賂遺燕將，其目的是達到「燕軍由此益懈」，如此火牛陣之夜襲，才會發揮最大效果。

　　四段寫火牛反攻：以實筆詳述火牛夜襲，大敗燕軍，殺燕將騎劫。前一段反攻策畫，是按部就班，一一埋伏，為火牛反攻作安排；此段則似高空焰火乍現，令人目眩神迷。

　　五段以略筆交代結果：「齊七十餘城皆復為齊」、「迎襄王於莒」、「封田單，號曰安平君」。一以總結「奇計復國」的結果；一以帶出下文君王后、王蠋之附傳。

　　其二、「太史公曰」的贊語，即針對田單奇計用兵而褒揚，故三用「奇」字以概括。

　　其三、附傳部份，較為特殊，由前文「迎襄王於莒」回敘君王后及王蠋二人。因王蠋之高義，其生，得以保全畫邑三十里；其死，則激勵齊人求法章而立為襄王，乃得之於太史嬓之家，而引出君王后。此二人皆是「奇人」，於亂世之中，表現高義，正好可與田單之奇相呼應。

二、長於布局

包括場面的布置、情節的安排、戲劇效果的經營三方面。

㈠場面的布置

場面是事件發生的舞臺,屬於點的描寫。司馬遷對於場面的布置,能起到身歷其境的示現效果。如:

1.鉅鹿之戰

項羽已殺卿子冠軍,威震楚國,名聞諸侯。乃遣當陽君、蒲將軍將卒二萬渡河,救鉅鹿。戰少利,陳餘復請兵。項羽乃悉引兵渡河,皆沈船,破釜甑,燒廬舍,持三日糧,以示士卒必死,無一還心。於是至則圍王離,與秦軍遇,九戰,絕其甬道,大破之,殺蘇角,虜王離。涉閒不降楚,自燒殺。當是時,楚兵冠諸侯。諸侯軍救鉅鹿下者十餘壁,莫敢縱兵。及楚擊秦,諸將皆從壁上觀。楚戰士無不一以當十,楚兵呼聲動天,諸侯軍無不人人惴恐。於是已破秦軍,項羽召見諸侯將,入轅門,無不膝行而前,莫敢仰視。項羽由是始為諸侯上將軍,諸侯皆屬焉。(〈項羽本紀〉)

2.身死東城

乃令騎皆下馬步行,持短兵接戰。獨籍所殺漢軍數百人。項王身亦被十餘創。顧見漢騎司馬呂馬童,曰:「若非吾故人乎?」馬童面之,指王翳曰:「此項王也。」項王乃曰:「吾聞漢購我頭千金,邑萬戶,吾為若德。」乃自刎而死。王翳取其頭,餘騎相蹂踐爭項王,相殺者數十人。最其後,郎中騎楊喜,騎司馬呂馬童,郎中呂勝、楊武各得其一體。五人共會其體,皆是。故分其地為五:封呂馬童為中水侯,

封王翳爲杜衍侯，封楊喜爲赤泉侯，封楊武爲吳防侯，封呂勝爲涅陽侯。（〈項羽本紀〉）

3.易水送別

太子及賓客知其事者，皆白衣冠以送之。至易水之上，既祖，取道，高漸離擊筑，荊軻和而歌，爲變徵之聲，士皆垂淚涕泣。又前而爲歌曰：「風蕭蕭兮易水寒，壯士一去兮不復還！」復爲羽聲忼慨，士皆瞋目，髮盡上指冠。於是荊軻就車而去，終已不顧。（〈刺客列傳〉）

(二)情節的安排

情節的安排，其重點在於處理故事的發展，屬於線的延伸。其中有起承轉合的曲折變化，和前後呼應、因果關係的處理。

1.起承轉合之變化

茲以〈李斯列傳〉爲例，說明於下：開頭寫李斯年少時爲郡小吏，觀鼠有感而歎曰：「人之賢不肖，譬如鼠矣，在所自處耳。」這是他的人生價值觀，就是文章的「起」。接著寫他立志向上，乃從荀卿學帝王之術，學已成，而西入秦，先爲呂不韋舍人，後上〈諫逐客書〉，始皇用其計謀，官至廷尉，卒并天下，成爲丞相，達到政治高峰，這是「承」。始皇病死於沙丘，遺詔令扶蘇會咸陽而葬。趙高則向李斯遊說改立胡亥，李斯起初不同意，後來因戀棧權位而聽從趙高之議，這是「轉」。其後，胡亥即位，趙高爭權，嫉害李斯，最後造成李斯腰斬咸陽市，臨死時，顧謂其中子曰：「吾欲與若復牽黃犬俱出上蔡東門逐狡兔，豈可得乎！」這是「合」，以小故事呼應前文觀鼠有感。

2.前後呼應、因果關係

茲以〈項羽本紀〉爲例說明。如：前文有「項梁嘗有櫟陽逮，乃

請蘄獄掾曹咎書抵櫟陽獄掾司馬欣，以故事得已。」後文則有「長史欣者，故爲櫟陽獄掾，嘗有德於項梁……故立司馬欣爲塞王，王咸陽以東至河，都櫟陽。」又有「大司馬咎者，故蘄獄掾，長史欣亦故櫟陽獄吏，兩人嘗有德於項梁，是以項王信任之。」又如：

前文有「每吳中有大繇役及喪，項梁常爲主辦，陰以兵法部勒賓客及子弟，以是知其能。」後文則有「梁部署吳中豪傑爲校尉、候、司馬。有一人不得用，自言於梁。梁曰：『前時某喪使公主某事，不能辦，以此不任用公。』乃皆伏。」

㈢戲劇效果的經營

司馬遷用古文把歷史描寫得精采動人，其中採用了幾種方法，使讀者能感受到其中的戲劇效果，而吸引讀者。

1.緊張氣氛

司馬遷善於製造緊張氣氛，使讀者心情隨之起伏。

⑴荊軻刺秦王

秦王聞之，大喜，乃朝服，設九賓，見燕使者咸陽宮。荊軻奉樊於期頭函，而秦舞陽奉地圖柙，以次進。至陛，秦舞陽色變振恐，羣臣怪之。荊軻顧笑舞陽，前謝曰：「北蕃蠻夷之鄙人，未嘗見天子，故振慴。願大王少假借之，使得畢使於前。」秦王謂軻曰：「取舞陽所持地圖。」軻既取圖奏之。秦王發圖，圖窮而匕首見。因左手把秦王之袖，而右手持匕首揕之。未至身，秦王驚，自引而起，袖絕。拔劍，劍長。操其室。時惶急，劍堅，故不可立拔。荊軻逐秦王，秦王環柱而走。羣臣皆愕，卒起不意，盡失其度。而秦法，羣臣侍殿上者不得持尺寸之兵；諸郎中執兵皆陳殿下，非有詔召不得上。方急時，不及召下兵，以故荊軻乃逐秦王。而卒惶急，無以擊軻，而以手共搏之。是時侍醫夏無且以其所奉

藥囊提荊軻也，秦王方環柱走，卒惶急，不知所爲，左右乃曰：「王負劍！」負劍，遂拔以擊荊軻，斷其左股。荊軻廢，乃引其七首以擿秦王，不中，中桐柱。秦王復擊軻，軻被八創。軻自知事不就，倚柱而笑，箕踞以罵曰：「事所以不成者，以欲生劫之，必得約契以報太子也。」於是左右既前殺軻，秦王不怡者良久。已而論功，賞羣臣及當坐者各有差，而賜夏無且黃金二百溢，曰：「無且愛我，乃以藥囊提荊軻也。」（〈刺客列傳〉）

(2)追殺射雕者遇險

匈奴大入上郡，天子使中貴人從廣勒習兵擊匈奴。中貴人將騎數十縱，見匈奴三人，與戰。三人還射，傷中貴人，殺其騎且盡。中貴人走廣。廣曰：「是必射雕者也。」廣乃遂從百騎往馳三人。三人亡馬步行，行數十里。廣令其騎張左右翼，而廣身自射彼三人者，殺其二人，生得一人，果匈奴射雕者也。已縛之上馬，望匈奴有數千騎，見廣，以爲誘騎，皆驚，上山陳。廣之百騎皆大恐，欲馳還走。廣曰：「吾去大軍數十里，今如此以百騎走，匈奴追射我立盡。今我留，匈奴必以我爲大軍之誘，必不敢擊我。」廣令諸騎曰：「前！」前未到匈奴陳二里所，止，令曰：「皆下馬解鞍！」其騎曰：「虜多且近，即有急，奈何？」廣曰：「彼虜以我爲走，今皆解鞍以示不走，用堅其意。」於是胡騎遂不敢擊。有白馬將出護其兵，李廣上馬與十餘騎犇射殺胡白馬將，而復還至其騎中，解鞍，令士皆縱馬臥。是時會暮，胡兵終怪之，不敢擊。夜半時，胡兵亦以爲漢有伏軍於旁欲夜取之，胡皆引兵而去。平旦，李廣乃歸其大軍。大軍不知廣所之，故弗從。（〈李將軍列傳〉）

2.衝突場面

平順的情節無法引人注意，衝突場面則能增強戲劇效果。如：

(1)竇田之爭

夏，丞相取燕王女爲夫人，有太后詔，召列侯宗室皆往賀。
魏其侯過灌夫，欲與俱。夫謝曰：「夫數以酒失得過丞相，
丞相今者又與夫有郤。」魏其曰：「事已解。」彊與俱。飲
酒酣，武安起爲壽，坐皆避席伏，已魏其侯爲壽，獨故人避
席耳，餘半膝席。灌夫不悅。起行酒，至武安，武安膝席
曰：「不能滿觴。」夫怒，因嘻笑曰：「將軍貴人也，屬
之！」時武安不肯。行酒次至臨汝侯，臨汝侯方與程不識耳
語，又不避席。夫無所發怒，乃罵臨汝侯曰：「生平毀程不
識不直一錢，今日長者爲壽，乃效女兒呫囁耳語！」武安謂
灌夫曰：「程李俱東西宮衛尉，今眾辱程將軍，仲孺獨不爲
李將軍地乎？」灌夫曰：「今日斬頭陷匈。何知程李乎！」
坐乃起更衣，稍稍去。魏其侯去，麾灌夫出。武安遂怒曰：
「此吾驕灌夫罪。」乃令騎留灌夫。灌夫欲出不得。籍福起
爲謝，案灌夫項令謝。夫愈怒，不肯謝。武安乃麾騎縛夫
置傳舍，召長史曰：「今日召宗室，有詔。」劾灌夫罵坐不
敬，繫居室。遂按其前事，遣吏分曹逐捕諸灌氏支屬，皆得
弃市罪。魏其侯大媿，爲資使賓客請，莫能解。武安吏皆爲
耳目，諸灌氏皆亡匿，夫繫，遂不得告言武安陰事。（〈魏
其武安侯列傳〉）

(2)廉藺將相和

既罷歸國，以相如功大，拜爲上卿，位在廉頗之右。廉頗
曰：「我爲趙將，有攻城野戰之大功，而藺相如徒以口舌爲
勞，而位居我上，且相如素賤人，吾羞，不忍爲之下。」宣

言曰：「我見相如，必辱之。」相如聞，不肯與會。相如每朝時，常稱病，不欲與廉頗爭列。已而相如出，望見廉頗，相如引車避匿。於是舍人相與諫曰：「臣所以去親戚而事君者，徒慕君之高義也。今君與廉頗同列，廉君宣惡言而君畏匿之，恐懼殊甚，且庸人尚羞之，況於將相乎！臣等不肖，請辭去。」藺相如固止之，曰：「公之視廉將軍孰與秦王？」曰：「不若也。」相如曰：「夫以秦王之威，而相如廷叱之，辱其羣臣，相如雖駑，獨畏廉將軍哉？顧吾念之，彊秦之所以不敢加兵於趙者，徒以吾兩人在也。今兩虎共鬥，其勢不俱生。吾所以為此者，以先國家之急而後私讎也。」廉頗聞之，肉袒負荊，因賓客至藺相如門謝罪。曰：「鄙賤之人，不知將軍寬之至此也。」卒相與歡，為刎頸之交。（〈廉頗藺相如列傳〉）

3.意外結果

出人意外的情節，容易引發人們的好奇心，也能增強戲劇效果。茲舉「韓信發跡」為例：

及項梁渡淮，信杖劍從之，居戲下，無所知名。項梁敗，又屬項羽，羽以為郎中。數以策干項羽，羽不用。漢王之入蜀，信亡楚歸漢，未得知名，為連敖。坐法當斬，其輩十三人皆已斬，次至信，信乃仰視，適見滕公，曰：「上不欲就天下乎？何為斬壯士？」滕公奇其言，壯其貌，釋而不斬。與語，大說之。言於上，上拜以為治粟都尉，上未之奇也。信數與蕭何語，何奇之。至南鄭，諸將行道亡者數十人，信度何等已數言上，上不我用，即亡。何聞信亡，不及以聞，自追之。人有言上曰：「丞相何亡。」上大怒，如失左右手。居一二日，何來謁上，上且怒且喜，罵何曰：「若亡，

何也？」何曰：「臣不敢亡也，臣追亡者。」上曰：「若所追者誰何？」曰：「韓信也。」上復罵曰：「諸將亡者以十數，公無所追；追信，詐也。」何曰：「諸將易得耳。至如信者，國士無雙。王必欲長王漢中，無所事信；必欲爭天下，非信無所與計事者。顧王策安所決耳。」王曰：「吾亦欲東耳，安能鬱鬱久居此乎？」何曰：「王計必欲東，能用信，信即留；不能用，信終亡耳。」王曰：「吾爲公以爲將。」何曰：「雖爲將，信必不留。」王曰：「以爲大將。」何曰：「幸甚。」於是王欲召信拜之。何曰：「王素慢無禮，今拜大將如呼小兒耳，此乃信所以去也。王必欲拜之，擇良日，齋戒，設壇場，具禮，乃可耳。」王許之。諸將皆喜，人人各自以爲得大將。至拜大將，乃韓信也，一軍皆驚。（〈淮陰侯列傳〉）

三、寫人生動

司馬遷所描寫的歷史人物，形象非常生動，富有生命。他採用了下列幾種方法：

㈠描繪相貌

對人物的外貌加以描寫，可以給讀者明晰印象；讀者也能從人物的外貌去揣測其爲人性格。如：

1.秦王相貌

繚曰：「秦王爲人，蜂準，長目，摯鳥膺，豺聲，少恩而虎狼心，居約易出人下，得志亦輕食人。我布衣，然見我常身自下我。誠使秦王得志於天下，天下皆爲虜矣。不可與久游。」乃亡去。（〈秦始皇本紀〉）

2.晏子身高

晏子爲齊相，出，其御之妻從門間而窺其夫。其夫爲相御，擁大蓋，策駟馬，意氣揚揚，甚自得也。既而歸，其妻請去。夫問其故。妻曰：「晏子長不滿六尺，身相齊國，名顯諸侯。今者妾觀其出，志念深矣，常有以自下者。今子長八尺，乃爲人僕御，然子之意自以爲足，妾是以求去也。」其後夫自抑損。晏子怪而問之，御以實對。晏子薦以爲大夫。（〈管晏列傳〉）

3.孔子長人

孔子長九尺有六寸，號爲長人。（〈孔子世家〉）

4.留侯圖像

余以爲其人計魁梧奇偉，至見其圖，狀貌如婦人好女。蓋孔子曰：「以貌取人，失之子羽。」留侯亦云。（〈留侯世家贊〉）

㈡捕捉動作

司馬遷經常描寫人物的表情和不經意的動作，藉以傳達人物之心意。如：

1.樊噲闖宴

噲即帶劍擁盾入軍門。交戟之衛士欲止不內，樊噲側其盾以撞，衛士仆地，噲遂入，披帷西嚮立，瞋目視項王，頭髮上指，目眥盡裂。項王按劍而跽，曰：「客何爲者？」張良曰：「沛公之參乘樊噲者也。」項王曰：「壯士，賜之卮

酒。」則與斗卮酒。噲拜謝，起，立而飲之。項王曰：「賜
之彘肩。」則與一生彘肩。樊噲覆其盾於地，加彘肩上，拔
劍切而啗之。項王曰：「壯士，能復飲乎？」樊噲曰：「臣
死且不避，卮酒安足辭！（〈項羽本紀〉）

2.李、程帶兵

及出擊胡，而廣行無部伍行陳，就善水草屯，舍止，人人自
便，不擊刀斗以自衛，莫府省約文書籍事，然亦遠斥候，未
嘗遇害。程不識正部曲行伍營陳，擊刀斗，士吏治軍簿至
明，軍不得休息，然亦未嘗遇害。（〈李將軍列傳〉）

3.驃騎帶兵

其從軍，天子為遣太官齎數十乘，既還，重車餘弃粱肉，而
士有飢者。其在塞外，卒乏糧，或不能自振，而驃騎尚穿域
蹋鞠。事多此類。（〈衛將軍驃騎列傳〉）

4.呂后哭惠帝

七年秋八月戊寅，孝惠帝崩。發喪，太后哭，泣不下。留侯
子張辟彊為侍中，年十五，謂丞相曰：「太后獨有孝惠，今
崩，哭不悲，君知其解乎？」丞相曰：「何解？」辟彊曰：
「帝毋壯子，太后畏君等。君今請拜呂台、呂產、呂祿為
將，將兵居南北軍，及諸呂皆入宮，居中用事，如此則太后
心安，君等幸得脫禍矣。」丞相迺如辟彊計。太后說，其哭
迺哀。（〈呂后本紀〉）

5.袴下之辱

淮陰屠中少年有侮信者，曰：「若雖長大，好帶刀劍，中情怯耳。」眾辱之曰：「信能死，刺我；不能死，出我袴下。」於是信孰視之，俛出袴下，蒲伏。一市人皆笑信，以爲怯。（〈淮陰侯列傳〉）

(三)揣摹口氣

司馬遷常揣摹人物的說話口氣，藉以傳達人物的思想性格。如：

1.期期不可

昌爲人彊力，敢直言，自蕭、曹等皆卑下之。昌嘗燕時入奏事，高帝方擁戚姬，昌還走，高帝逐得，騎周昌項，問曰：「我何如主也？」昌仰曰：「陛下即桀紂之主也。」於是上笑之，然尤憚周昌。及帝欲廢太子，而立戚姬之子如意爲太子，大臣固爭之，莫能得；上以留侯策即止。而周昌廷爭之彊，上問其說，昌爲人吃，又盛怒，曰：「臣口不能言，然臣期……期……知其不可。陛下雖欲廢太子，臣期……期……不奉詔。」上欣然而笑。既罷，呂后側耳於東箱聽，見周昌，爲跪謝曰：「微君，太子幾廢。」（〈張丞相列傳〉）

2.羽觀秦皇

秦始皇帝游會稽，渡浙江，梁與籍俱觀。籍曰：「彼可取而代也。」梁掩其口，曰：「毋妄言，族矣！」梁以此奇籍。（〈項羽本紀〉）

3. 邦觀秦皇

高祖常繇咸陽，縱觀，觀秦皇帝，喟然太息曰：「嗟乎，大
丈夫當如此也！」（〈高祖本紀〉）

4. 鴻鵠之志

陳涉少時，嘗與人傭耕，輟耕之壟上，悵恨久之，曰：
「苟富貴，無相忘。」庸者笑而應曰：「若爲庸耕，何富
貴也？」陳涉太息曰：「嗟乎，燕雀安知鴻鵠之志哉！」
（〈陳涉世家〉）

5. 張儀舌在

張儀已學游說諸侯。嘗從楚相飲，已而楚相亡璧，門下意張
儀，曰：「儀貧無行，必此盜相君之璧。」共執張儀，掠笞
數百，不服，釋之。其妻曰：「嘻！子毋讀書游說，安得此
辱乎？」張儀謂其妻曰：「視吾舌尚在不？」其妻笑曰：
「舌在也。」儀曰：「足矣。」（〈張儀列傳〉）

6. 酷吏口吻

王溫舒曰：「嗟乎！令冬月益展一月，足吾事矣！」（〈酷
吏列傳〉）

(四)刻畫心理

司馬遷有敏銳的心思，能夠分析、體會人物內心世界，而將人物心
理刻畫描寫出來。如：

1.竇嬰心理

竇嬰聞灌夫死，不食欲死；或聞上無意殺魏其，乃復食。
（〈魏其武安侯列傳〉）

2.欲以釣奇

呂不韋取邯鄲諸姬絕好善舞者與居，知有身。子楚從不韋
飲，見而說之，因起為壽，請之。呂不韋怒，念業已破家為
子楚，欲以釣奇，乃遂獻其姬。姬自匿有身，至大期時，生
子政。子楚遂立姬為夫人。（〈呂不韋列傳〉）

3.范雎入秦

王稽辭魏去，過載范雎入秦。至湖，望見車騎從西來。范雎
曰：「彼來者為誰？」王稽曰：「秦相穰侯東行縣邑。」范
雎曰：「吾聞穰侯專秦權，惡內諸侯客，此恐辱我，我寧且
匿車中。」有頃，穰侯果至，勞王稽，因立車而語曰：「關
東有何變？」曰：「無有。」又謂王稽曰：「謁君得無與諸
侯客子俱來乎？無益，徒亂人國耳。」王稽曰：「不敢。」
即別去。范雎曰：「吾聞穰侯智士也，其見事遲，鄉者疑車
中有人，忘索之。」於是范雎下車走，曰：「此必悔之。」
行十餘里，果使騎還索車中，無客，乃已。王稽遂與范雎入
咸陽。（〈范雎蔡澤列傳〉）

4.陶朱買命

朱公居陶，生少子。少子及壯，而朱公中男殺人，囚於楚。
朱公曰：「殺人而死，職也。然吾聞千金之子不死於市。」
告其少子往視之。乃裝黃金千溢，置褐器中，載以一牛車。

且遣其少子，朱公長男固請欲行，朱公不聽。長男曰：「家有長子曰家督，今弟有罪，大人不遣，乃遣少弟，是吾不肖。」欲自殺。其母為言曰：「今遣少子，未必能生中子也，而先空亡長男，柰何？」朱公不得已而遣長子，為一封書遺故所善莊生。曰：「至則進千金于莊生所，聽其所為，慎無與爭事。」長男既行，亦自私齎數百金。

至楚，莊生家負郭，披藜藋到門，居甚貧。然長男發書進千金，如其父言。莊生曰：「可疾去矣，慎毋留！即弟出，勿問所以然。」長男既去，不過莊生而私留，以其私齎獻遺楚國貴人用事者。

莊生雖居窮閻，然以廉直聞於國，自楚王以下皆師尊之。及朱公進金，非有意受也，欲以成事後復歸之以為信耳。故金至，謂其婦曰：「此朱公之金。有如病不宿誡，後復歸，勿動。」而朱公長男不知其意，以為殊無短長也。

莊生閒時入見楚王。言「某星宿某，此則害於楚。」楚王素信莊生，曰：「今為柰何？」莊生曰：「獨以德為可以除之。」楚王曰：「生休矣，寡人將行之。」王乃使使者封三錢之府。楚貴人驚告朱公長男曰：「王且赦。」曰：「何以也？」曰：「每王且赦，常封三錢之府。昨暮王使使封之。」朱公長男以為赦，弟固當出也，重千金虛弃莊生，無所為也，乃復見莊生。莊生驚曰：「若不去邪？」長男曰：「固未也。初為事弟，弟今議自赦，故辭生去。」莊生知其意欲復得其金，曰：「若自入室取金。」長男即自入室取金持去，獨自歡幸。

莊生羞為兒子所賣，乃入見楚王曰：「臣前言某星事，王言欲以修德報之。今臣出，道路皆言陶之富人朱公之子殺人囚楚，其家多持金錢賂王左右，故王非能恤楚國而赦，乃以朱公子故也。」楚王大怒曰：「寡人雖不德耳，柰何以朱公之

子故而施惠乎！」令論殺朱公子，明日遂下赦令。朱公長男
竟持其弟喪歸。

至，其母及邑人盡哀之，唯朱公獨笑，曰：「吾固知必殺其
弟也！彼非不愛其弟，顧有所不能忍者也。是少與我俱。見
苦，爲生難，故重弃財。至如少弟者，生而見我富，乘堅驅
良逐狡兔，豈知財所從來，故輕弃之，非所惜吝。前日吾所
爲欲遣少子，固爲其能弃財故也。而長者不能，故卒以殺其
弟，事之理也，無足悲者。吾日夜固以望其喪之來也。」
　　（〈越王句踐世家〉）

(五)交代出身

　　一個人出身背景，包括家世、職業都會影響其行爲性格。因爲家
世背景之薰陶，從小就耳濡目染，而長大後所從事的職業，會讓人養成
該職業的習慣。所以司馬遷以交代人物出身，透露該人物可能的思想性
格。如：

1. 〈項羽本紀〉：「其季父項梁，梁父即楚將項燕，爲秦將王翦所戮者
　　也。項氏世世爲楚將，封於項，故姓項氏。」

2. 〈蕭相國世家〉：「蕭相國何者，沛豐人也。以文無害爲沛主吏
　　掾。」

3. 〈曹相國世家〉：「平陽侯曹參者，沛人也。秦時爲沛獄掾，而蕭何
　　爲主吏，居縣爲豪吏矣。」

4. 〈呂不韋列傳〉：「呂不韋者，陽翟大賈人也。往來販賤賣貴，家累
　　千金。」

四、活用語言

　　司馬遷在敘事、寫人時，注意到語言的活用，而得到後人「雄深雅
健」、「疏蕩遒逸」的好評。其方法如下（以下四點參考范文芳《司馬
遷的創作意識與寫作技巧》）：

㈠疏通古語

　　司馬遷在寫五帝三代歷史，經常引用《尚書》，但《尚書》「周誥殷盤，詰屈聱牙」，不易讀懂。於是他將《尚書》文字翻譯改寫爲通暢流利的文字，此即疏通古語。如《尚書‧堯典》：

> 帝曰：「疇咨若時登庸？」放齊曰：「胤子朱啟明。」帝曰：「吁！嚚訟，可乎？」帝曰：「疇咨若予采？」驩兜曰：「都！共工方鳩僝功。」帝曰：「吁！靜言庸違，象恭滔天。」帝曰：「咨！四岳，湯湯洪水方割，蕩蕩懷山襄陵，浩浩滔天，下民其咨，有能俾乂？」僉曰：「於！鯀哉。」帝曰：「吁！咈哉！方命圮族。」岳曰：「异哉！試可乃已。」帝曰：「往欽哉！」九載績用弗成。

《史記‧五帝本紀》則翻譯改寫爲：

> 堯曰：「誰可順此事？」放齊曰：「嗣子丹朱開明。」堯曰：「吁！頑凶，不用。」堯又曰：「誰可者？」讙兜曰：「共工，旁聚布功，可用。」堯曰：「共工善言，其用僻，似恭漫天，不可。」堯又曰：「嗟！四嶽，湯湯洪水滔天，浩浩懷山襄陵，下民其憂，有能使治者？」皆曰：「鯀可。」堯曰：「鯀負命毀族，不可。」嶽曰：「异（異）哉，試不可用而已。」堯於是聽嶽用鯀。九載，功用不成。

將「帝」改爲「堯」，「疇」改爲「誰」，「若」改爲「順」，「時」改爲「此」，「胤」改爲「嗣」，「啟」改爲「開」，「方鳩僝功」改爲「旁聚布功」，「靜言庸違」改爲「善言用僻」，「象恭滔天」改爲「似恭漫天」，「咨」改爲「嗟」，「下民其咨」改爲「下民其憂」，「有能俾乂」改爲「有能使治」，「僉」改爲「皆」，「方命圮族」改爲「負命毀族」，「績用弗成」改爲「功用

不成」。閱讀起來則比《尚書・堯典》通暢明白。

㈡引用俚諺

　　除了疏通古語，司馬遷還善用俚語和俗諺。使各地方的方言和歷史相傳的格言，常出現在《史記》中，不但增加了文章的生動性和親切性，而且成為保存歷史原貌的真實紀錄。如：

1.俚語

　　所謂俚語，是指通俗的語言，有時甚至是指窮鄉僻壤的方言。司馬遷一反傳統窠臼，不避俚俗，將俚語運用得非常出色、自然。如：〈陳涉世家〉：

> 入宮見殿屋帷帳，客曰：「夥頤！涉之為王沉沉者。」楚人謂多為夥，故天下傳之，夥涉為王，由陳涉始。

《索隱》解釋：「又言『頤』者，助聲之辭也。謂涉為王，宮殿帷帳庶物夥多。驚而偉之，故稱夥頤也。」它將鄉巴佬乍見富貴的驚訝神態，表露無遺。又如〈張丞相列傳〉載高祖欲廢太子，周昌當廷力爭，高祖問其原因，周昌為人口吃，又值盛怒，情急地說：「臣口不能言，然臣期期知其不可，陛下雖欲廢太子，臣期期不奉詔。」《正義》解釋：「昌以口吃，每語故重言期期。」可知「期期」本是描摹口吃的俚語，如今卻成了傳誦千古的典故。

2.俗諺

　　本文所說「俗諺」，包括俗語、諺語和短的歌謠。在文章表達上，有言簡意賅、畫龍點睛的功效，又富有社會性、民間性和親切感。

⑴諺語

　　《說文》：「諺，傳言也。從言彥聲。」是指那些含意深刻優美，文辭淺顯，而且歷史相傳，為人們所喜愛引用的簡單話語。郭紹虞《照隅室古典文學論集》認為諺語有四項特色：句短、調子齊整、音主

協和、辭主靈巧。它是民間流行的語言，依據實際的生活經驗，受當時風俗影響，可以讓一般人照著奉行的話。如：

〈趙世家〉敘武靈王要改胡服騎射，引諺語「以書御者不盡馬之情，以古制今者不達事之變。」來說明靠書本的知識去駕車，不能了解馬的情性；同樣的，拿古代的制度來限制現代人，就不能通達事理的變遷。用以說服那些反對者。又敘李兌憂主父長子章及田不禮作亂，勸肥義退隱，肥義引諺語「死者復生，生者不愧。」來說明自己受主父所託，要傅相惠文王，不可因貪生而忘了自己的承諾。

又〈蘇秦列傳〉敘蘇秦游說韓宣王，引鄙諺曰：「寧爲雞口，無爲牛後。」來激怒韓王，認爲韓國「西面交臂而臣事秦，何異乎牛後乎！」果然韓王聽了，「勃然作色，攘臂瞋目，按劍仰天太息。」

又〈樗里子甘茂列傳〉敘樗里子滑稽多智，秦人號曰「智囊」。並於樗里子傳後，引秦人諺曰：「力則任鄙，智則樗里。」來印證樗里子的多智。

又〈季布欒布列傳〉敘楚人曹丘生往見季布，引楚人諺曰：「得黃金百斤，不如得季布一諾 。」說明季布之所以有此名聲，乃曹丘生爲季布宣揚而來的，並借百金對一諾，用以強調季布的俠氣。

又〈李將軍列傳贊〉中，司馬遷引諺曰：「桃李不言，下自成蹊。」來比喻「口不能道辭」的李將軍。桃李不須多言自誇，慕者自來，其下遂自成蹊徑。李廣雖然不善言辭，其誠信的人格遂令天下人爲其死而盡哀。

又〈游俠列傳贊〉中，司馬遷引諺曰：「人貌榮名，豈有既乎！」來說明一個人以外表爲容貌，則年老貌衰；唯有以個人的言行榮譽代替外貌，則其稱譽永遠不會衰朽窮盡。這正說明了爲何郭解「狀貌不及中人，言語不足採者」，但是「天下無賢與不肖，知與不知，皆慕其聲，言俠者皆引以爲名」的原因。

(2)俗語

　　《史記》書中所引「鄙語」、「語曰」、「里語」、「鄙人有言」都可歸入俗語。如：

　　〈陳丞相世家〉中，敘呂嬃因爲從前陳平爲高祖謀畫收執其夫樊噲，所以經常在姐姐呂后面前進讒，說陳平的不是。呂后當陳平、呂嬃之面，引鄙語「兒婦人口不可用」，說明小孩和女人的話不能聽，只要陳平對她忠心耿耿，就不必畏懼呂嬃的讒言。

　　又〈孫子吳起列傳贊〉中，司馬遷引語曰：「能行之者，未必能言；能言之者，未必能行。」來說明孫臏能計殺龐涓，卻不能早救自己兩腿免於被刑。吳起能向魏武侯講山川形勢不如修德安民，然而一旦他自己爲政於楚，卻又不修德政，反而因刻薄、暴虐、少恩而喪失生命。這就不禁令人感到矛盾，又要爲他覺得悲哀。

　　又〈吳王濞列傳〉中，敘吳王濞恐削地無已，使中大夫應高游說膠西王謀反舉事，應高引里語有之「舐穅及米」，來說明舐穅盡則至米，同樣地，削地盡則至滅國。果然膠西王起兵響應吳王，造成七國之亂。

　　又〈游俠列傳〉中，司馬遷引鄙人有言曰：「何知仁義，已饗其利者，爲有德。」來說明一般人只要利之所在，就視爲有德於己，哪管他是否合乎仁義道德。所以縱使伯夷認爲周伐紂是不道德的行爲，餓死首陽山。一般人還是因受到文王、武王弔民伐罪的利益，而擁戴周室。盜跖、莊蹻兇暴乖戾，爲人所唾棄，然而他的黨徒卻歌頌他的德義無窮，這都是利之所在的緣故。

　　另外還有一些既不稱「諺曰」，也不稱「鄙語曰」，甚至連「語曰」都不說，但顯然是採自前人的話，我們也把它當成俗語。如：

　　〈項羽本紀〉敘義帝命宋義率軍救鉅鹿。宋義行至安陽，留而不進，項羽建議疾引兵渡河，楚、趙裡應外合，必可破秦。宋義引「夫搏牛之蝱，不可以破蟣蝨」來說明方欲滅秦，不可以跟章邯馬上作戰而消耗實力。蝱大蝨小，比喻秦大而章邯小。蝱在外而蟣蝨在內，在外者可以順利除去，在內者雖用大力，也很難將蟣蝨破滅。比喻雖用大力也很

難擊敗章邯，倒不如坐觀秦趙互鬥，收漁人之利。

可見這些都是流傳許久的俗語。司馬遷喜歡而且善用這些民間語言，使其筆下人物更生動。對史事及人物的評價，更具畫龍點睛的功效。

3.歌謠

包括兒歌、童謠、民歌三類：

如〈魏其武安侯列傳〉中，引潁川兒歌：「潁水清，灌氏寧；潁水濁，灌氏族。」來說明灌夫宗族賓客，橫行潁川，使鄉里之人，恨之欲其死。這是屬於兒歌。

又如〈周本紀〉引宣王之時童女謠「檿弧箕服，實亡周國。」說明國之將亂，必有妖祥，而童謠所示，不可輕忽。所以宣王才會下令逮捕販賣此器者。而滅周之禍首——褒姒，正是被賣此器的一對夫婦所拾取扶養。

又如〈魯周公世家〉，昭公二十五年春，鸜鵒來巢。師己引文、成之世童謠：「鸜鵒來巢，公在乾侯。鸜鵒入處，公在外野。」果然昭公出奔，居於乾侯。上述二則，屬於預測性的童謠，似乎都很靈驗。司馬遷有愛奇的個性，因此將之採錄進來。

至於引民歌部份。則有：

〈田敬仲完世家〉引齊人之歌：「嫗乎采芑，歸乎田成子。」說明田常復脩釐子之政，以大斗出貨。以小斗收，齊國人心已歸田氏。

〈曹相國世家〉引百姓之歌：「蕭何為法，顜若畫一；曹參代之，守而勿失。載其清淨，民以寧一。」說明漢初蕭規曹隨，推行黃老清靜無為的治道，使得百姓得以由秦末大亂之餘復甦。

〈淮南衡山列傳〉引民有作歌歌淮南厲王：「一尺布，尚可縫；一斗粟，尚可舂。兄弟二人，不能相容。」以譏諷文帝以天下之大，而不能對兄弟相容。文帝聽後，乃立厲王三子為王，以示不貪淮南之地。

(三)講究用字

字詞用得貼切，語意方能清晰自然。這包括語彙豐富和用字新穎。

1.語彙豐富

司馬遷平時蘊藏豐富語彙，使用時採「抽換詞面」技巧，避免重複，達到樣式繁多且各適其宜的效果。如〈貨殖列傳〉：

> 富者，人之情性，所不學而俱欲者也。故壯士在軍，攻城先登，陷陣卻敵，斬將搴旗，前蒙矢石，不避湯火之難者，爲重賞使也。其在閭巷少年，攻剽椎埋，劫人作奸，掘冢鑄幣，任俠并兼，借交報仇，篡逐幽隱，不避法禁，走死地如鶩者，其實皆爲財用耳。今夫趙女鄭姬，設形容，揳鳴琴，揄長袂，躡利屣，目挑心招，出不遠千里，不擇老少者，奔富厚也。游閑公子，飾冠劍，連車騎，亦爲富貴容也。弋射漁獵，犯晨夜，冒霜雪，馳坑谷，不避猛獸之害，爲得味也。博戲馳逐，鬥雞走狗，作色相矜，必爭勝者，重失負也。醫方諸食技術之人，焦神極能，爲重糈也。吏士舞文弄法，刻章僞書，不避刀鋸之誅者，沒於賂遺也。農工商賈畜長，固求富益貨也。此有知盡能索耳，終不餘力而讓財矣。

「爲重賞使也」、「其實皆爲財用耳」、「奔富厚也」、「亦爲富貴容也」、「爲得味也」、「重失負也」、「爲重糈也」、「沒於賂遺也」、「固求富益貨也」，內容多樣，各符所需，且意思相差不遠。

2.用字新穎

茲舉「動詞驅遣」和「虛字活用」爲例，說明如下：

(1)動詞驅遣

使一個句子生動的關鍵，往往在於動詞。司馬遷在行文時，非常講

究動詞的驅遣。如：

〈項羽本紀〉：「梁召籍入。須臾，梁眴籍曰：『可行矣！』於是籍遂拔劍斬守頭。」《漢書‧陳勝項籍傳》顏師古注：「眴，動目也，音舜，動目而使之也。」可知此處是項梁使眼色讓項羽可以行動了，而非開口說。

〈項羽本紀〉：「圍漢王三匝。於是大風從西北而起，折木發屋，揚沙石，窈冥晝晦，逢迎楚軍。楚軍大亂，壞散，而漢王乃得與數十騎遁去。」其中「折」木「發」屋，「揚」沙石、「逢迎」楚軍，描寫狂風吹起的氣勢，令人震撼。

〈刺客列傳〉

秦王 發 圖，圖 窮 而匕首 見，因左手 把 秦王之袖，而右手 持 匕首 揕 之。未至身，秦王 驚，自 引 而 起，袖 絕；拔 劍，劍長，操 其室；時惶急，劍堅，故不可立拔。荊軻 逐 秦王，秦王環柱而 走。羣臣皆 愕，卒起不意，盡 失 其度。而秦法：羣臣 侍 殿上者，不得 持 尺寸之兵，諸郎中 執 兵皆 陳 殿下，非有詔 召 不得 上。方急時，不及召下兵。以故荊軻乃逐秦王，而卒惶急無以 擊 軻，而以手共 搏 之。是時，侍醫夏無且，以其所 奉 藥囊 提 荊軻也。秦王方環柱走，卒惶急不知所爲，左右乃曰：「王 負 劍。」負劍，遂拔以擊荊軻，斷 其左股。荊軻 廢，乃 引 其匕首以 擿 秦王，不 中，中 桐柱。秦王復擊軻，軻 被 八創。軻自知事不 就，倚 柱而笑。

其中文字加外框者，即是動詞之驅遣，顯得變化多端，且運用得當。

(2)虛字活用

古人寫文章沒有標點符號，在語氣變化時則常用虛字來表現。同爲

語末助詞，「也」表示肯定，語氣顯得舒緩穩定；「矣」常暗含諷刺，語氣充滿抒情感歎；「邪」表示懷疑，語氣有抑揚徘徊味道；「哉」在否定中又充滿感歎。（范文芳《司馬遷的創作意識與寫作技巧》）如〈項羽本紀贊〉：

> 太史公曰：吾聞之周生曰：「舜目蓋重瞳子」，又聞項羽亦重瞳子。羽豈其苗裔 邪 ？何興之暴 也 ！夫秦失其政，陳涉首難，豪傑蠭起，相與並爭，不可勝數。然羽非有尺寸，乘埶起隴畝之中，三年，遂將五諸侯滅秦，分裂天下，而封王侯，政由羽出，號爲「霸王」，位雖不終，近古以來未嘗有 也 。及羽背關懷楚，放逐義帝而自立，怨王侯叛己，難 矣 。自矜功伐，奮其私智而不師古，謂霸王之業，欲以力征經營天下，五年卒亡其國，身死東城，尚不覺寤而不自責，過 矣 。乃引「天亡我，非用兵之罪 也 」，豈不謬 哉 ！

其中文字加外框者，即是虛字之活用。又如〈李斯列傳贊〉：

> 太史公曰：李斯 以 閭閻歷諸侯，入事秦， 因以 瑕釁， 以 輔始皇， 卒 成帝業，斯爲三公，可謂尊用矣。斯知六藝 之 歸，不務明政 以 補主上 之 缺，持爵祿 之 重，阿順苟合，嚴威酷刑，聽高邪說，廢適立庶。諸侯已畔，斯 乃 欲諫爭，不亦末乎！人皆 以 斯極忠而被五刑死，察其本， 乃 與俗議 之 異。不然，斯之功且與周、召列矣。

「以」有「憑依」的意思，「以閭閻歷諸侯」，「因以瑕釁」，即用此意；「以」又有「用來……」的意思，「以輔始皇」、「以補主上之缺」，即用此意；「以」又有「以爲、認爲」的意思，「人皆以斯極忠而被五刑死」，即是此意。「之」通常當連詞用，相當白話「的」，「知六藝之歸」、「持爵祿之重」，即是此意；「之」也可

當賓語前置的結構助詞,「乃與俗議之異」即是。(范文芳《司馬遷的創作意識與寫作技巧》)「乃」可當副詞「才」用,「諸侯已畔,斯乃欲諫爭」即是;「乃」也可當連詞「卻」用,「察其本,乃與俗議之異」即是。

㈣費心造句

司馬遷在造句上頗為費心,茲舉長短的安排、駢散的支配和類疊的運用為例。

1.長短的安排

司馬遷將長短句間雜錯綜使用,增加形式錯落之美,也形成聲調鏗鏘頓挫之效果。如〈項羽本紀〉:

> 項籍少時,學書不成,去學劍,又不成。項梁怒之。籍曰:「書足以記名姓而已。劍一人敵,不足學,學萬人敵。」於是項梁乃教籍兵法,籍大喜,略知其意,又不肯竟學。

短的有二字、三字、四字一頓,長的有八字、九字一頓,自由變化,又符合語境。又如〈李將軍列傳〉:

> 廣令諸騎曰:「前!」前未到匈奴陳二里所,止,令曰:「皆下馬解鞍!」其騎曰:「虜多且近,即有急,奈何?」

短的有一字句「前!」和「止」,表現令行禁止、不容商量的決斷;長的九字句「前未到匈奴陳二里所」,較為舒緩,尚未危急。「虜多且近,即有急,奈何?」四、三、二字句,由多而少,心情也隨之急迫焦慮。

2.駢散的支配

司馬遷行文,採「寓駢於散」的方法,使得駢句的對偶之美和散句的直率,自然搭配。如〈貨殖列傳〉:句踐困於會稽,用范蠡、計然,

計然曰：

> 夫糶，二十病農，九十病末。末病則財不出，農病則草不辟矣。上不過八十，下不減三十，則農末俱利，平糶齊物，關市不乏，治國之道也。積著之理，務完物，無息幣。以物相貿易，腐敗而食之貨勿留，無敢居貴。論其有餘不足，則知貴賤。貴上極則反賤，賤下極則反貴。貴出如糞土，賤取如珠玉。財幣欲其行如流水。

此段分別為二字（奇句），四、四（偶句）。六、六（偶句）。五、五（偶句），五、四、四、五（奇句）。四（奇句）、三、三（偶句）。五、八、四（奇句）。六、四（奇句）。六、六（偶句）。五、五（偶句）。八字（奇句）。奇偶相生，駢散間雜。又如〈秦楚之際月表序〉：

> 太史公讀秦楚之際，曰：「初作難，發於陳涉；虐戾滅秦，自項氏；撥亂誅暴，平定海內，卒踐帝祚，成於漢家。五年之間，號令三嬗。自生民以來，未始有受命若斯之亟也。」

引號內文字，字數分別為「三、四；四、三；四、四、四、四。四、四。五、十。」也是奇偶相錯落。雖然偶句尚未形成對偶，但讀來仍覺整齊有致。

3.類疊的運用

　　司馬遷有時為求突出重點，或給人反覆詠歎的效果，乃採用類疊手法。如〈項羽本紀〉：

> 當是時，楚兵冠諸侯。諸侯軍救鉅鹿下者十餘壁，莫敢縱兵。及楚擊秦，諸將皆從壁上觀。楚戰士無不一以當十，楚兵呼聲動天，諸侯軍無不人人惴恐。於是已破秦軍，項

羽召見諸侯將，入轅門，無不膝行而前，莫敢仰視。項羽
由是始爲諸侯上將軍，諸侯皆屬焉。

隔離使用「莫敢」和「無不」，強調項羽及楚軍之威勢，及諸侯軍之
膽寒。又如〈項羽本紀〉：

漢有善騎射者樓煩，楚挑戰三合，樓煩輒殺之。項王大怒，
乃自被甲持戟挑戰。樓煩欲射之，項王瞋目叱之，樓煩
目不敢視，手不敢發，遂走還入壁，不敢復出。漢王使
人閒問之，乃項王也。漢王大驚。

三個「不敢」隔離使用，強調項羽氣勢令樓煩喪膽而不敢有任何作
爲。又如〈項羽本紀〉：

項王自度不得脫。謂其騎曰：「吾起兵至今八歲矣，身七十
餘戰，所當者破，所擊者服，未嘗敗北，遂霸有天下。然今
卒困於此，此天之亡我，非戰之罪也。今日固決死，願爲
諸君快戰，必三勝之，爲諸君潰圍，斬將，刈旗，令諸君知
天亡我，非戰之罪也。」……項王笑曰：「天之亡我，我
何渡爲？」

「天之亡我，非戰之罪也」多次從項羽口中說出，以見項羽至死不
悟，仍執迷於欲以武力征服天下。又如〈西南夷列傳〉：

西南夷君長以什數，夜郎最大；其西靡莫之屬以什數，
滇最大；自滇以北君長以什數，邛都最大：此皆魋結，
耕田，有邑聚。其外西自同師以東，北至楪榆，名爲巂、昆
明，皆編髮，隨畜遷徙，毋常處，毋君長，地方可數千里。
自巂以東北，君長以什數，徙、筰都最大；自筰以東北，
君長以什數，冄駹最大。其俗或土著，或移徙，在蜀之

西。自冄駹以東北，君長 以什數 ，白馬 最大 ，皆氐類也。
此皆巴蜀西南外蠻夷也。

「……以什數……最大」隔離使用，配合方位層遞，將西南夷眾多種
族部落概括介紹出來。

第四章

表述形式

壹、五體兼備的人類全史

一、《史記》是一部人類全史

梁啟超在〈史記解題及其讀法〉一文中說：

> 其著書最大目的，乃在發表司馬氏「一家之言」，與荀卿著
> 《荀子》，董生著《春秋繁露》，性質正同，不過其「一家
> 之言」乃借史的形式以發表耳！

梁氏頗能一箭中鵠，說中要旨。司馬遷的「成一家之言」，既然是以史的形式發表，我們就應該對此形式加以探究，方能有正確認識。

司馬遷所寫《史記》，在形式上是要寫一部漢代人所知的人類全史。所謂歷史，即是「人類活動的歷程」。這是以人類全史的角度加以定義，其意義可分三方面說明：

1. 人類，指的是全人類，不分種族、性別、身分……，只要是人的活動，都屬於歷史。由《史記》一書中所載人物而言，有帝王、后妃、王侯、貴族公子、大小臣僚、政治家（政客）、思想家（或學者）、軍事家、文學家、經學家、策士、隱士、刺客、游俠、循吏、酷吏、醫者、卜者、商賈、俳優等，包含社會各階層的人物；雖然大都是男性，但也有少數出色的女性；雖然大都是漢人，但也有外夷：可見司馬遷是以全人類為範圍。但是人類自古至今，由中至外，多如沙數，又怎能一一為之立傳，因此，勢必要有所選擇，這就屬於選材的問題。

2. 活動，指的是人類所有的活動，由《史記》書中所載事類而言，有政治、軍事、外交、經濟、吏治、宗教、水利、禮儀、音樂、天文、曆法、教育……等，可見司馬遷是要寫一切有關人類各方面活動事件。但是人類所發生的活動事件，也是浩如烟海，不可能件件都寫，事事詳析，因此，也勢必要有所選擇，以符合司馬遷需要，這也是選材的

範圍。

3. 歷程，指的是時間過程，應該從有人類以來，一直延續至今，甚至未
來，都是它的歷程。但是司馬遷是一位史家，所寫史書第一個要求是
「眞」，對於史料的可信度必須經得起考驗才行，遠古原始人類沒有
史料流傳，當然不可能將之載入，因此，司馬遷必須爲這部人類全史
起頭，找到一個較可信的時代人物作爲本書之首；未來身後之事，司
馬遷也無法預料，當然不可能寫入，我們由《史記》書中所載時間範
圍而言，它是從黃帝到漢武帝，也就是從古至今，上下大約二千多年
的一段漫長時期。可見司馬遷是要寫一部有史料根據的人類通史。但
是全書起訖時間的選定，及每個人物、事件的時間斷限，也都需要一
番考量，這也是選材的內容。

二、創立五體兼備的紀傳體

《史記》既然是一部人類全史，包括人類、活動和歷程三方面，用
什麼方法加以敘述，才能將人、事、時三者之間的關係表現清楚，這就
需要重新選擇寫作方法。於是司馬遷兼採記人、記事、記時三種方法，
並加以綜合貫通，而創立了本紀、表、書、世家、列傳五體兼備的紀傳
體。

在司馬遷之前，記載歷史的方法，主要有三種：記時、記人、記
事，但各有其得失。

記時者爲編年體，按年月日先後記事，可以把時間的順序交代清
楚，但事件則分散、間斷而無法連貫，人物也只能片斷記載，而不能總
敘其一生。

記人者爲傳記，以人物爲主體，可以把人物事迹敘述得很完整，但
無法詳備某一歷史事件的首尾始末，也不能全載某一時期歷史的多方面
發展。

記事者爲記載事件之本末，可以詳備事件的首尾始末，但無法備述
人物的一生，也不能記載某一時期發生的所有歷史事件。

　　由此可知，記時、記人、記事三種方法，各有其特殊功能，但也同時有其限制。可是，歷史是多方面的綜合體，事件的發展，是由各種人物、因素交織而成，若只靠某一種方法，則無法記錄、保存歷史的全貌。司馬遷要寫的是二千多年的一部人類全史，他必須考慮採用何種方法來記載歷史，才能顧及歷史是人類活動的歷程，並兼含人物、事件、時間三方面的關係。於是，他將記時、記人、記事三種方法兼採，並做了綜合運用，而創造出紀傳體。所以清人劉咸炘《史學述林・卷一・史體論》曰：「夫史體雖多，要不外三：一為依年，一為依事，一為依人，…紀傳則兼三者而成類。」《史記》五種體裁中，本紀、表與列國世家，大致上採編年記時；列傳和若干世家，是傳記記人；八書和少數列傳，則是記事之本末。司馬遷把這三種方法一起併用，加以搭配，而成一種新的綜合敘述方法，也就創造出一套新的體裁。

　　司馬遷既然已經兼採記人、記事、記時三種方法，綜合運用而創立本紀、表、書、世家、列傳五體合一的紀傳體，但是其中人物、事件及時間的選材，也必須作一安排，以下則以五體為架構，分別闡述人物、事件及時間的選材原則：

貳、十二本紀

一、本紀定義

　　本紀一體，是《史記》全書「綱領的記載」：「本」與「末」或「支」相對，猶如幹與枝、經與緯、經與傳、綱領與條目之相對；本紀之「紀」，與其他四體「表」、「書」、世家之「家」、列傳之「傳」，應皆屬名詞，則「紀」字應指名詞之記錄、記載（見阮芝生〈論史記五體及「太史公曰」的述與作〉）。所以章學誠說：

> 原其稱本之義，司馬遷意在紹法《春秋》。顧左氏、公、穀專家各為之傳，而遷則一人之書，更著書、表、列傳以為之

緯，故加紀以本而明其紀之爲經耳。（《文史通義・外篇
2・永清縣志・皇言紀序例》）

可知「本紀」一體，是效法《春秋經》，作爲全書綱要性的記載。

二、本紀作法

本紀既是全書綱要性記載，則其寫作方法大致有三項特色：

(一)人物方面

選材原則以宰制天下，成爲天下中心者爲主，所以絕大多數是帝
王，如〈五帝本紀〉、〈夏本紀〉、〈殷本紀〉、〈周本紀〉、〈秦始
皇本紀〉、〈高祖本紀〉、〈孝文本紀〉、〈孝景本紀〉、〈今上本
紀〉皆是。

另外，項羽被立爲本紀，是因(1)暴興滅秦：秦滅周，楚滅秦，漢
則亡楚而後有天下，以政權轉替而言，項羽位居秦、漢的轉換銜接點。
(2)宰制天下：項羽滅秦後，「分裂天下而封王侯，政由羽出」，就連劉
邦之漢王，也是項羽所封，而終成漢家天下四百年之國號。呂后之立爲
本紀，其因有；(1)女主稱制，無異於天子：〈呂后本紀〉贊曰：「故惠
帝垂拱，高后女主稱制」；〈呂后本紀〉云：「元年，號令一出太后，
太后稱制」，呂后操生殺大權，廢立天子，封王諸呂，與天子無異。
(2)元年紀事：〈呂后本紀〉前後十五年，以孝惠紀元者七年，以呂后紀
元者八年，而全由呂后專政有十四年。以政權接替而言，呂后是上繼孝
惠，而下啟孝文。由上觀之，司馬遷之立項羽、呂后二紀，純粹是從宰
制天下的政權中心及政權接替順序而著眼。（參見阮芝生〈論史記五體
及「太史公曰」的述與作〉）

雖然唐・劉知幾《史通》曾對此有「求名責實，再三乖謬」的批
評，但這是不瞭解司馬遷的一偏之見。後來學者則頗多能道出司馬遷之
用意，如宋人林駉曰：「子長以事之繫於天下則謂之紀。」（《古今

源流至論後集》，卷9〈史學〉）清人劉咸炘亦云：「本紀者，一書之綱，惟一時勢之所集，無擇於王、伯、帝、后。」（《史學述林》，卷1〈史體論〉）則指出立於本紀者，是能掌握天下大勢的人。近人呂思勉則指出「必天子而後可稱紀…此乃後世史體，不可追議古人」、「正統僭偽之別，亦後世始有」（《史通釋評》），直接點明不可以後世之體例來曲解批駁司馬遷創體之原意。

(二)事件方面

1.體貴簡要

本紀既然是全書綱要的記載，則其原則應該「體貴簡要」，而且是「僅書大事」。除了帝王姓氏名號之外，包括有始祖、世次、廢立、讓國、篡弒、戰爭、封賜、制度、用人、亡國……等，這些內容可以「政刑大端」、「興衰變故」、「列國大事」數語概括。這些事太繁，不能詳載，則須求簡、求要。（阮芝生〈論史記五體及「太史公曰」的述與作〉）

2.詳近略遠

本紀所載史事雖「僅書大事」，但是總不能由黃帝一直寫到漢武帝，中間毫無區隔，若是如此，一則二千多年的史事併於一篇，內容過多；二則只述政權接替之人物，則其先祖、後代難以載入，無法探究其帝業由來、朝代興衰；三則古今史事詳略不同，於一篇之中記載體例難以統一，而有駁雜混亂之弊。因此，司馬遷勢必對此二千多年的綱要記載，作一妥當區分，而成為今日所見十二本紀。

司馬遷區分的原則，主要是「詳近略遠」，遠古時代，史料不足，所以將黃帝、顓頊、帝嚳、堯、舜五帝合為一紀；其後夏、殷、周三代，各成一紀，以統合其朝代之興衰；到了秦代，因史事較繁，則分為〈秦本紀〉與〈始皇本紀〉二篇；從項羽以下，至漢代諸帝，則是每帝各一紀。

正因爲如此，所以十二本紀皆記一代或一君之事，獨有〈秦本紀〉載始皇以前秦先世之事，此時秦未取天下，爵爲諸侯，所以劉知幾認爲應降爲世家。其實，司馬遷於夏、商、周三代，都自先世述起，故〈夏本紀〉溯禹之父爲鯀，鯀之父曰帝顓頊，顓頊之父曰昌意，昌意之父曰黄帝。〈殷本紀〉回溯始祖殷契，其母曰簡狄，爲帝嚳次妃，其後子孫代立，十三傳至成湯而伐桀。〈周本紀〉回溯始祖后稷棄，其母曰姜原，爲帝嚳元妃。其後十五傳至武王而滅紂。甚至連司馬遷作〈太史公自序〉也都溯及顓頊、重黎。秦之立國久遠，而始皇又統一天下，司馬遷既要爲始皇立本紀，自然也要從其先世述起。三代時遠事簡，其先世事蹟可於各篇中帶敘，秦則時近事詳，若合併則嫌篇幅太長，故分爲二篇。（阮芝生〈論史記五體的體系關聯〉）所以歸有光曰：「〈秦本紀〉與〈始皇本紀〉當爲一，如周紀始后稷也，以卷帙多，始皇自爲紀。」（《史記會注考證》所引）清人郭嵩燾《史記札記》亦曰：「〈殷本紀〉始契，〈周本紀〉始稷，皆溯原有天下之始以著其本末；以秦事近，敘述爲詳，故析〈始皇本紀〉別爲一篇，秦不得有世家明矣。」另外，分〈秦本紀〉與〈始皇本紀〉爲二，可以突出始皇在歷史上的地位，畢竟他是中國歷史上一位劃時代的人物，混一海內，廢封建，改郡縣，許多重大變革，都在始皇手中進行，如此重要人物，司馬遷又怎能忽略他，而不特別強調他呢？

(三)時間方面

1.時間起訖

本紀第一篇爲〈五帝本紀〉，五帝之首爲黄帝，考司馬遷以黄帝爲書首，可以從下列角度看出其理由（參見周先民《司馬遷的史傳文學》）：

(1)考信歷史使然

司馬遷在〈五帝本紀贊〉提出下列考信歷史的結果：

①根據儒者或不傳（反之，則或傳也）的「孔子所傳宰予問〈五

帝德〉及〈帝繫姓〉」。

②實地考察之印證:「余嘗西至空桐,北過涿鹿,東漸於海,南浮江淮矣,至長老皆各往往稱黃帝、堯、舜之處,風教固殊焉,總之不離古文者近是。」司馬遷所言「古文」,指的是〈五帝德〉及〈帝繫姓〉二篇,其與各地長老所言之風俗教化相近。

③與《春秋》《國語》相發明:「予觀《春秋》、《國語》,其發明〈五帝德〉、〈帝繫姓〉章矣。顧弟弗深考,其所表見皆不虛。」

④書缺有間,其軼時見他說:《尚書》原有百篇,伏生所傳今文《尚書》僅有二十九篇,孔壁古文多今文十六篇,但也缺佚頗多。今本《尚書》始於堯舜,然其軼聞時時見於他說,不可因《尚書》不載黃帝而將之排除。

另外,〈貨殖列傳〉云:「夫神農以前,吾不知已。」神農以前,是結繩之世,未有文字;黃帝之史倉頡造字,則是有文字、史官記事,其事應較可信。

(2)釐清種族傳承使然

司馬遷通古今之變,是採「原始察終」的方法,「自黃帝始」,正是其「原始」以釐清種族傳承的努力。

李景星《史記評議》曰:

孔子刪《書》,斷自二典,詳政治也;太史公記史,始於五帝,重種族也。蓋五帝始於黃帝,為我國種族之所自出。黃帝之子二十五人,後世或居中國,或居夷狄。

自種族傳承角度言之,〈五帝本紀〉之顓頊、嚳、堯、舜,皆黃帝後代;其後的夏、商、周、秦各代,亦是黃帝苗裔;就連匈奴、東越、西南夷也都有血脈關連。所以中國人自稱「黃帝子孫」。

(3)順應時代觀念使然

〈太史公自序〉云：「唯我漢繼五帝末流」，〈夏本紀〉云：「陶唐既衰，其后有劉累，學擾龍于豢龍氏」，劉累乃陶唐後裔，亦是劉姓始祖，故漢家以唐堯後裔自居，亦是黃帝後裔。〈高祖本紀〉載劉邦剛被推爲沛公，馬上「祠黃帝」，標榜黃帝是自家祖先，自己是黃帝正宗傳人，從而可以明正言順奪取天下。可見當時觀念，黃帝是最早祖先。

漢初推行黃老之治，從〈五帝本紀〉所載而言，黃帝一生奮發有爲，多所建樹，與道家無爲而治迥異；但漢時推行無爲政治，卻將黃帝扯入，合稱「黃老」，可見漢代對黃帝推崇的時代風氣。

(4)寓有規諫武帝之意

〈封禪書〉載漢武帝好神仙，欲求長生不老，故屢受方士蠱惑，認爲黃帝乘龍升天，武帝曾嘆曰：「嗟乎！吾誠得如黃帝，吾視去妻子如脫躧耳。」司馬遷於〈五帝本紀〉置黃帝於書首，並載黃帝「修德振兵」、「勞動心力耳目」、「未嘗寧居」，皆勵精圖治之事；最後，又特意言明「帝崩，葬橋山」，則方士所言黃帝騎龍升天，乃荒誕不經，亦是對執迷不悟的武帝作一諷刺。

《史記》之下限，應當在漢武帝太初年間，由〈太史公自序〉：「余述歷黃帝以來，至太初而訖」，〈漢興以來諸侯王年表序〉：「臣遷謹記高祖以來至太初諸侯。」〈高祖功臣侯者年表序〉：「天下初定……至太初，百年之間，見侯五。」〈太史公自序〉：「漢興以來，至于太初百年，諸侯廢立分削，譜紀不明……作漢興已來諸侯年表第五。」這些說明，都是以太初爲斷，顯見司馬遷把《史記》時間的下限訂於武帝太初年間。太初改曆，是漢家得土德改制以上應天命的重要變革，代表司馬遷天人之際的認知，故以此爲時間下限。

3.篇章先後

本紀是以編年爲主的紀時方法來寫作，要求政權接替的連續不

斷，亦即每一時期都有某位宰制天下者爲中心，來記載天下大事，所以十二本紀的排列順序，即是以政權接替的先後順序爲準。〈五帝本紀〉第一（黃帝、顓頊、帝嚳、堯、舜），〈夏本紀〉第二（禹繼舜，子孫傳至桀），〈殷本紀〉第三（湯伐桀，取而代之，子孫傳至紂），〈周本紀〉第四（武王伐紂，代立爲天子，子孫傳至赧王分爲東西周），〈秦本紀〉第五（秦莊襄王滅東西周，始皇滅六國，統一天下），〈秦始皇本紀〉第六（始皇統一中國，傳至二世、子嬰而亡），〈項羽本紀〉第七（項羽滅秦，殺子嬰），〈高祖本紀〉第八（高祖滅項羽而登帝位），〈呂太后本紀〉第九（孝惠繼高祖，在位七年，其後呂后稱制八年），〈孝文本紀〉第十（大臣誅呂氏，擁立孝文帝），〈孝景本紀〉第十一（文帝卒，景帝立），〈今上本紀〉第十二（景帝卒，武帝立）。

參、十表

一、表之定義

　　《史記》有十表，表之含義有二：

㈠**表格**：《史記》之十表，皆是以方格縱橫的表格，填入簡要史事，來呈現內容。

㈡**表明**：〈太史公自序〉：「既科條之矣，並時異世，年差不明，作十表。」則十表之作，欲表明「並時異世」之「年差」。《索隱》曰：「案：禮有表記，而鄭玄云：『表，明也。』謂事微而不著，須表明也，故言表也。」（〈三代世表〉）

　　由上而言，《史記》十表，其義乃是以表格形式表明史事。

二、表之功用

　　表既是表明，則司馬遷欲藉十表來表明什麼呢？

㈠**整齊年差**：〈太史公自序〉：「既科條之矣，並時異世，年差不明，

作十表。」可知十表之作，在整齊「年差不明」。春秋戰國之世，各國紀年不同，晉之某公某年當秦之某公某年，或當周之某王某年？這些「並時異世，年差不明」的困難，在紀傳之中不易獲得答案，藉由表格形式，把周天子和各諸侯的紀年列出，然後將重大事件記錄在相關的國別年代中，這樣就可以和紀傳相表裡，使讀者掌握時間先後之綱領。

(二)**提綱挈領**：本紀、世家和列傳的記事，較為詳細，表則有提綱挈領的作用，使讀者一覽無遺，而成為全書史事的提要。

(三)**會通史事**：司馬遷將全書史事刪繁就約而成為綱要材料，而後將之匯總在一定篇幅的表格內，一來可以備索引，供人翻查、考證；更重要的是要經由「咸表終始」、「謹其終始」、「察其終始」、「綜其終始」的過程，而達到「表見《春秋》、《國語》學者所譏盛衰大指」（〈十二諸侯年表序〉）、「著諸所聞興壞之端」（〈六國年表序〉）、「譜其下益損之時，令後世得覽」（〈漢興以來諸侯王年表序〉）、「觀所以得尊寵及所以廢辱，亦當世得失之林」（〈高祖功臣侯者年表序〉）的目的，也就是要表明天下大勢和治亂興亡大略，而觀一時之得失，使《史記》成為論治之書。

(四)**通紀傳之窮**：歷史中的人事眾多，不必人人皆須立傳，若人人立傳則有輕重無別之嫌，且其事易於重見；也不必事事都能入傳，事事入傳則傳文必有繁蕪雜亂之弊。若借重於表，則可省紀傳之繁，而補紀傳之不足。（參見阮芝生〈論史記五體及「太史公曰」的述與作〉）

所以，朱鶴齡《愚菴小集・讀後漢書》說：

蓋表所由立，昉于周之譜牒，與紀傳相為出入，凡列侯將相、三公九卿，其功名表著者既系之以傳，此外大臣無積勞，亦無顯過，傳之不可勝書也，而姓名爵里存沒盛衰之跡，要不容以遽泯，則于表乎載之。又功罪事實，列傳中有未及悉備者，亦于表乎載之，年經月緯，一覽瞭如，作史體

裁莫大于是。……不知作史無表,則立傳不得不多,傳愈多,文愈繁,而事跡或反遺漏而不舉。

趙翼《廿二史劄記・卷1・各史例目異同》亦有類似看法:

《史記》作十表……與紀傳相爲出入,凡列侯、將相、三公、九卿、功名表著者,既爲立傳,此外大臣無功無過者,傳之不勝傳,而又不容盡沒,則於表載之。

可知十表可以補紀傳之窮,有了表這種體裁,可以將次要人事載入表中,達到文省而事備的功效。例如〈高祖功臣侯者年表〉記有平陽侯曹參等百餘人之侯功、侯第以及封、奪、復、絕等事,多爲本紀、世家與列傳所不載,此等事若不記載,則是史有闕文,令後人難以稽考,若欲記載而又不立表,則便不得不多立傳,立傳愈多則文愈繁,甚至事跡反而遺漏不舉,有傷史體。

三、表之作法

表是以表格形式來表明史事,則其寫作方法可由下列三方向說明:

㈠形式方面

表是以方格縱橫的表格來表明史事,看似簡單,其實相當複雜。十表的格式,可分爲四類(參阮芝生〈論史記五體及「太史公曰」的述與作〉):

1.世經世(國)緯

〈三代世表〉即是,以世爲經,縱行爲經,其順序爲「黃帝號有熊」、「帝顓頊,黃帝孫。起黃帝至顓頊三世」、「帝佶,黃帝曾孫,起黃帝至帝佶四世,號高辛」、「帝堯,起黃帝至帝佶子五世,號唐」、「帝舜,黃帝玄孫之玄孫,號虞」、「帝禹,黃帝耳孫,號

夏」……等；以世（國）爲緯，橫行爲緯，其順序爲「顓頊屬」、「告屬」、「堯屬」、「舜屬」、「夏屬」、「殷屬」、「周屬」。但敘至成王誦之時，橫列八格變爲十二格：周、魯、齊、晉、秦、楚、宋、衛、陳、蔡、曹、燕，這是因爲周封諸侯所致。此表以橫列之世國爲主，縱列之帝王爲輔。

2.年（月）經國緯

〈十二諸侯年表〉由共和元年起，至周敬王四十三年止，是以年爲經；橫列周、魯、齊、晉、秦、楚、宋、衞、陳、蔡、曹、鄭、燕、吳等十四國，是以國爲緯。〈六國年表〉由周元王元年起，至秦二世三年止，是以年爲經；橫列周、秦、魏、韓、趙、楚、燕、齊等八國，是以國爲緯。但敘至始皇二十七年，八橫格則變爲縱格，這是因爲秦併六國的原故。〈秦楚之際月表〉由秦二世元年起，至漢五年後九月，是以月爲經；橫列秦、楚、項、趙、齊、漢、燕、魏、韓等諸侯王，是以國爲緯。但敘至義帝元年元月時，橫列九格又細分爲二十格，這是因爲項王分封十八諸侯王的原故。〈漢興以來諸侯王年表〉由高祖元年起，至孝武帝太初四年止，是以年爲經；橫列楚、齊、荊、淮南、燕、趙、梁、淮陽、代、長沙等諸侯王，是以國爲緯。上述諸表，以橫列各國爲主體，縱列時間爲輔。

3.國經年緯

〈高祖功臣侯者年表〉以國名爲經，其順序爲平陽、信武、清陽、汝陰、陽陵、廣嚴……等；以年爲緯，其橫列爲侯功、高祖十二、孝惠七、高后八、孝文二十三、孝景十六、建元至元封六年三十六、侯第。〈惠景間侯者年表〉以便、軑、平都……等國名爲經；以侯功、孝惠七、高后八、孝文二十三、孝景十六、建元至元封六年三十六等爲緯。〈建元以來侯者年表〉以翕、持裝、親陽……等國名爲經；以侯功、元光、元朔、元狩、元鼎、元封、太初已後等爲緯。〈建元已來王子侯者年表〉以茲、安成、宜春……等國名爲經；以王子號、元光、元

朔、元狩、元鼎、元封、太初等為緯。上述諸表以橫列的時間為主，以縱列國名為輔。

4.年經事緯

〈漢興以來將相名臣年表〉由高皇帝元年起，至孝武太初四年，是以年為經；橫列大事記、相位、將位、御史大夫位等，是以事為緯。此表以橫列之事為主，縱列之時為輔。

上述四類表格，經緯不同，隨宜變化，條理不紊，實經司馬遷一番精心設計，巧妙安排。雖然桓譚曾說：「太史公〈三代世表〉旁行邪上，並效周譜。」但《史記》十表的外貌，只有「旁行」的一經一緯、縱橫成方的格式，卻無「邪上」格式，而且經司馬遷變化布置，實已遠超過周譜之功效。

㈡事件方面

1.刪繁就約

十表的目的，其一為提綱挈領，所以要將本紀、世家和列傳等較詳細的史事，先做一番「提要」的工夫，就是要「刪繁就約」、「刪取要略」，只是「斷其義而不騁其辭」，例如〈秦本紀〉有：

> 晉旱，來請粟。丕豹說繆公勿與，因其饑而伐之。繆公問公孫支。支曰：「饑穰更事耳，不可不與。」問百里傒，傒曰：「夷吾得罪於君，其百姓何罪？」於是用百里傒、公孫支言，卒與之粟。以船漕車轉。自雍相望至絳。

〈十二諸侯年表〉於晉表惠公四年作「饑，請粟，秦與我。」；於秦表穆公十三年作「丕豹欲無與，公不聽，輸晉粟，起雍至絳。」可見表之作法是將成段成篇的文字，刪取其要，濃縮而成。（參阮芝生〈論史記五體及「太史公曰」的述與作〉）

2.匯總史事

　　十表的目的，其二為會通史事，所以要將分散於本紀、世家、列傳的史事，作「匯總」的工夫，以便「綜其終始」、「察其終始」、「謹其終始」或「咸表終始」，而達到表明天下大勢與治亂興亡大略，而觀一時之得失的目的。例如〈漢興以來諸侯王年表〉記載始封國名，都某地，某某年封，後或反誅，或有罪自殺國除，或徙王，或廢為侯，或無後國除等，即是「咸表終始」、「謹其終始」。（阮芝生〈論史記五體及「太史公曰」的述與作〉）而且由首至尾綜觀，本篇由高祖元年至太初四年，亦可看出朝廷所處之形勢凡三變，對諸侯王的政策亦三變：高祖四年封韓信為齊王，封英布為淮南王，張耳為趙王，五年封彭越為梁王，盧綰為燕王，所封者，皆其勢足以自立的異姓英傑，以適應當時必須合天下之力，始能滅項羽的形勢，故不得不實行大封異姓諸侯王的政策，此其一。其後，於高祖五年徙齊王信為楚王，又偽遊雲夢，廢為淮陰侯；六年立弟劉交為楚王，子劉肥為齊王，親屬劉賈為荊王；九年立子如意為趙王；十年誅滅淮南王英布、梁王彭越；十一年燕王盧綰被逼逃入匈奴，是年封子長為淮南王，子恢為梁王，子友為淮陽王；子恒為代王，十二年立兄子濞為吳王，子建為燕王：此乃適應鞏固政權統一之形勢，實行殺戮異姓而代之以大封同姓諸侯王的政策，即序所謂「天下初定，骨肉同姓少，故廣彊庶孽，以鎮撫四海，用承衛天子也。」此其二。但是自文帝起，有見於諸侯王族疏權大，故賈誼、鼂錯以下，莫不以削弱諸侯王為急務，至景帝遂有七國之亂，武帝乃有「眾建諸侯而少其力」的政策，此乃適應中央集權形勢，而實行強幹弱枝的作法，亦即序中所謂「漢定百年之間，親屬益疏，諸侯或驕奢，忕邪臣計謀為淫亂，大者叛逆，小者不軌于法，以危其命，殞身亡國。天子觀於上古，然後加惠，使諸侯得推恩分子弟國邑。」此其三。朝廷由初建基之時的「凡十五郡」，至孝武之世，「漢郡八、九十，形錯諸侯間，犬牙相臨，秉其阸塞地利，彊本幹，弱枝葉之勢。」可知漢以政策適應形勢，以形勢控制天下之用心，不可謂不密，但是往後漢室政權之患，不在諸

侯，而在外戚，這是漢初諸帝所預料不到的，所以司馬遷說：「形勢雖
彊，要之以仁義爲本。」（參見徐復觀〈論史記〉）。

3.詳略有別

　　《史記》記事，因時代有遠近，史料有詳略。時代遠則史料少，記
事不得不簡略；時代近則史料多，記事不得不詳，這是依史料多寡所作
的適當選擇，故十表之作，依史事多寡而有世表、年表及月表之分：

(1)世表：僅有一篇，即〈三代世表〉。〈自序〉云：「維三代尙
矣，年紀不可考，蓋取之譜牒舊聞，本于茲，於是略推，作〈三
代世表〉第一。」這說明因「年紀不可考」，史料疏略，才作世
表。

(2)年表：有八篇。十表其實是以年表爲主，故〈自序〉云：「竝時異
世，年差不明，作十表。」已明白標出「年」字。

(3)月表：僅有一篇，即〈秦楚之際月表〉。〈自序〉云：「秦既暴
虐，楚人發難，項氏遂亂，漢乃扶義征伐，八年之間，天下三
嬗，事繁變重，故詳著〈秦楚之際月表〉第四。」這說明因「事繁
變重」，才要「詳著」月表。

㈢時間方面

1.起訖時間

　　《史記》十表，其所包括時間，上起黃帝，下至漢武帝，與十二本
紀相等。

2.篇次先後

　　十表前後連貫，首尾渾成。並非各別篇篇爲之，而是通盤打算了
然後下筆。〈三代世表〉由黃帝起，至周厲王止，列爲第一；〈十二諸
侯年表〉由共和元年宣王即位起，至周敬王四十三年止，上接〈三代世
表〉，列爲第二。〈六國年表〉由周元王元年起，至秦二世三年止，上
接〈十二諸侯年表〉，列爲第三。〈秦楚之際月表〉由秦二世元年起，

至漢五年後九月止，上疊〈六國年表之末〉，下疊〈漢興以來諸侯王年表〉之首，列爲第四。〈漢興以來諸侯王年表〉由高祖元年起，至孝武帝太初四年止，上接〈六國年表〉，列爲第五。〈高祖功臣侯者年表〉由高祖元年起，至元封六年止，列爲第六。〈惠景間侯者年表〉由孝惠元年起，至元封六年止，列爲第七。〈建元以來侯者年表〉及〈建元以來王子侯者年表〉皆自元光起，至太初止，分列第八、第九。〈漢興以來將相名臣年表〉由高皇帝元年起，至孝武太初四年止，因前面數表所記爲王侯，此表所記乃將相名臣，故雖始於高祖，仍置於最末。（以上十表篇次，參阮芝生〈論史記五體的體系關聯〉）

肆、八書

一、書之定義

　　《史記》有八書，禮、樂、律、歷、天官、封禪、河渠、平準。八書各述一件專門事情，而每件事皆爲專門之學。觀司馬遷之作八書，自謂「禮樂損易，律歷改易，兵權山川鬼神天人之際，承敝通變，作八書。」又說：「故禮因人質爲之節文，略協古今之變，作〈禮書〉第一。」、「作〈平準書〉以觀事變，第八。」（〈自序〉）則司馬遷之作八書，其目的在觀事變，通古今之變，究天人之際，有垂法於後世之意。因此，八書所述就不能只是一代的朝章國典，必須通論古今。（阮芝生〈論史記五體及「太史公曰」的述與作〉）

二、八書之作法

　　八書所記乃國家的大政大法，咸與治道有關，是司馬遷論治之言，且各篇所記爲一件專門事情，故其作法，是採記事之始末爲主軸。若論其要義，大約有三：

(一)書體貴詳

　　八書體裁是紀事本末，則對於每件事的始終原委，敘述宜求詳贍，這與本紀、表之簡略不同。八書之中，敘事最詳者，應是〈平準書〉，吳見思《史記論文‧平準書》曰：

> 此篇以序事為主，即以序事為議論，先以盛衰遞變作一論冒關鍵，而後逐段逐節，層見疊出，凡作三十七段，以盡盛衰之變。

這三十七變大概就是司馬遷所言「作平準書以觀事變」了。

(二)詳而知要

　　書體固然要貴詳，但也不能失之於蕪，必須詳而知要。所謂「要」，約有三點：

1.敘述創作本意

　　如〈禮書〉、〈樂書〉有提到制禮作樂的本源：「乃知緣人情而制禮，依人性而作儀，其所由來尚矣。」（〈禮書序〉）、「先王惡其亂，故制禮義以養人之欲，給人之求，使欲不窮於物，物不屈於欲，二者相待而長，是禮之所起也。」（〈禮書〉）；「凡作樂者，所以節樂，君子以謙退為禮，以損減為樂，樂其如此也。」（〈樂書序〉）

2.敘述沿革大端

　　如〈禮書〉敘周衰，「禮廢樂壞，大小相踰，管仲之家，兼備三歸。循法守正者見侮於世，奢溢僭差者謂之顯榮。」；至秦有天下，「悉內六國禮儀，采擇其善，雖不合聖制，其尊君抑臣，朝廷濟濟。」；至于高祖，「叔孫通頗有所增益減損，大抵皆襲秦故。」；孝文「以為繁禮飾貌，無益於治，躬化謂何耳。」；孝景「是後官者養交安祿而已，莫敢復議。」；今上即位「乃以太初之元改正朔，易服色，封太山，定宗廟百官之儀，以為典常，垂之於後云。」

㈢儀文度數，略而不論

書體既然貴詳而要，對於儀文度數等有司保存者，或世多有者，只好從略，以免蕪雜。如〈封禪書贊〉曰：「若至俎豆珪幣之詳，獻酬之禮，則有司存。」〈樂書〉云：「春歌青陽，夏歌朱明，秋歌西皡，冬歌玄冥。世多有，故不論。」（以上八書作法，參阮芝生〈論史記五體及「太史公曰」的述與作〉）

三、八書之先後篇次

八書是紀事的寫作方法，所記的是經國的大政大法，其性質與紀時編年的本紀、世家、表依時間先後為序者有別。八書篇次之安排，是把性質相近相通的各篇排在一起，其中並含有司馬遷論治的觀念。

八書以〈禮書〉、〈樂書〉為首，禮樂本是相須相成之物，「禮因人質為之節文」、「樂者所以移風易俗」（〈自序〉），二者皆治道所不可缺，故司馬遷往往禮樂合論，如「禮以導其志，樂以和其聲，政以壹其行，刑以防其姦。禮樂刑政，其極一也。」、「是故先王之制禮樂也，非以極口腹耳目之欲也，將以教民好惡而反人道之正也」、「禮樂之情同，故明王以相沿也」、「禮樂明備，天地官矣」（〈樂書〉）。可見司馬遷列〈禮書〉為八書之首，蓋有「以禮義防于利」（〈平準書贊〉）的論治用意。

〈律書〉與〈歷書〉，亦有密切關係，〈自序〉云：「律居陰而治陽，歷居陽而治陰，律歷更相治，間不容飄忽。」故將二者相連。〈律書〉之所以接續於〈樂書〉之後，〈自序〉云：「非兵不彊，非德不昌，黃帝、湯、武以興，桀紂二世以崩，可不慎歟？司馬法所從來尚矣，太公、孫、吳、王子能紹而明之，切近世，極人變。作〈律書〉第三。」分明是以兵法作為〈律書〉之內容，所以有的學者認為〈律書〉即〈兵書〉（趙翼《廿二史箚記》卷1〈史記律書即兵書〉）。為了看重此可以興，可以亡的「兵」，故以〈律書〉繼〈樂書〉；〈歷書〉所

言為曆法，〈天官書〉所言為星氣災異，二者似同而異，故分為二書，二者俱是言天之學，故以〈天官書〉繼〈曆書〉。

　　〈封禪書〉、〈河渠書〉及〈平準書〉，多記武帝時代之事，故置於各篇之後。封禪乃祀天大典，司馬遷又於封禪之後連著天變，故以〈封禪書〉繼〈天官書〉；武帝時，河決瓠子二十餘年，不修，因封禪巡祭山川，而後發卒數萬人塞瓠子決，〈瓠子詩〉曰：「不封禪兮安知外」，〈河渠書贊〉曰：「悲瓠子之詩而作〈河渠書〉。」故以〈河渠書〉繼〈封禪書〉；司馬遷於〈孟子荀卿列傳序〉曾廢書而歎：「嗟乎！利誠亂之始也。」故於〈自序〉云：「爭於機利，去本趨末，作〈平準書〉第八。」認為武帝去禮義之本，而趨末利，故作〈平準書〉以譏武帝興利之弊，又於〈平準書贊〉曰：「先本絀末，以禮義防於利。」可見以〈平準書〉殿末，是與〈禮書〉相應，司馬遷以〈平準書〉作為八書之末，猶如以〈貨殖列傳〉居於列傳之末（〈自序〉除外），是有其深慮。（以上八書先後，參阮芝生〈論史記五體的體系關聯〉）

伍、三十世家

一、世家定義

　　〈自序〉云：「二十八宿環北辰，三十輻共一轂，運行無窮。輔弼股肱之臣配焉，忠信行道，以奉主上，作三十世家。」「二十八宿」、「三十輻」比喻輔弼股肱之臣；「北辰」、「一轂」，比喻「主上」，則世家是記輔佐天子的諸侯，所以《索隱》以為：「系家者，記諸侯本系也，言其下及子孫常有國。」

二、世家作法

㈠人物方面

　　世家所傳之人物，必須是「世傳其家」的「輔弼股肱之臣」，由〈吳太伯世家〉第一至〈田敬仲完世家〉第十六，是先秦封國，不僅世代傳家，而且都是輔弼天子之臣；孔子、陳涉、外戚等三世家，雖非王侯，但立爲世家另有其義：〈孔子世家贊〉云：「天子君王至于賢人眾矣，當時則榮，沒則已焉。孔子布衣，傳十餘世，學者宗之，自天子王侯，中國言六藝者折中於夫子，可謂至聖矣！」可知孔子立爲世家，是因爲其德爲學者所宗，儒術成爲輔弼漢政重要策略，又以布衣傳十餘世，合於世家標準。〈自序〉云：「桀紂失其道而湯武作，周失其道而《春秋》作，秦失其政而陳涉發跡，諸侯作難，風起雲蒸，卒亡秦族。天下之端，自涉發難。作〈陳涉世家〉。」司馬遷是以陳涉起義與湯武革命，孔子作《春秋》相比，尊崇之意甚明；〈陳涉世家〉云：「陳勝雖已死，其所置遣侯王將相竟亡秦，由涉首事也。高祖時爲陳涉置守冢三十家碭，至今血食。」論功則爲首事，開啟漢家政權，與輔弼無異；論世則至今血食，已能世其家業。〈外戚世家〉云：「自古受命帝王及繼體守文之君，非獨內德茂也，蓋亦有外戚之助焉。」則外戚有輔弼之助。〈外戚世家〉敘后妃及其外家：呂后王諸呂，而薄氏侯者一人，竇氏侯者三人，王太后家侯者三人，衛氏侯者五人，採主記后妃，帶敘外家，后妃又是依附天子，天子代代相傳，后妃亦代代相繼，故有世代傳承之意。

　　由〈楚元王世家〉第二十至〈三王世家〉第三十等十一篇，皆爲漢代封國，亦爲輔弼股肱之臣，蕭何，曹參、張良、陳平、周勃諸功臣，本是「輔弼股肱之臣」，就是楚元王、荊燕、齊悼惠王、梁孝王、五宗、三王諸王的封立，也有「輔弼股肱」之意。如「以彊淮泗，爲漢宗藩……嘉游輔祖，作〈楚元王世家〉」、「賈、澤以族，爲漢藩輔，作〈荊燕世家〉」、「嘉肥股肱，作〈齊悼惠王世家〉」、「七國叛逆，

蕃屏京師，唯梁爲扞。……嘉其能距吳楚，作〈梁孝王世家〉」、「五宗既王，親屬洽和，諸侯大小爲藩，爰得其宜，僭擬之事稍衰貶矣，作〈五宗世家〉。」（〈自序〉）。而〈三王世家〉封立之策文曰：「封于東土，世爲漢藩輔」、「封于北土，世爲漢藩輔」、「封于南土，世爲漢藩輔」，亦是其意。這些王侯也都世代傳家。

(二)事件方面

1.先秦世家

　(1)以本國爲主：本紀是記天下的大事，先秦之世家則記本國的大事，其性質相同，但規模大小有別。

　(2)體貴簡要：本紀記事「體貴簡要」，則世家亦是以簡要爲記事原則。故所記是「大事乃書」，觀先秦世家所載內容，爲開國、先世、世次、卒立、會盟、戰爭、災異、篡弒、滅國等，與本紀大致類似，不過它是本國的大事而已。

　(3)附見他國大事：先秦世家固是各自爲一中心，但若完全不載他國之事，則將完全孤立，不能與其他有關的本紀或世家的史事參見互看，因此，世家必須隨年附見他國大事。如〈燕召公世家〉有「燕惠侯當周厲王奔彘，共和之時。」、「繆侯七年，而魯隱公元年也。」〈衛康叔世家〉有「宣公七年，魯弒其君隱公。九年，宋督弒其君殤公，及孔父。十年，晉曲沃武伯弒其君哀侯。」〈韓世家〉「（桓惠王）十四年，秦拔趙上黨，殺馬服子卒四十餘萬於長平。……二十二年，秦昭王卒。」

2.漢代世家

　　以上先秦之世家，立國較久，故記世次較詳。楚元王以下諸世家，皆漢初功臣宗室，立國較短，自不能如先秦世家一般蔚爲大國，故其作法與前者頗有差別。其特色爲：

　(1)以始封王侯之事爲主，子孫世次點到爲止。

　(2)蕭相國、曹相國、留侯、陳丞相、絳侯五篇世家，其體裁與列傳體

相近，大都敘述傳主本身事蹟。

(3)不附見他國大事：因秦漢以來，爲郡縣一統，諸王侯已非先秦世家
之比，故無此必要，而只記本國大事。（以上世家人物、事件，參
阮芝生〈論史記五體及「太史公曰」的述與作〉）

(三)時間方面

1. 以紀時編年爲主

《史記》三十世家，由吳太伯至田敬仲完等十六篇，爲先秦之世
家，以各國王侯紀元。〈孔子世家〉以孔子年歲紀元，而時與魯君紀元
互看；〈陳涉世家〉以秦二世紀元，因此時秦仍爲天子，楚、漢未興，
且陳涉僅六月而亡之故也。外戚以下至三王等世家，除齊悼惠王、梁孝
王、五宗三篇是以本國國君紀元，其餘皆以漢帝紀元。

2. 世家篇章之先後

世家是以紀時編年爲主的寫作方法，大抵也是依時間先後來編排次
序爲主。另外，有以事之相關者作爲編排之輔助。

自〈吳太伯世家〉至〈田敬仲完世家〉爲先秦之世家。其安排次
序，大約依始封的先後爲依據，〈吳太伯世家〉列於第一，其因有二：
吳太伯於太王時奔荊蠻，以避季歷，自號句吳，時間最早，此其一；司
馬遷因推崇吳太伯讓國，而將之列爲世家之首，故〈自序〉云：「嘉伯
之讓，作〈吳太伯世家〉第一。」

〈周本紀〉云：「武王追思先聖王，乃襃封神農之後於焦，黃帝
之後於祝，帝堯之後於薊，帝舜之後於陳，大禹之後於杞。於是封功臣
謀士，而師尙父爲首封，封尙父於營丘，曰齊；封弟周公旦於曲阜，曰
魯；封召公奭於燕；封弟叔鮮於管；弟叔度於蔡，餘各以次受封。」依
此順序，〈齊太公世家〉因呂望功大，爲首封，故列爲第二；其次則爲
〈魯周公世家〉第三，〈燕召公世家〉第四，〈管蔡世家〉第五，它們
是周初武王所封最重要的封國。武王追封先王之後，有興滅繼絕之意，
但焦、祝、薊國小，不足齒列於世家，而陳杞則國微，不能與齊魯等國

相比，故列於管蔡之後；而且依〈陳杞世家〉所言：「至于周武王克殷紂，乃復求舜後，得嬀滿，封之於陳。」及「周武王克殷紂，求禹之後，得東樓公，封之於杞。」則陳、杞之封可能在齊魯等國之後，前段〈周本紀〉之文，可能是爲敘事方便，而將之敘在齊魯之封的前面，所以〈陳杞世家〉列爲第六。

管蔡亂後，周公殺武庚、管叔，放蔡叔，以殷遺民封康叔於衛，命微子啟代殷後，國于宋，故〈衛康叔世家〉爲第七、〈宋微子世家〉爲第八。

晉唐叔虞爲成王弟，其封在成王之時，其後裔爲晉侯，故〈晉世家〉爲第九。楚熊繹亦於成王之時封於楚蠻，封以子男之田，其爵在晉之下，故〈楚世家〉爲第十。

越非周之封國，不以始封先後爲編次，但因司馬遷「嘉句踐蠻夷能修其德，滅彊吳以尊周室。」（〈自序〉）故立爲世家，因越終爲楚所滅，故置於〈楚世家〉之後，而爲〈越王句踐世家〉第十一。鄭之封，在周宣王之時，又在前述諸國之後，故〈鄭世家〉爲第十二。

以上十二世家，皆是春秋以前已始封之國，趙、魏、韓及田齊則是戰國時代成爲諸侯的。但是趙、魏、韓三家分晉，同時在周威烈王二十三年（西元前403年）始列爲諸侯，比田氏簒齊，田和於周安王十六年（西元前386年）列爲諸侯更早，所以〈趙世家〉第十三、〈魏世家〉第十四、〈韓世家〉第十五、〈田敬仲完世家〉第十六。

〈孔子世家〉、〈陳涉世家〉及〈外戚世家〉三篇，乃司馬遷所特立，情況與一般裂土而封的諸侯不同，故不以始封先後爲次序。其次第之義，或如周濟《味雋齋史義》卷1〈孔子世家〉所言：

> 次三代之事，終於七國；次七國之事，終於田齊。列孔子世家於田齊後者，所以終三代也；列陳涉世家於孔子後者，所以開楚漢也，是古今之大變也。

所以〈孔子世家〉第十七，列於田齊之後，在總結三代；〈陳涉世

家〉第十八，列爲孔子之後，在開啟楚漢。〈外戚世家〉第十九，列於陳涉之後，乃因內容皆爲漢代之事。

楚元王劉交，爲高祖弟；荊王劉賈，是諸劉；齊悼惠王劉肥，爲高祖子，皆於高祖六年正月封立，而劉交、劉賈是在正月丙午封，比劉肥正月甲子封，早了十八日（見〈漢興以來諸侯王年表〉）。所以〈楚元王世家〉第二十，〈荊燕世家〉第二十一，〈齊悼惠王世家〉第二十二。

蕭何、曹參俱是開國功臣，蕭何爲首功，二人先後爲漢初丞相，故先蕭何，而後曹參，則〈蕭相國世家〉第二十三、〈曹相國世家〉第二十四。

張良、陳平俱是高祖謀臣，張良智略、功績尤高，故陳平在張良之後，則〈留侯世家〉第二十五、〈陳丞相世家〉第二十六。周勃與陳平合謀誅諸呂而立文帝，故列於陳平之後，則〈絳侯周勃世家〉第二十七。

梁孝王爲文帝子，五宗十三王爲景帝子，三王爲武帝子，故〈梁孝王世家〉爲第二十八，〈五宗世家〉爲第二十九，〈三王世家〉爲第三十。（以上世家先後編次，參見阮芝生〈論史記五體的體系關聯〉）

陸、七十列傳

一、列傳定義

〈自序〉云：「扶義俶儻，不令己失時，立功名於天下，作七十列傳。」〈伯夷列傳〉之《索隱》曰：「列傳者，謂敘列人臣事跡，令可傳於後世，故曰列傳。」則列傳是要敘列扶義俶儻之士和及時立功名於天下者，令其事跡可傳於後世。

二、列傳作法

㈠人物方面

1.入傳標準

〈自序〉云：「扶義俶儻，不令己失時，立功名於天下，作七十列傳。」則司馬遷於列傳人物的選擇標準有二：

(1)扶義俶儻之士：此類人物皆有嘉言懿行。足以爲人榜樣。如「末世爭利，維彼奔義，讓國餓死，天下稱之。作〈伯夷列傳〉。」、「孔氏述文，弟子興業，咸爲師傅，崇仁厲義，作〈仲尼弟子列傳〉。」、「獵儒墨之遺文，明禮義之統紀，絕惠王利端，列往世興衰。作〈孟子荀卿列傳〉。」、「能設詭說，解患於圍城，輕爵祿，樂肆志，作〈魯仲連鄒陽列傳〉。」、「作辭以諷諫，連類以爭義，離騷有之。作〈屈原賈生列傳〉。」、「豫讓義不爲二心，作〈刺客列傳〉。」、「守節切直，義足以言廉，行足以厲賢，任重權，不可以非理撓，作〈田叔列傳〉。」、「救人於厄，振人不贍，仁者有乎；不既信，不倍言，義者有取焉。作〈游俠列傳〉。」（見〈自序〉）

(2)立功名於天下者：此類人物只要在某方面能發揮其作用，達到立功揚名的目的即可，不必皆爲善類。如「晏子儉矣，夷吾則奢，齊桓以霸，景公以治。作〈管晏列傳〉。」、「鞅去衛適秦，能明其術，彊霸孝公，後世遵其法。作〈商君列傳〉。」「湣王既失臨淄而奔莒，唯田單用即墨破走騎劫，遂存齊社稷，作〈田單列傳〉。」甚至連謀反逆亂的吳王濞，也因「遭漢初定，以塡撫江淮之間」的功名；令人聞名喪膽的酷吏，也因「民倍本多巧，奸軌弄法，善人不能化，唯一切嚴削，爲能齊之」的能力；取媚主上的佞幸，也因「事人君，能說人耳目，和主顏色，而獲親近，非獨色愛，能亦各有所長」（見〈自序〉）的長處，而被採入列傳，作爲治道鑑戒。

2.世家而降爲列傳

　　列傳中有幾篇原本可列於世家，而被降爲列傳者，這是因爲傳主的表現，不符「輔弼股肱之臣」、「世代傳家」的世家標準。這又可分爲二類：

⑴漢代王侯

①異姓而爲王侯者

　　蕭何、曹參、張良、陳平、周勃因功封侯而入世家。但是韓信之功，在曹參之上，且曾封齊王、楚王，照理亦可入世家，只不過韓信廢爲淮陰侯，以謀反罪名族誅，及身而滅，不符「輔弼股肱之臣」、「世祿傳家」的條件，故只能立傳。

　　韓信如此，其他如張耳、陳餘、魏豹、彭越、黥布、韓王信、盧綰、田儋等人，皆曾稱王封王，然而或以敗亡或以反誅，或亡走匈奴，則更是只能立傳。甚至像趙王武成、趙王歇、魏王咎、韓王成、燕王韓廣等人，當楚漢之際，乍起乍滅，本無重大表現，則連立傳資格都沒有，只能附見於相關的篇章之中。

②宗室而封王者

　　楚元王、荆燕、齊悼惠王、梁孝王、五宗、三王等篇，皆因漢之宗室而封王，有屏藩天子，輔弼之效，故列爲世家。但是吳王濞、淮南王、衡山王，也都是宗室而封王，卻只是列傳，其因亦是三國以叛逆而誅，不符輔弼股肱之義。所以陳仁錫曰：

> 吳濞、淮南、衡山，皆王國也，而不以世家稱，何耶？太史公序傳，於吳則曰：「填撫江淮之間」，於淮南、衡山則曰：「填江淮之南」，乃三國卒以叛逆誅，所謂填撫者安在，其不得爲世家宜矣。（《史記評林》）

⑵四夷傳

　　四夷皆一方之國，與先秦諸世家各據一方的情形，頗爲相似，但司馬遷仍將其歸爲列傳，其因仍著眼於四夷並非輔弼股肱之臣。

〈自序〉云：「自三代以來，匈奴常爲中國患害；欲知彊弱之時，設備征討，作〈匈奴列傳〉。」、「漢既平中國，而佗能集楊越以保南藩，納貢職。作〈南越列傳〉。」、「吳之叛逆，甌人斬濞，葆守封禺爲臣，作〈東越列傳〉。」、「燕丹散亂遼間，滿收其亡民，厥聚海東，以集眞藩，葆塞爲外臣。作〈朝鮮列傳〉。」、「唐蒙使略通夜郎，而邛筰之君請爲內臣受吏。作〈西南夷列傳〉。」、「漢既通使大夏，而西極遠蠻，引領內鄉，欲觀中國。作〈大宛列傳〉。」：則匈奴「常爲中國患害」，是爲敵國；南越雖爲「南藩，納貢職」，但因反叛亡國，已失其南藩之職；東越雖「葆守封禺爲臣」，但東越王餘善「刻璽自立」（〈東越列傳〉），謀爲叛逆，導致滅國遷眾，已非純臣；朝鮮雖「葆塞爲外臣」，終因「右渠負固，國以絕祀」（〈朝鮮列傳贊〉），亦非有輔弼之效；西南夷雖有君長「請爲內臣受吏」，但其地「君長以百數」（〈西南夷列傳〉），只是一方區域之通稱，而非一完整方國，星羅棋布之小國，自不足以有輔弼股肱之實；〈大宛列傳〉所述，兼含西域諸國，與西南夷相似，且大宛因天馬之故，漢二度征伐，亦非輔弼股肱之臣。

3.規模相稱

列傳所載人物眾多，但每一人物的重要性輕重有別，因此，所載篇幅大小與記事詳略，必須與人物的規模相稱，才算得其體要。

例如淮陰侯韓信與韓王信同名，又同是高祖部將，但二人功業懸殊，高下有別。淮陰侯乃高祖手下第一大將，拔魏趙，定燕齊，最後垓下滅項羽，亦是其功；韓王信則碌碌未有奇功。故淮陰侯立爲專傳，敘述詳盡；韓王信則與盧綰、陳豨合傳，敘其大略而已。

爲求列傳人物與所載篇幅、記事相稱，司馬遷於列傳之中，採用分合連書之法：

(1)分者，一人立爲一傳， 即爲專傳或單傳，此類人物往往對歷史極有影響，對時代著有貢獻，如伯夷、司馬穰苴、伍子胥、商君、

蘇秦、張儀、穰侯、孟嘗君、魏公子、春申君、樂毅、田單、呂不韋、李斯、蒙恬、黥布、淮陰侯……等。

(2)合者，二人以上合爲一傳，即爲合傳，此類人物之所以合爲一傳，有二種情形：一是性質相近者，如管晏、老子韓非、孫子吳起、樗里子甘茂、孟子荀卿、魯仲連鄒陽、屈原賈生、劉敬叔孫通、季布欒布、張釋之馮唐、萬石君張叔、扁鵲倉公、汲鄭。一是關係密切者，如廉頗藺相如、張耳陳餘、魏其武安侯、范雎蔡澤……等。

(3)連書者，因事類相近或人物之關聯而牽連書之。這又有二種情況：一是連合同類之人而爲立傳，稱爲類傳，如刺客，循吏、儒林、酷吏、游俠、佞幸、滑稽、日者、龜策、貨殖等十篇；一是由單傳、合傳而牽連書及者，稱爲附傳、附見，如〈張丞相列傳〉因連類書及者，有王陵、周昌、周苛、趙堯、任敖、曹窋等人；〈魏公子列傳〉則附有侯嬴、朱亥、毛公、薛公等。列傳雖然只有七十，但因分合連書之故，所傳人物不下數百，人物在歷史上的輕重份量，也因此而顯出。

(二)事件方面

1.體貴詳要

　　列傳以記人爲主，而列傳人物是以扶義俶儻之士與及時立功名者爲標準，爲求突顯人物性格及功業，故其記事原則是「體貴詳要」。

　　所謂「詳」，是指詳載人物本身之事，包括籍貫、家世、個性、學術專長、交遊、功罪、人事變遷……等，鉅細兼備。但是也不能毫無選擇地一味求詳，必須詳於要點。本紀、世家是以大事爲「要」，列傳則是以能突顯人物性格及有關一生功業成敗者爲「要」。例如：〈淮陰侯列傳〉有韓信早年三件軼事：南昌亭長妻晨炊蓐食、漂母飯信、胯下受辱，以及封爲楚王後，賜亭長百錢，賜漂母千金，召辱己少年以爲楚中尉，以見韓信是有恩報恩，甚至以德報怨之人，則其受恩於漢，必不背

漢，反襯「天下已集，乃謀畔逆」（〈淮陰侯列傳贊〉）之可疑。又如〈酷吏列傳〉載張湯兒時「劾鼠掠治」之事，盜肉之鼠其罪不至於死，但害張湯被父笞打，竟將賊鼠「磔堂下」，以見其記仇殘酷之性；其父「視其文辭如老獄吏」，則張湯乃天賦刀筆吏，在耳濡目染之下，不學而能。故其後爲廷尉，皆「深竟黨與」、「皆窮根本」，乃兒時已見其端。這些雖是小事，但能由小見大，即是「要」。

2.論其行事而不論其著作

列傳記事之原則，既然是「體貴詳要」，對於傳主之著作，則大都不加著錄，一則是世多有之，不必贅辭；一則是錄書易佔篇幅而難見其要，故司馬遷僅論其行事，尤其是有關主題的軼事。如：〈管晏列傳贊〉：「吾讀管氏牧民、山高、乘馬、輕重、九府、及《晏子春秋》，詳哉其言之也。既見其著書，欲觀其行事，故次其傳。至其書，世多有之，是以不論，論其軼事。」、〈司馬穰苴列傳贊〉：「世既多司馬兵法，以故不論，著穰苴之列傳焉。」、〈孫子吳起列傳贊〉：「世俗所稱師旅，皆道孫子十三篇、吳起兵法，世多有，故弗論，論其行事所施設者。」（以上列傳人物、事件，參阮芝生〈論史記五體及「太史公曰」的述與作〉）

(三)時間方面

列傳是採傳記記人的寫作方法，其編次以時間先後爲主軸，另以人、事之關聯爲輔，而做適當排列。

1.春秋以前人物：由〈伯夷列傳〉第一至〈仲尼弟子列傳〉第七

伯夷爲殷末周初之人，就時代而言，他是列傳最早人物；但司馬遷不爲堯舜時代的許由、務光立傳，而將伯夷作爲列傳之首，其用意主要是以〈伯夷列傳〉作爲七十列傳之總序，故章學誠《文史通義・內篇・書教下》曰：「伯夷列傳乃七十篇之序例，非專爲伯夷傳也。」然而作爲列傳總序之意涵有四：〈一〉說明作傳的態度（徵信）與目的

（闡幽）。〈二〉推崇辭讓，表白理念：列傳之首伯夷，和世家之首吳太伯，都具有崇讓之意。〈三〉究天人之際，多發議論：對於「天道無親，常與善人」之探討即是。〈四〉剖白竊比孔子的撰述心志：司馬遷云：「伯夷、叔齊雖賢，得夫子而名益彰；顏淵雖篤學，附驥尾而行益顯。」又云：「閭巷之人，欲砥行立名者，非附青雲之士，惡能施于後世哉？」則竊比孔子之意可知（見顏天佑〈伯夷列傳為史記列傳總序說之略探〉）。

〈管晏列傳〉以下六傳，「皆見春秋之大勢」：〈管晏列傳〉為政治家；〈老子韓非列傳〉為學術；〈司馬穰苴列傳〉和〈孫子吳起列傳〉為兵家；伍子胥復仇楚國，又兵家之變異；〈仲尼弟子列傳〉崇仁厲義，猶見春秋之風，與戰國全憑詐力者不同，故以之終春秋之世。若以時間先後而言，管仲為齊桓公（即位於西元前685年）之相，老子與孔子同時（孔子生於西元前551年），司馬穰苴為齊景公（即位於西元前547年）之將，孫武、伍子胥為吳王闔盧（即位於西元前514年）之將，仲尼弟子又居春秋末、戰國初。

2. 戰國時期人物：由〈商君列傳〉第八至〈刺客列傳〉第二十六

六國併於秦，故敘戰國以秦為要，孝公用商鞅變法，秦始彊霸，故以〈商君列傳〉為第八；秦國既彊，六國始畏，而有合從連橫，故次以〈蘇秦列傳〉第九、〈張儀列傳〉第十；樗里子、甘茂、穰侯魏冉、白起、王翦五人，分別佐武王、昭王、始皇而蠶食六國之將相，故次以〈樗里子甘茂列傳〉第十一、〈穰侯列傳〉第十二、〈白起王翦列傳〉第十三。以時間先後而言，商君相孝公（即位於西元前360年），蘇秦說燕（西元前334年），張儀相秦惠王（西元前328年），白起受知於魏冉，而為昭王之將，又在其後，王翦佐始皇滅楚，則居殿。

其後記六國的人物。〈孟子荀卿列傳〉記戰國學術，其中包含十七人，「不啻諸子總傳」（劉咸炘《太史公書知意》），孟子見梁惠王（西元前336年）居其前。其後，戰國四公子好客喜士，為當時眾

望所歸，司馬遷依時代先後編次四公子列傳，孟嘗君入相秦昭王（西元前299年）最前；平原君相趙（西元前276年），且爲魏公子姊夫，居次；魏公子被封信陵君（西元前276年），春申君相楚（西元前262年），又是其次。故〈孟子荀卿列傳〉第十四，〈孟嘗君列傳〉第十五，〈平原君虞卿列傳〉第十六，〈魏公子列傳〉第十七，〈春申君列傳〉第十八。

范雎、蔡澤亦爲秦相，何以不次於白起王翦之後，卻次於春申君之後？蘇轍《古史》曰：「以予觀之，范雎、蔡澤，自爲身謀，取卿相可爾，未見有益於秦也。」認爲此二人自爲身謀，不可與樗里、甘茂、魏冉、白起等人並列，由司馬遷對此二人之評論：「能忍詢於魏齊，而信威於彊秦，推賢讓位，二子有之。」（〈自序〉）、「范雎、蔡澤世所謂一切辯士」（〈范雎蔡澤列傳贊〉），只以辯士及忍詢歸之，而不像對樗里子等人稱其功業，故范、蔡二人不與樗里子等人連續，而另置於此。故列〈范雎蔡澤列傳〉爲第十九。

樂毅、廉頗、藺相如、田單，皆有關其國之強弱存亡者也。樂毅「爲弱燕報彊齊之讎，雪其先君之恥」、藺相如「能信意彊秦，而屈體廉子，用徇其君，俱重於諸侯」、田單「用即墨破走騎劫，遂存齊社稷」（〈自序〉），故三傳相連。樂毅破齊（西元前284年）爲先、藺相如澠池會（西元前279年）居次，田單殺騎劫（西元前279年）又居後，故〈樂毅列傳〉爲第二十、〈廉頗藺相如列傳〉爲第二十一、〈田單列傳〉爲第二十二。

魯仲連與屈原，是戰國時代的二位特別人物。戰國重功利，魯仲連卻是「能設詭說，解患於圍城，輕爵祿，樂肆志」（〈自序〉），他不肯仕宦，好持高節，爲人排難解紛，是戰國少有的人格。戰國之士，輕故國，樂遊宦，屈原卻是不忍去故國，自沈而死，司馬遷曰：「以彼其材，游諸侯，何國不容？」（〈屈原賈生列傳贊〉）這種賢才，在戰國時代，確是少見，故二人相連。但是屈原時代比魯仲連早，卻列在其後，或許是魯仲連爲田單遺聊城燕將，其事相關，故次於田單之後，故

〈魯仲連鄒陽列傳〉為第二十三、〈屈原賈生列傳〉為第二十四。

　　呂不韋「使諸侯之士，斐然爭入事秦」（〈自序〉），相秦莊襄王
（西元前249年），故〈呂不韋列傳〉為第二十五。荊軻刺秦王（西元
前227年），乃六國仇秦之最後手段，故以〈刺客列傳〉為第二十六，
結束戰國之局。

3.秦代人物：李斯、蒙恬二傳

　　李斯「輔始皇，卒成帝業」（〈李斯列傳贊〉），蒙恬「為秦開地
益眾，北靡匈奴，據河為塞，因山為固，建榆中。」（〈自序〉），為
始皇之將相，故〈李斯列傳〉為二十七、〈蒙恬列傳〉為二十八。

4.漢代人物：由〈張耳陳餘列傳〉第二十九至〈太史公自序〉第七十

　　〈張耳陳餘列傳〉至〈田儋列傳〉六篇，記楚漢之際群雄諸侯
王。司馬遷編次群雄之列傳，皆從群雄如何助漢敗楚的觀點來敘述：
張耳「填趙塞常山以廣河內，弱楚權，明漢王之信於天下」（〈自
序〉），張耳降漢在漢元年十月；魏豹「收西河、上黨之兵，從至彭
城」（〈自序〉），魏豹降漢在漢二年二月；黥布「以淮南叛楚歸漢，
漢用得大司馬殷，卒破子羽于垓下」（〈自序〉），黥布降漢在漢二年
十二月。淮陰侯韓信「楚人迫我京索，而信拔魏趙，定燕齊，使漢三分
天下有其二，以滅項籍」（〈自序〉），韓信封為齊王在漢四年二月。
韓王信「楚漢相距鞏洛，而韓信為填潁川」（〈自序〉），漢立韓信
為韓王在漢二年，但「楚敗滎陽，信降楚，已而得亡，復歸漢，漢復立
以為韓王」（〈韓信盧綰列傳〉），則在漢四年四月以後。田榮「諸侯
畔項王，唯齊連子羽城陽，漢得以閒遂入彭城」（〈自序〉），但田橫
歸漢自殺，則在漢五年誅項羽之後。故〈張耳陳餘列傳〉第二十九、
〈魏豹彭越列傳〉第三十、〈黥布列傳〉第三十一、〈淮陰侯列傳〉第
三十二、〈韓信盧綰列傳〉第三十三、〈田儋列傳〉第三十四。

　　〈樊酈滕灌列傳〉至〈劉敬叔孫通列傳〉等五篇，記漢初功臣。樊
噲、酈商、滕公夏侯嬰、灌嬰四人，為高祖部將，多攻城野戰之功，但

格局較小，故次於群雄之後，爲〈樊酈滕灌列傳〉第三十五。〈張丞相列傳〉載張蒼、周苛、周昌、趙堯、任敖、曹窋、申屠嘉等人，皆先後爲漢初御史大夫，爲第三十六。酈生、陸賈爲漢初辯士，故〈酈生陸賈列傳〉爲第三十七。傅寬、靳歙、蒯成侯周緤三人，亦高祖部將，格局更小，故爲〈傅靳蒯成列傳〉第三十八。劉敬請定都關中，和親匈奴，徙彊族；叔孫通訂朝儀，皆爲漢家立制度以啟後世，故爲〈劉敬叔孫通列傳〉第三十九。以上諸傳人物，皆高祖功臣，故相連一起。

　　〈季布欒布列傳〉至〈吳王濞列傳〉等七篇，所記爲文、景時代大臣。季布原爲項羽之將，欒布本從彭越遊，其後皆顯於文帝之時，故〈季布欒布列傳〉爲第四十，以上繼劉敬叔孫通。袁盎、鼂錯互相傾軋，是七國之亂導火線，卒不得良死；張釋之、馮唐、萬石君、張歐、田叔等人，皆有「長者」之名，可見文帝時忠厚之風。〈扁鵲倉公列傳〉「蓋以倉公爲主，著文帝除肉刑之仁，以見吳王濞雖欲反，猶感文帝之德，陰謀中止。至景帝時，鼂錯用事，反文帝所爲，乃舉兵爲，此司馬遷用意所在。」（高步瀛《史記太史公自序箋證·列傳次第非無意義》）故其後著吳王濞列傳以詳著七國之亂的始末。則〈袁盎鼂錯列傳〉第四十一，以見景帝君臣刻削，乃七國之亂的引線；〈張釋之馮唐列傳〉第四十二、〈萬石張叔列傳〉第四十三、〈田叔列傳〉第四十四、〈扁鵲倉公列傳〉第四十五，以見文帝時忠厚之風，除肉刑之仁，使吳王濞暫消逆謀，〈吳王濞列傳〉第四十六則總述七國之亂始末。

　　吳楚之亂的平定，周亞夫、竇嬰最有功，周亞夫已有世家，故〈魏其武安侯列傳〉第四十七，以次吳王濞之後。魏其武安傳中，曾提及韓安國·李廣二人，而且田蚡死，韓安國行丞相事，故〈韓長孺列傳〉第四十八，次於其後。韓安國是忠厚長者，晚年屯守漁陽，爲匈奴所欺而罷歸；李廣善射，與匈奴力戰，由於數奇命舛，最後自殺。二人皆與匈奴有關，故〈李將軍列傳〉第四十九，次於韓安國之後；〈匈奴列傳〉第五十，次於李廣之後。〈匈奴列傳贊〉曰：「且欲興聖統，唯

在擇任將相哉！唯在擇任將相哉！」衛青、霍去病是北伐匈奴之名將，公孫弘曾與朱買臣辯難北築朔方郡，主父偃有諫伐匈奴一書，與匈奴相關，故吳汝綸《史記集評》曰：「此篇（〈匈奴列傳〉）後繼以衞、霍、公孫宏二篇，著漢所擇任之將相也。」故〈衞將軍驃騎列傳〉第五十一、〈平津侯主父列傳〉第五十二。

公孫弘曾數諫武帝「通西南夷，東置滄海，北築朔方之郡」（〈平津侯主父列傳〉），司馬相如通西南夷，是二人對外夷觀點不同，故以〈南越列傳〉第五十三、〈東越列傳〉第五十四、〈朝鮮列傳〉第五十五、〈西南夷列傳〉第五十六，編次於平津之後，相如之前。故〈司馬相如列傳〉第五十七，次於西南夷之後。〈淮南衡山列傳〉以邊藩反畔，故與相續，爲第五十八。

循吏至酷吏四篇有關政教褒貶。〈循吏列傳〉第五十九所述五人，無一是漢人；漢所有者，爲汲黯、鄭當時，故次〈汲鄭列傳〉爲第六十；汲黯「學黃老之言」，鄭莊「好黃老之言」，與武帝獨尊儒術不同，故次〈儒林列儒〉第六十一；但武帝時之儒效不彰，反而酷吏盛行，故次〈酷吏列傳〉第六十二。

大宛至貨殖等七篇，有關社會生活。〈大宛列傳〉第六十三，記西域各國風俗習尚；〈游俠列傳〉第六十四，記漢初至武帝之游俠風氣；〈佞幸列傳〉第六十五，記人主癖好之習；〈滑稽列傳〉第六十六，記滑稽多智者；〈日者列傳〉第六十七，記各地日者之俗；〈龜策列傳〉第六十八，記龜卜之習；〈貨殖列傳〉第六十九，記經濟發展。另外，列傳終於貨殖，猶如八書終於平準，「平準書是譏人臣橫斂以佐人主之欲，貨殖傳是譏人主好貨，使四方皆變其舊俗趨利」（《皇明文衡》卷46明·趙汸〈讀貨殖傳〉）。

〈太史公自序〉第七十，爲全書之後序，故殿末。綜上所言，七十列傳之編次，「或以類及，或以義推；有曲而附，有順而致」，其間雖有小部分篇次，難以確指其義，但大部分都是含有深意。（以上列傳先後編次，參見阮芝生〈論史記五體的體系關聯〉）

第五章

析論項羽「略知其
意，又不肯竟學」

壹、前言

在《史記・項羽本紀》中有一段話，提到項羽少時學習的情形：

> 項籍少時，學書不成，去；學劍，又不成。項梁怒之。籍
> 曰：「書足以記名姓而已，劍一人敵，不足學，學萬人
> 敵。」於是項梁乃教籍兵法。籍大喜，略知其意，又不肯竟
> 學。

由字面上的理解，我們可以知道：㈠項羽學無恆心：學書不成；去而學劍，又不成；學兵法又只略知其意而不肯竟學。㈡項羽徒有大志：認為學書只足以記名姓而已，學劍只是一人敵，皆不足學，願學萬人敵之兵法，這是胸有大志；但又不肯竟學，則虎頭蛇尾，虛有其表。

因為項羽學無恆心，凡事只略知其意，所以一般人以此論斷項羽所以先勝後敗，無法持續保有戰果。又項羽夙懷大志，當「秦始皇帝游會稽，渡浙江」時，項梁與項籍俱觀，項籍脫口而說出：「彼可取而代也」，害得項梁「掩其口曰：毋妄言，族矣！」，也因此對項羽胸懷大志特別看重。只可惜空懷壯志而難以持續竟功，最後只落得兵敗垓下，自刎烏江。

前述理解，只是概括性的歸納，也是一般人設想得到的。本文所要探討的主旨，則是要更進一步地將項羽「略知其意，又不肯竟學」的各層意義闡述出來，並藉此深入了解項羽的才能及其個性。茲析論於後：

貳、適用範圍

由字面上看，「項梁乃教籍兵法。籍大喜，略知其意，又不肯竟學。」指的是「兵法」。但仔細推敲前後文意：「學書，不成，去；學劍，又不成」也是「略知其意，又不肯竟學」。正因為「學書」、「學劍」已經「不肯竟學」，所以學兵法這一項，司馬遷才加上「又」字，所謂「又不肯竟學」，即是在「學書、學劍」之後，再一次不肯竟學。所以項羽「略知其意，又不肯竟學」指的範圍，應包括「學書」、「學

劍」及「學兵法」三項。

　　既然「略知其意，又不肯竟學」的適用範圍包括「學書」、「學劍」及「學兵法」三項，則三者「略知其意」及「不肯竟學」的內在意義應可互通。我們由「學書」、「學劍」中找出「略知其意，不肯竟學」的深義，即可類推出「學兵法」的「略知其意，不肯竟學」。

參、學書不成

　　項羽少時，學書不成，去而學劍，又不成。項梁怒之，項羽自我解釋說：「書足以記名姓而已，劍一人敵，不足學。」這只是項羽的推託之辭，並非項羽眞的「學書」只學會「記名姓而已」，也非「學劍」只能「一人敵」而已。若項羽學書只會「記名姓」，則何能統率眾諸侯，並處理龐大軍文書？又何能閱讀文字以學兵法？又何能有悲涼慷慨的〈垓下歌〉傳世？

　　試觀〈垓下歌〉歌詞：

> 力拔山兮氣蓋世，時不利兮騅不逝。騅不逝兮可奈何？虞兮虞兮奈若何！

此詩之傳世，朱熹《楚辭集注》卷一說：「慷慨激烈，有千載不平之餘憤。」若非眞情流露，何能感人至極而千古傳誦。項羽若非有某些文學修養，何能出口成章。所以說，項羽自言「書足以記名姓而已」，只是他不願意再學文章的藉口，並非他眞的只學會「記名姓而已」，就算他學書的成就不高，但光是有〈垓下歌〉流傳下來，即可測知其文學涵養有了某種程度，絕不至於是個不識之無的文盲。

肆、學劍不成

　　「學書不成」，可能是項羽天生個性不耐於處理靜態的文章，所以棄文從武，改學劍術。但又不成，他的解釋是：「劍一人敵，不足學」。這句話也是項羽推託之辭，千萬不要認爲項羽學劍只能「一人

敵」而已。試由《史記・項羽本紀》中，即可找出許多例證，來說明項羽的劍術十分高明：

1. 「籍長八尺餘，力能扛鼎，才氣過人，雖吳中子弟皆已憚籍矣。」這可說明項羽從小受鍛鍊，所以發育很好（「身長八尺」，可能是遺傳基因加上後天充分運動的結果），並且力大無窮（力能扛鼎），可見「學劍」不只是學劍招的變化，而是體力、耐力、爆發力的培養訓練。正因爲項羽下過一番苦功，所以「才氣過人」，使「吳中子弟皆憚籍」。

2. 當秦二世元年七月，陳涉等人起兵大澤中。九月，會稽郡守殷通想發兵響應，並令項梁、桓楚將兵，此時桓楚逃亡在澤中。項梁向郡守報告：「桓楚亡，人莫知其處，獨籍知之耳。」項梁出外告誡項羽「持劍居外待」，項梁又入內向郡守請示：「請召項籍使受命召桓楚。」郡守同意後，項梁召喚項羽進入，過了一會兒，項梁向項羽使眼色說：「可行矣！」於是項羽拔劍斬郡守頭，項梁手持郡守頭，腰上佩掛郡守印綬，郡守門下「大驚擾亂」，項羽所擊殺「數十百人」，「一府中皆慴伏莫敢起」。這是項羽初試劍術，以一當百，殺得郡守府中，人人慴伏不敢起來反抗。

3. 當項梁兵敗被殺，秦將章邯以爲楚地不足憂，乃渡河擊趙，圍鉅鹿。楚懷王改以宋義爲上將軍，命其將兵救鉅鹿，行至安陽，停留四十六日不進。項羽利用「晨朝」上將軍宋義的機會，即其帳中斬宋義頭，出令軍中曰：「宋義與齊謀反楚。楚王陰令羽誅之。」當是時，諸將皆慴服莫敢枝梧。這是項羽第二次施展劍術，不僅斬了上將軍宋義的頭，而且讓諸將軍皆慴服，而莫敢枝梧抗拒。

4. 垓下之圍，項羽雖只剩二十八騎，在漢軍圍之數重的情形下，項羽謂其騎曰：「吾爲公取彼一將」，於是項羽「大呼馳下，漢軍皆披靡，遂斬漢一將。」其後，項羽「乃馳復斬漢一都尉，殺數十百人。」最後，「乃令騎皆下馬步行，持短兵接戰，獨籍所殺漢軍數百人。」連最不利的戰況下，項羽仍能以劍術取敵將首級於千軍萬馬之中，而且

一人所殺漢軍數百人，若非劍術高明，何能有此戰果？

　　由上述例證中，我們可以知道，項羽「學劍不成」，或許只是尚未達到劍術名家「輕靈變幻」的境界，但以實戰效果而言，已是爐火純青，出類拔萃的功夫。更絕不是如他自己的推託之辭「劍一人敵」而已。

伍、學兵法，略知其意

　　由上述推論，項羽「學書不成」，不只是學會「記名姓而已」；「學劍不成」，也不只是有「一人敵」的功夫而已。在學書方面，縱使成就不高，但也有〈垓下歌〉傳世；在學劍方面，縱使無法如劍仙般有「馭劍術」，但也有以一當百，所向披靡的實戰成績。而這兩樣都不是項羽最喜好的項目，卻仍有如此成果功夫，則項羽「大喜」的兵法，其所下工夫應更甚於「學書」、「學劍」。茲由〈項羽本紀〉中所載大小戰役，即可尋繹出項羽對於兵法究竟有何心得：

一、鉅鹿局勢，剖析見解，勝過宋義

　　當宋義受命為上將軍救趙，行至安陽，留四十六日不進。項羽建議說：「吾聞秦軍圍趙王鉅鹿，疾引兵渡河，楚擊其外，趙應其內，破秦軍必矣。」宋義駁回說：「不然，夫搏牛之蝱不可以破蟣蝨。今秦攻趙，戰勝則兵罷，我承其敝。不勝，則我引兵鼓行而西，必舉秦矣。故不如先鬥秦、趙。夫被堅執銳，義不如公；坐而運策，公不如義。」因下令軍中曰：「猛如虎、狠如羊、貪如狼，彊不可使者，皆斬之。」乃遣其子宋襄相齊，身送之至無鹽，飲酒高會。天寒大雨，士卒凍飢。項羽曰：「將戮力而攻秦，久留不行。今歲饑民貧，士卒食芋菽，軍無見糧，乃飲酒高會，不引兵渡河，因趙食，與趙并力攻秦，乃曰：『承其敝』。夫以秦之彊，攻新造之趙，其勢必舉趙。趙舉而秦彊，何敝之承？且國兵新破，王坐不安席，掃境內而專屬於將軍，國家安危，在此一舉。今不恤士卒而徇其私，非社稷之臣。」這一段對話，宋義與項羽

各自提出主張：宋義要使秦、趙二虎相爭而承其敝；項羽要與趙裏應外合，夾擊秦軍。二人見解皆能言之成理。雖然宋義因為被項羽「即其帳中，斬宋義頭」，使得他的戰略無法驗證成效，而難以比較。但我們平心而論：項羽的見解是高於宋義的。其原因如下：

㈠以成敗論英雄的觀點

兵者，危道也。任何戰略、戰術的運用，主將都必須全盤考量，一旦有漏洞，則覆軍、亡身、滅國隨踵而至，在兩軍對峙之時，宋義雖有「鬥秦趙、承其敝」的打算，但未算到「變起肘腋」，終為項羽所殺，此其思慮仍有盲點。—— 由此旁證，可推想宋義思慮欠周之處，不僅如此。

㈡以當時局勢判斷

〈項羽本紀〉中提到：「章邯已破項梁軍，則以為楚地兵不足憂，乃渡河擊趙，大破之。當此時，趙歇為王，陳餘為將，張耳為相。皆走入鉅鹿城。章邯令王離、涉閒圍鉅鹿，章邯軍其南，築甬道而輸之粟。陳餘為將，將卒數萬人而軍鉅鹿之北，此所謂河北之軍也。」——由這段文字中，可以提供我們幾項訊息：

1. 章邯以為楚地兵不足憂，乃渡河擊趙。則章邯誤認楚軍戰力已失，不足憂慮，對之提防鬆懈。若此時楚兵渡河救趙，裏應外合，必能殺得秦軍措手不及。所以在鉅鹿之戰，楚軍先攻破運送糧食的甬道，再解鉅鹿之圍，殺蘇角，擄王離，而涉閒自燒殺。秦軍大敗，而駐軍在南邊的章邯卻未及時援救，豈非章邯大意，疏於防備所致。

2. 章邯「渡河擊趙，大破之」。則此時秦軍正盛，趙軍已元氣大失，秦、趙難以匹敵，秦以滅趙，如石擊卵，並非如宋義所言「秦攻趙，戰勝則兵罷」，而是如項羽所言「以秦之彊，攻新造之趙，其勢必舉趙，趙舉而秦彊，何敝之承？」

3. 此時陳餘為將，將數萬人而軍鉅鹿之北，張耳為相，走入鉅鹿城。

據〈張耳陳餘列傳〉所載：「張耳數使人召陳餘，陳餘自度兵少，不敵秦，不敢前。數月，張耳大怒，怨陳餘。使張黶、陳澤往讓陳餘……。陳餘……乃使五千人，令張黶、陳澤先嘗秦軍，至皆沒。」則此時趙將相已有不和，何能抗拒強秦呢？

4.章邯令王離、涉閒圍鉅鹿，章邯軍其南，築甬道而輸之粟。據〈張耳陳餘列傳〉所載：「王離兵食多，急攻鉅鹿。鉅鹿城中，食盡兵少。」則鉅鹿城尚可堅守多久，難有樂觀打算。

由上述訊息中，我們可以得知：當時的局勢，秦強趙弱，秦軍兵食多，趙軍食盡兵少，難以久守。若欲逗留不進，待秦、趙相鬥而承其敝，豈非緣木求魚？所得到的結果，必定如項羽所言：「以秦之彊，攻新造之趙，其勢必舉趙。趙舉而秦彊，何敝之承？」若非項羽揮軍渡河，擊破秦軍，否則救鉅鹿之諸侯十餘壁，皆莫敢縱兵，而從壁上觀，到時候鉅鹿城破，十餘壁諸侯亦將被章邯個個擊破。

(三)以實際戰果而言

依〈張耳陳餘列傳〉所載：「當是時燕、齊、楚聞趙急，皆來救。張敖亦北收代兵，得萬餘人，來皆壁餘旁，未敢擊秦。項羽兵數絕章邯甬道，王離軍乏食，項羽悉引兵渡河，遂破章邯。章邯引兵解，諸侯軍乃敢擊鉅鹿秦軍，遂虜王離，涉閒自殺。卒存鉅鹿者，楚力也。」——由於項羽引兵渡河，破章邯軍，章邯引兵解，諸侯軍才敢擊圍鉅鹿秦軍，而後保存鉅鹿，最大功臣當然是項羽的楚軍。此次戰役，項羽並無絕對獲勝把握，所依恃的只是一股視死如歸的勇氣。正與〈廉頗藺相如列傳〉所載趙奢解秦圍閼與之事相似。趙奢答趙王之問曰：「其道遠險狹，譬之猶如兩鼠鬥於穴中，將勇者勝。」所以在〈項羽本紀〉中描述鉅鹿城下的戰況，即是：

當是時，楚兵冠諸侯。諸侯軍救鉅鹿下者十餘壁，莫敢縱兵。及楚擊秦，諸將皆從壁上觀，楚戰士無不一以當十，楚

兵呼聲動天,諸侯軍無不人人惴恐。

總之,由上述成敗論英雄、當時局勢及實際戰果三項驗證,我們可以大膽的說:宋義所謂「鬥秦趙、承其敝」,根本未分析當時客觀局勢,只是其一廂情願的看法,甚至可以說是宋義膽小無勇,比救鉅鹿十餘壁之諸侯還膽小。所以才逗留四十六日,遠離鉅鹿而不前。反觀項羽所言:「以秦之彊,攻新造之趙,其勢必舉趙。趙舉而秦彊,何敝之承?」則十分符合當時局勢,可見項羽判斷精確。且在當時情況,唯有力戰秦軍,使趙、楚裏應外合才有獲勝機會,所以項羽毅然地「破釜沈舟」,「持三日糧,以示士卒必死,無一還心」,因此勇氣十足,才將秦軍擊破,解了鉅鹿之圍。

二、鉅鹿之戰的戰略部署

項羽想救鉅鹿之圍,他的步驟是:

(一)除宋義、攬軍權

宋義身為上將軍,奉命救趙,卻逗留不進,也不接納項羽的建議,所以項羽利用「晨朝」的機會,「即其帳中斬宋義頭」,「當是時,諸將皆懾服,莫敢枝梧。皆曰:『首立楚者,將軍家也。今將軍誅亂。』乃相與共立項羽為假上將軍。」於是項羽代宋義而掌握實際指揮權。並「使桓楚報命於懷王。懷王因使項羽為上將軍」。「因使」二字,可知懷王迫於形勢,不得不使項羽名正言順地當上總指揮。

(二)安鉅鹿軍心

項羽除去宋義這個絆腳石後,決定北救鉅鹿。但鉅鹿被圍已久,城中食盡兵少,難以久守;且救兵皆觀望不前,城中士氣必漸漸消蝕,若不先安其軍心,則難保鉅鹿不因內亂而開城迎降,到此地步,雖欲再施援手,亦無從著力。所以項羽「乃遣當陽君、蒲將軍,將卒二萬渡河,救鉅鹿,戰少利。」此處所謂「戰少利」,依〈黥布列傳〉所言:「項

籍使布先渡河擊秦，布數有利。」所以瀧川資言的《史記會注考證》引
岡白駒曰：「少得利」。少者稍也，即稍有得利。一旦楚軍先鋒稍有得
利，此舉對鉅鹿圍城中的軍心，無異注入一劑強心針。

㈢破釜沈舟，激勵士氣

楚軍先鋒已稍得利，並在黃河北岸建立軍事據點，此時項羽主力軍
全數欲渡黃河，便不必擔憂半渡被偷襲，或渡河之後，立足未穩而遭攻
擊。《史記‧宋微子世家》載宋襄公與楚成王戰于泓。楚人未濟，目夷
曰：「彼眾我寡，及其未濟擊之。」襄公不聽。已濟未陣，又曰：「可
擊。」襄公曰：「待其已陣。」陣成，宋人擊之，宋師大敗。——這是
宋襄公沒有利用楚師未濟及已濟未陣的大好時機偷襲楚軍，錯失良機，
所以落得大敗的下場。又〈淮陰侯列傳〉中，載楚使司馬龍且救齊，與
韓信夾濰水陣。韓信乃令人為萬餘囊，滿盛沙，壅水上流，引軍半渡擊
龍且。詳不勝，還走。龍且果喜曰：「固知信怯也。」遂追信渡水。信
使人決壅囊，水大至，龍且軍大半不得渡，即急擊殺龍且。龍且水東軍
散走。——這是韓信製造機會，引誘龍且渡河，再加以迎擊，而獲致大
勝。所以，大軍渡河進入敵境，原是十分危險的事，因此項羽才先遣當
陽君、蒲將軍渡河，佔據軍事地點，以便掩護主力渡河。這是他「一舉
數得」，十分高明的部署。項羽渡河之後，為了激勵士氣，乃採取了下
列非常措施：「皆沈船、破釜甑、燒廬舍，持三日糧，以示士卒必死，
無一還心。」這是兵法所謂的「置之死地而後生」。睽諸當時局勢，項
羽實無必勝把握，秦、楚勢均力敵，譬如兩鼠鬥於穴中，將勇者勝。所
以項羽藉「破釜沈舟」的舉動，激勵士氣，方能一舉擊潰敵人，因此戰
事一起，「楚戰士無不一以當十，楚兵呼聲動天」，真是士氣如虹，銳
不可當。

㈣絕其甬道，斷其饋糧

兵食，乃軍心安定與否的重要指標。兵食足，則可持久耐戰；兵食

不足，則軍心渙散，甚至背叛求生。所以糧食補給，是戰爭後勤支援的首要任務。〈項羽本紀〉載項羽楚軍「於是至則圍王離，與秦軍遇，九戰絕其甬道，大破之。」即是攻擊運送糧食的甬道，使王離乏食，而軍心渙散，影響戰力，才能大破秦軍。同樣的情形，在〈項羽本紀〉中還有：

1. 章邯使人見項羽，欲約。項羽召軍吏謀曰：「糧少，欲聽其約。」軍吏皆曰：「善。」

2. 漢之三年，項王數侵奪漢甬道。漢王乏食，恐，請和，割滎陽以西為漢。

3. 是時彭越復反，下梁地，絕楚糧。項王乃謂海春侯大司馬曹咎等曰：「謹守成皋，則漢欲挑戰，慎勿與戰，毋令得東而已。我十五日必誅彭越、定梁地，復從將軍。」

4. 是時漢兵盛食多，項王兵罷食絕。漢遣陸賈說項王請太公，項王弗聽。漢王復使侯公往說項王，項王乃與漢約，中分天下，割鴻溝以西者為漢，鴻溝而東者為楚。項王許之，即歸漢王父母妻子，軍皆呼萬歲。

5. 項王軍壁垓下，兵少食盡。漢軍及諸侯兵圍之數重。

　　這些都是因糧食缺乏，呈現劣勢，不得不與對手和談；或是糧道被絕，不得不回師護糧，清除抄掠的敵人。可見糧食充足與否，關係軍隊成敗至鉅。

㈤擊破章邯，圍攻王離，鉅鹿解圍

　　前述項羽「九戰絕其甬道，大破之」，依〈張耳陳餘列傳〉所言是「項羽兵數絕章邯甬道，王離軍乏食，項羽悉引兵渡河，遂破章邯，章邯引兵解，諸侯軍乃敢擊圍鉅鹿秦軍，遂虜王離，涉閒自殺。」則項羽趁王離軍食缺乏，軍心動搖之際，先破疏於防備的章邯，使其引兵解去，無法與王離成犄角互救之勢。再連絡救趙十餘壁諸侯，反包圍王離，終於「殺蘇角，虜王離，涉閒不降楚，自燒殺」（〈項羽本

紀〉），因而解了鉅鹿之圍。

㈥大破章邯，締約納降

鉅鹿解圍之後，「項羽由是始爲諸侯上將軍，諸侯皆屬焉。章邯軍棘原，項羽軍漳南，相持未戰。」由於「秦軍數卻」，秦二世使人責讓章邯，章邯派司馬欣回咸陽請事，因趙高居中用事，可能受其陷害，所以章邯狐疑，暗中派人要與項羽約和。「約未成，項羽使蒲將軍日夜引兵渡三戶，軍漳南，與秦戰，再破之。項羽悉引兵擊秦軍汙水上，大破之。」最後，因楚糧少，所以同意與章邯締約結盟，此種戰略是趁敵軍鬆懈，將其擊潰；待其兵敗，再與之締約，則可掌握主導權，而順利將秦軍主力部隊收編。

由上述戰略部署看來，每一步驟皆有其兵法之理論根據；且前後步驟，環環相扣，稍有紊亂，戰果即大打折扣，若非項羽精通兵法，何能達致此一成果？

三、彭城之役，以少擊多，以寡勝眾

〈項羽本紀〉載漢之二年冬，項羽北伐齊。「春，漢王部五諸侯兵，凡五十六萬人，東伐楚。項王聞之，即令諸將擊齊，而自以精兵三萬人，南從魯出胡陵。四月，漢皆已入彭城，收其貨寶美人，日置酒高會。項王乃西，從蕭晨擊漢軍，而東至彭城，日中大破漢軍。漢軍皆走，相隨入穀、泗水，殺漢卒十餘萬人。漢卒皆南走山，楚又追擊至靈壁東睢水上，漢軍卻，爲楚所擠，多殺，漢卒十餘萬人皆入睢水，睢水爲之不流。」這一場會戰，雖然沒有詳述項羽行軍布陣的情形，但以三萬人日夜兼程南返，利用清晨漢軍睡夢正酣時刻偷襲，僅半日功夫，即大破漢軍，逼漢卒入穀、泗水，死十餘萬人。又追擊至睢水，漢卒十餘萬皆入睢水，睢水爲之不流。以三萬人破五十六萬大軍，趁其敗亂，逼其入水溺死，省卻無數手腳。這無疑是項羽善用兵法，克敵制勝的又一重要證據。當時漢軍幾乎是全軍覆沒，劉邦被楚軍圍三匝，若非「大

風從西北而起，折木發屋，揚沙石，窈冥晝晦，逢迎楚軍，楚軍大亂壞散」，否則漢王早被俘虜，哪有機會「與數十騎遁去」。這眞是上天要助劉邦，而不如項羽所願，所以項羽才說：「此天亡我也，非戰之罪也。」

四、滎陽之圍，紀信替死，漢王得脫

〈項羽本紀〉載「漢之三年，項王數侵奪漢甬道。漢王食乏，恐，請和，割滎陽以西爲漢。項王欲聽之。歷陽侯范增曰：『漢易與耳。今釋弗取，後必悔之。』項王乃與范增急圍滎陽。漢王患之，……漢將紀信說漢王曰：『事已急矣。請爲王誑楚爲王，王可以閒出。』於是漢王夜出女子滎陽東門，被甲二千人。楚兵四面擊之。紀信乘黃屋車，傅左纛，曰：『城中食盡，漢王降。』楚軍皆呼萬歲。漢王亦與數十騎從城西門出，走成皋。」在當時，漢王駐軍於滎陽，「築甬道屬之河，以取敖倉粟」，項羽則先攻其甬道，斷其糧路，漢軍一旦乏食，恐而請和，范增勸攻，漢王患之，乃以紀信代己，假稱投降，使楚軍鬆懈，漢王才得狼狽逃出滎陽。若非項羽大意，劉邦可能又要被俘了。

五、固陵之戰，大敗漢軍

〈項羽本紀〉載「是時漢兵盛食多，項王兵罷食絕。漢王……復使侯公往說項王，項王乃與漢約，中分天下，割鴻溝以西者爲漢，鴻溝而東者爲楚。項王許之，即歸漢王父母妻子。軍皆呼萬歲。……項王已約，乃引兵解而東歸。……漢五年，漢王乃追項王至陽夏南，止軍。與淮陰侯韓信、建成侯彭越期會而擊楚軍。至固陵，而信、越之兵不會。楚擊漢軍，大破之。漢王復入壁，深塹而自守。」劉邦趁項羽兵罷食絕，與之講和，贖回父母妻子，卻又不守信用，在項羽引兵東歸後，隨而追擊，卻因韓信、彭越未依約會軍，反被項羽打得大敗。這又是項羽善於用兵的另一證明。

六、垓下之圍，三勝漢軍

當項羽兵敗垓下，身邊僅剩二十八騎，而漢騎追者數千人。項羽自度不得脫，謂其騎曰：「吾起兵至今八歲矣，身七十餘戰，所當者破，所擊者服，未嘗敗北，遂霸有天下。然今卒困於此，此天亡我，非戰之罪也。今日固決死，願爲諸君快戰，必三勝之，爲諸君潰圍、斬將、刈旗。令諸君知天亡我，非戰之罪也。」從這段話中，即可了解項羽對自己的行軍作戰，十分自負。若非精通兵法，怎能有「所當者破，所擊者服，未嘗敗北」的戰果呢？就算是在此不利戰況之下，項羽仍能指揮靈活，「分其騎以爲四隊，四嚮」、「令四面騎馳下，期山東爲三處」、「與其騎會爲三處，漢軍不知項王所在，乃分軍爲三，復圍之」、「復聚其騎，亡兩騎耳」、「乃謂其騎曰：『何如？』騎皆伏曰：『如大王言』」。這是平時訓練有素的軍隊，所以和項羽配合的天衣無縫，才能以二十九人「潰圍、斬將、刈旗」；且分合聚散，皆如臂使指，機動靈活。而戰術上是採四面突圍，分散敵軍兵力；而「期山東爲三處」，可混亂敵軍視聽，不知項王所在。凡此種種，皆兵法運用之妙，存乎一心。正因爲項羽行軍布陣十分嚴整壯盛，經常給劉邦帶來苦頭，幾次差點命喪其手，所以在〈黥布列傳〉中載黥布起兵造反，劉邦親征。當時「（黥）布兵精甚，上（高祖）迺壁庸城，望布軍，置陣如項籍軍，上惡之。」可見黥布的行軍布陣完全是學項羽，令劉邦見了都會想起舊仇新恨，而內心產生厭惡。項羽不僅善於作戰，而且還有兵法方面的書籍曾在漢代流傳，《漢書·藝文志·兵書略·兵形勢》列有「項王一篇」，班固自注：「名籍」。可見項羽對於「萬人敵」的兵法是特別喜好，對之也下過一番工夫，並將其心得著書傳世。所以說，所謂的「略知其意」，應該是指大略上全都知道它的意義。而不是約略只知其大意。

陸、學兵法，又不肯竟學

既已知「略知其意」的內涵，則「不肯竟學」又當何解呢？我

想：兵法上的「不肯竟學」，應該是沒有學到「上兵伐謀，其次伐交」
及「攻心爲上」的精華部分；而只學到「其次伐兵，其下攻城」的戰陣
方法，所以才能有「身七十餘戰，所當者破，所擊者服，未嘗敗北」的
戰果，及有關兵形勢方面的兵法書〈項王〉一篇傳世。但卻經常中了敵
人伐謀伐交的反間計，致使唯一謀臣——范增憤而請辭，許多大將轉而
降漢，連最後垓下之圍，也中了漢軍心理戰——「四面楚歌」，而喪失
信心。

　　然而項羽爲何凡事皆「略知其意，不肯竟學」呢？我想：「略知
其意」應該跟項羽的天分優異有關，所以才能學書、學劍及學兵法，只
「略知其意」，即有如此輝煌豐碩的成果。而「不肯竟學」應該跟他的
個性有關。項羽應該瞭解兵法中「上兵伐謀，其次伐交」及「攻心爲
上」的道理，但因無法克制自我個性，所以無法徹底運用，以致不能成
功。試分析項羽之個性，以見其失敗之因，即可歸納出「不肯竟學」的
原因：

一、婦人之仁

〈淮陰侯列傳〉云：

> 項王見人恭敬慈愛，言語嘔嘔，人有疾病，涕泣分食飲。至
> 使人有功，當封爵者，印刓敝，忍不能予。此所謂婦人之仁
> 也。

這是韓信對答高祖的一段話，以韓信曾任項羽郎中，「數以策干項
羽」（〈淮陰侯列傳〉），則此言必當可信。又〈陳丞相世家〉載陳
平答高祖之言曰：

> 項王爲人恭敬愛人，士之廉潔好禮者多歸之。至於行功爵邑
> 重之，士亦以此不附。

又〈高祖本紀〉載高起、王陵答高祖之言也說：「項羽仁而愛人」，

可見項羽天生個性，本有一顆惻隱之心，是仁之端也。所以當秦末天下大亂時，諸侯並起，項羽以江東八千子弟兵，渡江而西，忽化爲二萬人，六、七萬人，數十萬人，說明項羽以抗暴除秦的口號，吸引了無數人的歸附，也顯現其風雲際會，勃興而起的氣勢。這是「仁心」顯露端倪；但在滅秦之後，因任用私人，妒賢嫉能，有功不賞，所以軍隊忽化爲八百餘騎、百餘騎、二十八騎，至無一人還。顯現其眾叛親離，倏忽而亡。但當其兵敗垓下，烏江亭長檥船相待，謂項王曰：

> 江東雖小，地方千里，眾數十萬人，亦足王也。願大王急渡。今獨臣有船，漢軍至，無以渡。

項羽在此臨危之際，不是念念不忘自己在抗秦除暴中的功勛，而是引咎自責；面臨一線生機時，不是含羞忍恥地逃脫，以冀東山再起，而是義不苟生，所以項羽笑著說：

> 天之亡我，我何渡爲？且籍與江東子弟八千人渡江而西，今無一人還。縱江東父兄憐而王我，我何面目見之？縱彼不言，籍獨不愧於心乎？

這是項羽知恥，有羞惡之心的表現。若是換成高祖劉邦，早就渡江而逃，以待機再起。烏江拒渡並非項羽不懂得「留得青山在，不怕沒柴燒」的道理，而是「心有不忍」，做不出有損顏面，有損自尊的舉動，這應是對兵法中「上兵伐謀」不肯竟學的結果。

二、意忌信讒

〈陳丞相世家〉載陳平獻計於高祖曰：

> 彼項王骨鯁之臣亞父、鍾離眜、龍且、周殷之屬，不過數人耳。大王誠能出捐數萬斤金，行反間，間其君臣，以疑其心。項王爲人意忌信讒，必內相誅，漢因舉兵而攻之，破楚

必矣。

正因為項羽「意忌信讒」，所以中了敵人「用間」，反而使得己方骨鯁大臣因陳平「反間計」而被疏遠放逐。所以〈陳丞相世家〉又載陳平用間之過程及其功效如下：

> 漢王以為然，乃出黃金四萬斤與陳平，恣所為，不問其出入。陳平既多以金縱反間於楚軍，宣言諸將鍾離眜等為項王將，功多矣，然而終不得裂土而王，欲與漢為一，以滅項氏而分王其地。項羽果意不信鍾離眜等。項王既疑之，使使至漢，漢王為太牢具舉進，見楚使，即詳驚曰：「吾以為亞父使，乃項王使。」復持去，更以惡草具進楚使。楚使歸，具以報項王，項王果大疑亞父。亞父欲急攻下滎陽城，項王不信，不肯聽。亞父聞項王疑之，乃怒曰：「天下事大定矣，君王自為之。願請骸骨歸。」歸未至彭城，疽發背而死。

項羽對兵法中「上兵伐謀」的策略，經常因自己個性「妒賢嫉能」，內心猜忌，輕信讒言，而中了敵人計謀。身邊唯一謀臣——范增，因反間計而被疑，怒而請辭。幾位忠心大將——鍾離眜、司馬龍且等亦被懷疑，則楚軍上下必離心離德。所以高祖趁此機會，以陳平之計「夜出女子兩千人滎陽城東門」，紀信「乘黃屋車、傅左纛」，詐稱漢王降，以引開楚軍，漢王方得「與數十騎從城西門出」。本為甕中之鱉的劉邦，利用項羽「意忌信讒」的個性，施以反間，製造機會，終能脫逃。項羽的「意忌信讒」個性，正是其對於兵法「不肯竟學」的最大原因。

三、慓悍猾賊

〈高祖本紀〉載懷王諸老將曰：

項羽爲人慓悍猾賊。項羽嘗攻襄城，襄城無遺類皆阬之，諸所過無不殘滅。

又〈淮陰侯列傳〉亦載韓信向高祖分析項羽個性云：

項王喑噁叱咤，千人皆廢，然不能任屬賢將，此特匹夫之勇耳。……項王所過，無不殘滅者。天下多怨，百姓不親附。特劫於威彊耳。

正因爲項羽有「喑噁叱咤，千人皆廢」的威勢，所以當「漢有善騎射者樓煩，楚挑戰三合，樓煩輒射殺之」時，「項王大怒，乃自被甲持戟挑戰。樓煩欲射之，項王瞋目叱之，樓煩目不敢視，手不敢發，遂走還入壁，不敢復出。」（〈項羽本紀〉）可見項羽雄威嚇人。又當垓下之圍時，項羽僅餘二十八騎，「是時赤泉侯爲騎將追項王。項王瞋目而叱之，赤泉侯人馬俱驚，辟易數里。」（〈項羽本紀〉）雖說有點誇大，但卻能突出項羽「喑噁叱咤，千人皆廢」的強大氣魄。這股強大氣魄，幾乎是「所當者破，所擊者服」。再加上「慓悍猾賊」的個性，一旦遭遇挫折或抵抗，必定以殘酷手段報復，所以〈項羽本紀〉載「項梁前使項羽別攻襄城，襄城堅守不下。已拔，皆阬之。」又載章邯與項羽結盟，與秦軍一同西行入關，爲了怕「秦吏卒尚眾，其心不服，至關中不聽，事必危」。於是楚軍夜擊，阬秦卒二十餘萬人新安城南。當項羽「行略定秦地，至函谷關」，發現「有兵守關，不得入」。又聞「沛公已破咸陽」，搶了頭功，所以「大怒，使當陽君等擊關」，總算入關至戲水之西。此時沛公駐軍霸上，二人尚未會面，剛好劉邦陣營出了奸細，即「沛公左司馬曹無傷使人言於項羽曰：『沛公欲王關中，使子嬰爲相，珍寶盡有之。』」項羽一聽又「大怒」，即刻下令說：「旦日饗士卒，爲擊破沛公軍。」若不是項伯爲了救張良而半夜通風報信，並在第二天早上歷經了一場危機四伏的「鴻門宴」，我想：劉邦恐怕也要命喪項羽「慓悍猾賊」的個性之

下。在「鴻門宴」之後數日,「項羽引兵西屠咸陽,殺秦降王子嬰,燒秦宮室,火三月不滅,收其貨寶婦女而東」。相對於高祖入關後的作法:「與父老約法三章耳:殺人者死、傷人及盜抵罪。餘悉除去秦法。」二人作為相去不啻天壤。所以「秦人大喜,爭持牛羊酒食,獻饗軍士。」並「唯恐沛公不為秦王」。項羽所以失人心者此也。這是不知「仁者無敵」、「不嗜殺人者能一之」及籠絡民心的結果,也是不了解「兵要,在乎善附民而已」(《荀子・議兵》)的道理。

由於項羽「婦人之仁」、「意忌信讒」及「剽悍猾賊」的個性,使得項羽篤信自己可以「力征經營天下」,所以深入研究兵法中「伐兵」、「攻城」的戰陣方略,以求能「萬人敵」,因此有「身七十餘戰,所當者破,所擊者服,未嘗敗北」的戰果。但卻忽略了「上兵伐謀,其次伐交」的兵法精華部分,導致謀臣、大將相繼背離,使自己陷入孤立無援的困境中,這是對兵法不肯竟學的下場。

柒、結語

1. 項羽的「略知其意,又不肯竟學」,依字面看,似乎只是指「學兵法」而已,但因加上「又」字,則其適用範圍應涵蓋:「學書不成」、「學劍又不成」及「學兵法,略知其意,又不肯竟學」三項。

2. 略知其意,又不肯竟學的內在涵義,有其深入的意義:

   (1)略知其意:並非如字面所形容的,只學得一點皮毛而已。而是大略地都了解其意義。「學書不成」,並不是只學會「記名姓而已」,否則項羽如何閱讀而學兵法,又如何能有千古傳誦的〈垓下歌〉傳世呢?「學劍不成」,亦非只學得「一人敵」的功夫,否則項羽一人如何殺會稽郡守殷通,連殺其門下數十百人,殺得一府中皆慴服?又如何能於帳中斬宋義頭,而諸將皆慴服,莫敢枝梧?又如何能於垓下之戰,三勝漢軍,一人獨殺數百人,取漢將首級於千軍萬馬之中,猶如探囊取物?「學書」、「學劍」皆非項羽特別喜好的項目,其成果實效已是如此輝煌,則項羽「大喜」之兵法,當

是專精研究，大略地都知道其奧義所在。所以與宋義辯論「救鉅
鹿」之見解，精闢透徹，勝過宋義甚多；鉅鹿之戰的戰略部署，步
步有條理，面面俱到，所以大敗秦軍，解圍救趙；彭城之役，以三
萬楚軍大破漢軍五十六萬，漢軍死傷數十萬，劉邦幾乎被擒；榮陽
之圍，高祖幾成俘虜，幸有紀信替死，方得逃脫；固陵之戰，漢軍
趁楚軍東歸而偷襲，反為項羽所敗。垓下之困，項羽以八百騎減至
百餘騎，減至二十八騎，仍能指揮有素，突圍合聚，一如己意。凡
此皆項羽嫻熟於兵法，方能有此傑出表現，所以項羽臨終前說：
「吾起兵至今八歲矣，身七十餘戰，所當者破，所擊者服，未嘗敗
北，遂霸有天下。然今卒困於此，此天亡我，非戰之罪也。」充
分顯示出項羽對於行軍作戰的兵法，充滿傲人的自信。他僅「略
知其意」，即有如此成果，可以想見：項羽必是稟賦優異，過於常
人，方能聞一知十，觸類旁通。

(2)不肯竟學：項羽因個性不喜文靜之事，所以「學書不成」；又因志
向遠大，所以對於「一人敵」的「學劍」，也不肯竟學，而想學
「萬人敵」的兵法。雖然他對於自己「大喜」的兵法曾下過一番
工夫，且有「所當者破，所擊者服，未嘗敗北」的戰果，及講述兵
形勢的兵法書——〈項王〉一篇傳行於漢代。但受限於自己「婦人
之仁」、「意忌信讒」、「慓悍猾賊」的個性，對於兵法中「上兵
伐謀，其次伐交」、「攻心為上」的策略無法善加運用，經常忽略
「不戰而屈人之兵，善之善者也」（《孫子兵法・謀攻篇》）的
警語，欲以攻城掠地來征服天下，卻經常適得其反，如伐齊，由
於「慓悍猾賊」的個性，「皆阬田榮降卒，係虜其老弱婦女」，
所過多所殘破，於是齊人相聚而叛之，項羽因而留連不得回，造
成後方都城彭城空虛，使得劉邦有機可乘，輕鬆攻佔彭城，項羽
只好急忙撤軍南返。身邊唯一謀士——范增，也因項羽「意忌信
讒」而被陳平反間計中傷，憤而請辭。垓下之圍，「夜聞漢軍四面
皆楚歌」，竟喪失信心，懷疑說：「漢皆已得楚乎？是何楚人之

多也！」輕易中了敵人的心理戰術。烏江拒渡，而無顏見江東父老，喪失了一次東山再起的良機，這可說是「婦人之仁」所造成的結果。所以上述「上兵伐謀」的策略，都因項羽個性無法詳察而落入劉邦設計的圈套，這是「不肯竟學」兵法的結局。至於「其次伐交」，項羽也因自信過度，加以前述三種個性，而使得部屬、與國一個個叛離，轉而投靠劉邦。如九江王黥布原是項羽大將，只因項羽擊齊，徵兵於九江，黥布稱病不往，只遣將將數千人隨行，而被「意忌信讒」的項羽懷疑，於是劉邦趁機派隨何前往遊說黥布，則項羽損失一員大將及與國，劉邦則相對地多了一個盟友。又淮陰侯韓信原爲項羽郎中，曾「數以策干項羽」，項羽不用，韓信乃投奔劉邦。劉邦任命韓信爲大將，還定三秦，擒魏、滅趙、下燕齊，這也是「意忌信讒」，不能任賢使能之敝。當韓信成爲齊王，有「右投則漢王勝，左投則項羽勝」（〈淮陰侯列傳〉）的關鍵份量時，項羽才派盱眙人武涉前去遊說，可是韓信以「臣事項王，官不過郎中，位不過執戟，言不聽，畫不用，故倍楚而歸漢。漢王授我上將軍印，予我數萬眾，解衣衣我，推食食我，言聽計用」的理由，來婉拒項羽的遊說，終成項羽致命敵人。

由於項羽對兵法不肯竟學，所以兵法中「上兵伐謀，其次伐交」及「攻心爲上」的策略，都無法領略，而中了敵人反間、心戰，使得部屬、盟邦離心離德，終至兵敗垓下，自刎烏江的悲劇下場。但冥頑不靈，至死不悟的項羽，仍看不透自己失敗的原因，而諉過於「天亡我也，非戰之罪也」，可見倔強的個性，令項羽一直到死，都對兵法無法竟學。所以司馬遷對項羽的評語是：

自矜功伐，奮其私智而不師古，謂霸王之業，欲以力征經營天下，五年卒亡其國，身死東城，尚不覺寤，而不自責，過矣。乃引「天亡我，非用兵之罪也」，豈不謬哉！（〈項羽本紀〉）

第六章

析評《史記‧項羽本紀》之鴻門宴

壹、前言

　　〈項羽本紀〉可說是《史記》一書百三十篇中，最膾炙人口，讀之令人神動的文章，主要是傳中主角項羽「力拔山兮氣蓋世」的豪氣，何等英雄，何等氣魄。而司馬遷亦以全副精神描寫，所以成此英雄文章。本篇文字特長，又特別精警，其中表現項羽生平興起、轉折和敗亡的三件事，分別為鉅鹿之戰、鴻門宴及垓下之圍。這三部分內容都十分精采，本文僅擇取鴻門宴這部分，作為析評的範圍。

　　劉辰翁評鴻門宴的寫作：「敘漢楚會鴻門事，歷歷如目覩，無毫髮滲漉，非十分筆力，模寫不出。」（《史記評林》）的確是有識之見。但前人的評點，大都點到為止，未免太過簡單，令讀者不易把握文字動人之處。近代學者對鴻門宴之研究，成果頗豐，如「真相解讀」、「人物刻畫」、「藝術技巧」、「語言特色」方面，皆有成果。但其中某些解讀及觀點，筆者仍覺得有待發揮。乃不揣鄙陋，廣為參考眾家說法，輔以自己一得之見，析評於後。

貳、事件起因

　　鴻門宴事件之外在起因有三，分別為「曹無傷告密」、「范增慫恿」、「項伯報恩」；另外鴻門宴的內在原因有二：「沛公作為」及「項羽性格」。但因拆開另行說明會造成重複累贅，因此將內在原因合併於外在起因之中，隨處敘述：

一、曹無傷告密

　　在鉅鹿戰後，項羽率諸侯軍隊，「行略定秦地，至函谷關」，遇上「有兵守關不得入」的阻礙，「又聞沛公已破咸陽」，自己落後於劉邦，使得項羽陷入挫折而「大怒」，於是「使當陽君（英布）等擊關，項羽遂至於戲西」。此時沛公駐軍霸上，「未得與項羽相見」，無法馬上辯解，再加上「沛公左司馬曹無傷使人言於項羽曰：『沛公欲王關

中，使子嬰爲相，珍寶盡有之。』」這番話聽入項羽耳中，頓時覺得一切奮鬥被掏空，心血全都白費，因而大怒，下令「旦日饗士卒，爲擊破沛公軍。」

有關曹無傷告密的話，應是確實可靠，並非憑空虛造。第一句：「沛公欲王關中」，正如劉邦自白：「吾與諸侯約，先入關者王之，吾當王關中」（〈高祖本紀〉）、「鯫生說我曰：『距關無內諸侯，秦地可盡王也』，故聽之。」（〈項羽本紀〉）及項羽至函谷關，「有兵守關不得入」的阻礙，可以確信曹無傷言之有據。若沛公眞的依楚懷王與諸將之約：「先入定關中者王之」，再參考〈高祖本紀〉提到「今聞章邯降項羽，項羽乃號爲雍王，王關中」，則項羽勢必失信於章邯，這是項羽權力意志受挫，當然會大怒。

第二句「使子嬰爲相」，據〈高祖本紀〉是「以秦王屬吏」，尚未以子嬰爲相，子嬰仍是待罪之身，但以沛公與秦「父老約法三章耳」、「凡吾所以來，爲父老除害，非有所侵暴，無恐」的作法看來，他是極力收買關中民心，則「使子嬰爲相」可以安撫秦民，使他達成目的，所以曹無傷所言，並非無的放矢，而是事先探知劉邦心思。若劉邦以子嬰爲相，則項羽當初推倒暴秦的努力，只是助劉邦自立爲秦王而已，其他各地紛紛起義的諸侯，當初「弔民伐罪」的口號，「分王其地」的理想，也都無法伸張。所以項羽及諸侯將領們絕對無法容忍這種結局。

第三句「珍寶盡有之」，梁玉繩《史記志疑》認爲：

范增曰：「沛公入關，財物無所取。」沛公謂項伯曰：「吾入關，秋毫不敢有所近，籍吏民，封府庫，而待將軍。」樊噲謂項羽曰：「沛公入咸陽，毫毛不敢有所近，封閉宮室，還軍霸上。」又〈高紀〉謂「沛公封秦重寶財物府庫」，是高祖之不取秦寶物，皆張良、樊噲一諫之力，而曹無傷「珍寶盡有之」語，徒以媚羽求封耳。

沛公本欲取秦珍寶，觀其初入咸陽，「欲止宮休舍」的意圖，即可知

之。經樊噲、張良勸諫，才「封秦重寶財物府庫，還軍霸上」，則曹無傷所言「珍寶盡有之」，乃深得沛公之心思，並非「徒以媚羽求封」而已。梁玉繩《史記志疑》又說：

> 但〈蕭相國世家〉云：「沛公至咸陽，諸將皆爭走金帛財物之府分之」，然則曹無傷之言，未盡虛妄。謝羽之玉璧與亞父之玉斗，高祖何由得之？可知非毫無所取也。

此言甚是。則曹無傷所言三事：「沛公欲王關中」、「使子嬰爲相」及「珍寶盡有之」，並非空言無據。雖然其目的是「欲以求封」，但所言針針見血，使得項羽不得不信，因而大怒，下令：「旦日饗士卒，爲擊破沛公軍。」這道命令，不但反映了項羽當機立斷，劍及履及的行動派性格，而且也是項羽身爲諸侯上將軍，對於劉邦欲獨占勝利成果，而置諸侯同力抗秦的努力於不顧，所應持有的嚴正立場。

二、范增慫恿

范增說項羽曰：

> 沛公居山東時，貪於財貨，好美姬。今入關，財物無所取，婦女無所幸，此其志不在小。吾令人望其氣，皆爲龍虎，成五采，此天子氣也，急擊勿失。

范增這番話可能有幾點內涵：「第一、他看出劉邦的才幹足以大有作爲，必然是項羽的勁敵，項羽要有天下，必須先除去劉邦；古人說『望氣』，未必只是假托，范增此時尤其深信不疑。第二、他看出項羽沒有殺劉邦之心，因爲項羽的聲勢如日中天，眼中已無人能與之相抗手，何不顯示雍容氣度，以德服人；所以，趁著項羽的兩次『大怒』，慫恿項羽立即動手。第三、他看出時間的急迫，如果不能即刻把握，馬上動手，項羽很容易會改變此刻的心意；因此，他強調要趕快出手，立即進攻，不要放掉劉邦。」（張元〈鴻門宴敘事中的緊要

文字──老師讀通鑑之六〉）但是這一番話完全站在替項羽個人清除障礙，掃除敵手而言。使得項羽原本嚴正的立場，變質成爲項羽與劉邦兩人的權力鬥爭。范增之見識，未免太過狹隘，使得項羽不能嚴正自己的立場，而聽從范增之計，視劉邦爲權力鬥爭的對象，因而流於私鬥的結果。原本理在項羽，最後竟變爲理在劉邦，反而使劉邦爭取到許多諸侯的同情。這是范增始料所未及的。但范增的說辭中：「此其志不在小」、「此天子氣也」，在在都對項羽的權力意志有所挑戰，難怪會刺激項羽，加深對劉邦的敵視態度。

三、項伯報恩

在項羽準備次日一早攻打劉邦，項伯爲了報恩，半夜馳往傳遞消息，欲呼張良一起離去，不必與劉邦俱死。項伯原無給劉邦通風報信的意思，但以張良與劉邦的關係，勢必不會袖手旁觀的，所以他說：「臣爲韓王送沛公，沛公今事有急，亡去不義，不可不語。」張良乃入告劉邦，劉邦大驚失措。底下二人之間的對話，完全將當時窘迫情形表露無遺，且連帶地使二人個性，鮮明地表現出來。所以，明人董份說：「備書當時問答累數十言，而沛公窘迫之情益見。」唐順之則說：「敘問答處，使百世之下，如目見之。」（《史記評林》）前人的評點，只是點到爲止，它可以提供我們深思的方向，但未能剖析明白，不免有所遺憾。今乃詳析於下：

㈠張良入告沛公，沛公的反應是「大驚」。這次讓他「大驚」，一定是真正感到事態的嚴重。沛公接著反問張良：「爲之奈何？」其後張良也反問沛公兩個問題，沛公先是「默然」，然後是發急說：「固不如也，且爲之奈何？」劉邦是個傲慢無禮的人，平常不願認輸服短，如〈高祖本紀〉：「及壯，試爲吏，爲泗水亭長，廷中吏無所不狎侮」、「乃紿爲謁曰：『賀萬錢。』實不持一錢」、「高祖因狎侮諸客，遂坐上坐，無所詘」。可是目前處境又不能不認，所以先「默然」，而後是反過來對張良發急，雖然承認了「固不如也」，但又反

問「且為之奈何？」似乎張良不該問此問題，來揭他短處，因而要張良設法解決以作補償。劉邦前後兩個反問句「為之奈何？」已把他無禮傲慢的無賴個性呈現出來。

(二)劉邦聽到張良報告的消息，反問：「為之奈何？」以求救於張良。此時張良卻神閒氣定地問劉邦：「誰為大王為此計者？」又問：「料大王士卒足以當項王乎？」連問二句，而且都是明知故問。在如此緊急關頭，張良不趕緊就事回答，還在一味地迂迴，問來問去，真是急死人了。其實，張良借以安身立命的是老子哲學，他說話、做事，常抱持著「不為他人先」的念頭，如〈留侯世家〉有：沛公入關，欲留居秦宮，樊噲諫還軍霸上，沛公不聽，張良才再勸諫；劉敬言定都關中之利，劉邦疑未能決，張良才接著進言關中之便，劉邦「即日車駕西都關中」；劉邦欲封張良，任其「自擇齊三萬戶」，但張良只求封為留侯，而不願惹人側目。這就是博浪沙一擊失敗後，受教於圯上老人的結果。（參見蘇軾〈留侯論〉）

(三)等劉邦自認不敵項羽，認清當時情勢後，張良對劉邦的求救才做出反應，否則進言不納，尚在其次；若是被懷疑，則性命難保。他的方法是「請往謂項伯，言『沛公不敢背項王也』。」在此危急時刻，張良忠心搭救，劉邦的第一反應卻是「君安與項伯有故？」防範猜忌之心，何其明顯！難怪張良要有先前二個明知故問，以提醒劉邦處境危急，唯有借重於自己，才能化解危機，因而暫消猜嫌之心。

(四)張良趕緊解釋：「秦時與臣游，項伯殺人，臣活之，今事有急，故幸來告。」以化解劉邦的疑慮。劉邦居然眼前一亮，靈機一動，問張良：「孰與君少長？」這句話與前面的對話毫無關係，屬修辭學中的「跳脫」修辭格。由此脈絡，我們了解到劉邦的思維一躍千里，開始要進行籠絡、收買、利用項伯，以爭取項王體諒，改變自己劣勢局面的計畫。劉邦的機智應變，可真是令人佩服。他的籠絡收買方法是「吾得兄事之」，並「約為婚姻」，加上說了一段看似義正辭嚴，無懈可擊的謊言，來利用項伯為他向項羽解釋。果然項伯中了劉邦之

計，回去不僅把劉邦的話完完全全傳達給項羽，而且還教訓地說：
「沛公不先破關中，公豈敢入乎？今人有大功而擊之，不義也，不如
因善遇之。」這大概就是劉邦敢赴鴻門宴的原因之一吧！

㈤劉邦對項伯所編的一套說辭爲：「吾入關秋毫不敢有所近，籍吏民，
封府庫而待將軍。所以遣將守關者，備他盜之出入與非常也。日夜望
將軍至，豈敢反乎？願伯具言臣之不敢倍德也。」前半部分自我解
釋的內容，分明是一派謊言，他「秋毫不敢有所近，籍吏民，封府
庫」，明明是爲了爭取民心，卻說是爲了「待將軍」；他「遣將守
關」，明明是爲了「毋內諸侯，秦地可盡王也」，卻說是爲了「備他
盜之出入與非常」，劉邦厚顏無恥地說謊，竟如此純熟。而且這說
辭，正好與曹無傷告密的話針鋒相對，曹無傷說：「沛公欲王關中，
使子嬰爲相，珍寶盡有之。」劉邦則是提出：「所以遣將守關者，
備他盜之出入與非常也」，來辯解自己沒有「欲王關中，使子嬰爲
相」的野心；又提出「入關秋毫不敢有所近，籍吏民，封府庫而待將
軍」，來證明自己不敢「珍寶盡有之」，並反覆表白說：「日夜望將
軍至，豈敢反乎？」、「臣之不敢倍德也」，姚祖恩《史記菁華錄》
說：「反字下得妙，明明以君待（項）羽，以臣自待，其忌不煩解而
自釋矣。」「不敢倍德」四字，亦重提劉邦與項羽二人之交情。這是
在夜裡私下請託項伯的說辭，一方面自我辯解，一方面稱臣卑伏，所
以項伯信以爲眞，而猜忌不釋自解。

劉邦這段自我解釋的話，表現出他是一位能屈能伸的英雄人物，在困
境中，能卑抑自屈，以求度過難關，所以才能有往後垓下之戰的勝
利。這正是他與項羽性格上最大的差異。所以姚祖恩《史記菁華錄》
說這段文字：「語氣詳愼，卑抑之至，大英雄能屈處，凡此文皆特特
與項羽對看。」而明代楊愼也評論曰：「將飛者翼伏，將奮者足踡，
將噬者爪縮，將文者且朴，夫惟鴻門之不爭，故垓下莫能與之爭。」
（《史記評林》）這正是在說劉邦能先屈而後伸的應變性格。

㈥項伯聽信劉邦之言，許諾劉邦「願伯具言臣之不敢倍德」的請託，並

交代劉邦：「旦日不可不蚤自來謝項王」，於是「項伯復夜去至軍中，具以沛公言報項王」，並且還代替劉邦說情：

> 沛公不先破關中，公豈敢入乎？今人有大功而擊之，不義也。不如因善遇之。

當初項羽大怒，欲擊破沛公軍，是因聽信曹無傷的告密，但如今劉邦反形未具，事理未明之際，有自己叔父項伯為他傳話解釋，則項羽必當重新思慮。劉邦透過項伯的傳話，一再強調：「籍吏民而待將軍」、「日夜望將軍至」、甚至自稱「臣」，屢言「豈敢反乎」、「不敢倍德」，所表現的柔順服從態度，不但滿足了項羽的權力意志，而且亦如章邯見項羽流涕一般效果，觸動了項羽性格中「仁而愛人」、「見人恭敬慈愛，言語嘔嘔；人有疾病，涕泣分食飲」（〈淮陰侯列傳〉）的溫柔慈祥一面；另一方面，項羽有「其所任愛，非諸項即妻之昆弟」（〈陳丞相世家〉），過分信賴親族故舊的缺點，所以項伯的話，容易打動項羽的心。雖然「沛公不先破關中，公豈敢入乎？」的話，未免太小看項羽，但是「今人有大功而擊之，不義也」，卻隱然說中了項羽的道義立場。以前者而言，項羽在鉅鹿之戰，力挫章邯二十餘萬大軍的戰果；且秦之主力軍隊已隨章邯投降，全被坑殺，關中正是空虛，無力抵抗；以及「諸將莫利先入關，獨項羽怨秦破項梁軍，奮願與沛公西入關」（〈高祖本紀〉）的記載：就算沛公不先破關中，項羽也敢長驅直入。以後者而言，項羽是個真性情的人，一切行為都是隨著自己的信念與情緒而做反應，尤其「義」字是項羽所追求的信念，垓下臨死之際，尚且將自己的頭顱贈給追殺他的「故人」呂馬童，這是他重義氣的表現。如今他的信念接納了劉邦入關確有大功的事實，並且接納了項伯所言「今人有大功而擊之，不義也」的說法，所以許諾項伯的要求，因而「善遇」沛公。

參、鴻門宴過程

鴻門宴的過程，在寫作上有三個特點：

一、寫作技巧──以實帶虛的表現手法

鴻門宴的藝術手法，前人已提出許多見解，如：徐文珊《史記評介》提出對照法、吳汝煜〈項羽本紀賞析〉提出「以實帶虛」法，周先民《司馬遷的史傳文學世界》提出「雙峰並峙」的筆法；另外，還有許多學者從人物刻畫、情節緊張、語言藝術等角度加以剖析。此處只針對「以實帶虛」的表現手法加以說明。

鴻門宴的內容，矛盾破綻之處頗多，韓兆琦《史記博議》認為：「顯然是出於司馬遷的加工創造，我們只能把它看成是一個基本上有史實依據的短篇小說。」楊樹增《史記藝術研究》也認為《史記》：「在歷史真實的基礎上進行必要的合理的想像與虛構」。既然鴻門宴有許多矛盾之處，前輩學者也大多無法自圓其說，而形成千古疑案。筆者以文學筆法「以實帶虛」加以解讀，則能產生新的詮釋。茲說明如下：

宋人李塗《文章精義》評論《莊子》、《史記》寫作風格不同，有如下之見解：「莊子文字善用虛，以其虛而虛天下之實；太史公文字善用實，以其實而實天下之虛。」其中已點出司馬遷善用虛實相生，以實帶虛的寫作手法。所謂「以實帶虛」，是指實際上只描述少數重要的關鍵人物及情節，以求文字簡潔，並把握事件主題，而其他次要人物及情節，不必多費筆墨敘述，因而省略。但怕讀者誤解，所以在實寫的文字中，透露些許訊息，使讀者能推測到作者思想中尚未形諸文字的內容。亦即讀者可由實寫的部分，及其情節相互間之關係，聯想出當時的情形。但這種「以實帶虛」的手法，因實筆太過簡略，忽略了交代次要人物情節，而經常使讀者誤解導致會錯意，大概是空白及跳脫太多，因而一方面使讀者有充份的想像及再創作的空間；一方面則因各人理解不同，而出現了許多矛盾不通的現象。讀者若能明白司馬遷「以實帶虛」

的筆法，則不致被這種矛盾現象所蒙蔽。

　　司馬遷寫鴻門宴，文字敘述只提及項羽、項伯、范增、劉邦、張良、樊噲、項莊、陳平及交戟衛士數人而已。看似只招待劉邦為主客的一次宴會，但實際上，當時的場面應是很盛大、很熱鬧。隨從項羽入關的趙、燕、齊、魏、韓等國諸侯王及主要將領應都在場。他們雖然沒有被形諸筆墨，但通過被寫實的人物的語言行動，可以明顯地感覺到他們的存在。正因為這些人都在場，才制約了項羽的言行，啟迪了張良的智慧，並幫了劉邦大忙。（參見吳汝煜〈項羽本紀賞析〉）所以鴻門宴實際上應是一次大型軍事將領宴會。茲分析如下：

㈠項羽兵四十萬在新豐鴻門，應包括列國諸侯將領在內。鉅鹿之戰時，「諸侯軍救鉅鹿下者十餘壁……項羽由是始為諸侯上將軍，諸侯皆屬焉。」（〈項羽本紀〉）則項羽名義上已是諸侯上將軍，諸侯當然都歸其統轄。鴻門宴後，項羽所分封十八諸侯王，大都是諸侯將領隨其入關有功者，如：三秦王之雍王章邯、塞王司馬欣及翟王董翳，乃秦之降將，隨項羽入關者；原為魏王被徙為西魏王的魏豹，也是「引精兵從項羽入關」（〈魏豹彭越列傳〉）；「趙相張耳素賢，又從入關，故立耳為常山王」；當陽君黥布為楚將，常冠軍，且擊破函谷關而入關中，故立為九江王；「鄱君吳芮，率百越佐諸侯，又從入關，故立芮為衡山王」；「燕將臧荼從楚救趙，因從入關，故立荼為燕王」、「齊將田都從共救趙，因從入關，故立都為齊王」（〈項羽本紀〉）：此皆當時身在鴻門之諸侯將領。

㈡沛公謝罪，而項王卻回答：「此沛公左司馬曹無傷言之，不然，籍何以至此？」姚祖恩《史記菁華錄》評曰：「脫口便盡畫出直爽來。」這只是從項羽直爽性格上推論其必如是回答。而吳見思《史記論文》則評曰：「一件驚天動地事，數語說得雪淡，若無意於此者，故項羽死心塌地曰：『籍何以至此也』」則是從沛公謝罪之語深合當時情境，辭令甚妙，而推論出項羽必如是回答。一般人也會由此回答，而認為項羽毫無心機，被人一激，即全盤托出曹無傷，使得鴻門宴後，

劉邦「立誅殺曹無傷」，往後斷了他人來奔歸附之路。賴漢屏《史記評賞》則認爲「這正是司馬遷刻畫項羽性格的神來之筆！心懷磊落，直來直去，這種個性，對於爭天下，也許是缺點；對於爲人，卻是最高貴的品質。司馬遷有意將項羽與劉邦對比，在本文結尾處又補了一筆：『沛公至軍，立誅殺曹無傷』，褒貶立見，文外無窮。」前賢所言，都能成理。但筆者卻有不同的看法，若項羽只說：「此沛公左司馬曹無傷言之」，尚有此含意之成分；但下文馬上接「不然，籍何以至此？」則分明是卸責之辭，因此筆者從項羽急於卸責，找下台階的角度去思索。

㈢前人的這些推論，可能是未曾明白司馬遷「以實帶虛」的手法。項羽與劉邦原先皆在楚懷王義帝麾下共事，約爲兄弟，入關後，因劉邦欲獨占戰果，而派兵把守函谷關，毋內諸侯，乃引起項羽大怒反目，下令：「旦日饗士卒，爲擊破沛公軍。」但因項伯的勸解，及劉邦答應次日親來謝罪，使得項羽暫時收回攻擊劉邦的成命。這種變化，在諸侯將領心裏，必定引起種種疑慮：劉邦乃盟友，爲何要發兵攻擊？就算他要獨占關中，也是懷王與諸將約定的共識，劉邦如此做，也是人之常情。既已下令「旦日饗士卒，爲擊破沛公軍」，爲何又臨時變卦？此時諸侯將領必定齊聚鴻門，以待項羽調派，若劉邦肯親來謝罪便罷，否則即刻發兵攻擊。諸侯將領雖屬項羽統轄，但他們對劉邦並無惡感，如果項羽做絕了，表面上雖不敢反抗，但內心難免要責備項羽猜忌少恩，若劉邦真的在鴻門宴被殺，諸侯將領可能會人人自危，這對項羽而言，並不是好結局。且項羽爲人不忍，除了不忍心下毒手之外，尚有不忍顏面無光，因理虧而沒臉面對眾人，觀其烏江拒渡的理由：「縱江東父兄憐而王我，我何面目見之？縱彼不言，籍獨不愧於心乎！」（〈項羽本紀〉）即可推知項羽在面對諸侯將領疑慮的神情時，必是不忍做絕，且欲保留面子，爲自己找下台階，而脫口說出：「此沛公左司馬曹無傷言之，不然，籍何以至此？」這番話與其說是講給沛公聽的，不如說是講給在場的諸侯將領聽的，其目的是

要在諸侯將領面前洗刷自己，將罪過推諉給劉邦治下不嚴，要不然，項羽何至於愚蠢到出賣自己耳目的地步。（參見吳汝煜〈項羽本紀賞析〉）

㈣同樣地，劉邦一到鴻門，即謝罪說：

> 臣與將軍戮力而攻秦，將軍戰河北，臣戰河南，然不自意能先入關破秦，得復見將軍於此。今者有小人之言，令將軍與臣有卻。

這番話不僅是說給項羽聽，更是說給在場諸侯將領聽，一方面向項羽謝罪，另一方面自我表白，以尋求輿論支持。若將劉邦這番向項羽謝罪之辭，和項伯代為解釋之語，及後面樊噲面折項羽之言加以比較，即可看出司馬遷筆法之妙，三段文字，意思本應相同，都是劉邦謝罪及自我辯解，以期能化解項羽猜忌怨怒之心。但三段文字若重複，則累贅蕪漫，顯得缺乏變化，所以司馬遷依當時情境而略作變化，明人鍾惺評得好：

> 謝羽辭氣只合如此，却妙在入關秋毫無所犯等語，先向項伯講明，傳意項王，後又留與樊噲代為說透，此處全然不露，蓋謝羽只在平其氣耳，不必與論事理。（《史記評林》）

因為先前已將事理辯解之由，及臣服項羽之心，透過項伯代為剖陳，此處不必再言；項羽既已許諾項伯善遇劉邦，則已明其事理原由，唯有心尚不平，怒氣未消罷了。則劉邦親來謝罪，只在消平項羽怒氣，所以一見面即敘說二人久別重逢之情：「臣與將軍戮力而攻秦，將軍戰河北，臣戰河南，然不自意能先入關破秦，得復見將軍於此。」以燃起項羽念舊之情，暫消怨怒不平之氣。接著指出：「今者有小人之言，令將軍與臣有卻。」不敢當面指責項羽，而說是小人挑撥，使我二人有了嫌隙，使項羽自知理虧，不致再對劉邦動怒。

㈤鴻門宴的坐次，乃軍事將領會議，故依職位高低而列座。司馬遷敘鴻

門宴的坐次如下：

> 項王、項伯東嚮坐，亞父南嚮坐，亞父者，范增也。沛公北
> 嚮坐，張良西嚮侍。

古代貴族的寢或廟，一般都是堂室結構，在堂上進行的禮節活動，是
以南向為尊；而在室內則是以東向為尊。一般而言，只要不是在堂室
結構的屋子裏，秦漢時代的人，都是採行「室內以東向為尊」的禮
節。（參見王文歸〈古人座次的尊卑和堂室結構——從鴻門宴的座次
談起〉）而室內坐次的尊卑，以西南角的「奧」最尊，依次為面南、
面北，最後才是面西的位置。

鴻門宴是在軍帳中舉行，則其坐次尊卑方位，應和古人「室內以東向
為尊」相同。項羽為諸侯上將軍，地位最尊，故面東而坐在靠近西南
角（奧）的地方；項伯是項羽的季父，面東坐於項羽北方；范增為項
羽參謀總長，雖被尊為亞父，但畢竟不是親的諸父，因此坐在次位而
面南；劉邦是諸侯軍將領之一，仍是項羽屬下，所以坐次又再下一
等，面北而坐；張良是韓王成派來協助劉邦，其身分更低，所以只能
「西嚮侍」。其座次如下圖所示（參見葉國良〈鴻門宴的坐次〉）：

↑北　　3.范增

2.項伯
1.項羽　　　5.張良

4.劉邦

吳見思《史記論文》不知「室內以東向為尊」的道理，居然將之與軍
禮尚右的觀念混淆，而說：「蓋項王上坐，沛公客居右，亞父陪居
左，是時尚右也。」如果鴻門宴的場面只是項羽、項伯專門招待劉

邦,而以范增為陪客,則依禮應請劉邦上座,主人謙遜下座,不然,至少主客劉邦座次也應在陪客范增之上。但如今劉邦座次在范增之下,只在張良之上,則顯然是以職位高低來安排座次。唯有在軍事將領聯席會議時,依禮才是以職位高低入座,而不會引人非議,否則項羽必落人口實,以妄自尊大,無待客之禮譏之。正因為劉邦並非鴻門宴唯一賓客,甚至不能算是賓客,而是赴總部謝罪的將領,所以項羽以諸侯上將軍身分坐首位,再依職位高低入座,是十分合理的現象,則其他諸侯將領也應依職位高低而列座在場。

㈥沛公尿遁回營,項羽未覺,則鴻門宴乃眾將領齊聚,場面盛大。樊噲闖入軍帳,揭穿宴會殺機,劉邦為免身處險境,乃「起如廁」,借尿遁回營。雖然項羽曾派陳平召沛公,但陳平可能被收買而未回報,劉邦為免驚動他人,乃「置車騎,脫身獨騎與樊噲、夏侯嬰、靳彊、紀信等四人持劍盾步走」,而且鴻門與霸上相去四十里,由「酈山下道芷陽間行」,距離「不過二十里」,但步行也須一、二小時,張良揣度沛公已至軍中,才入帳向項羽謝罪,項羽仍是不覺,還問:「沛公安在?」范增則氣得將禮物玉斗一雙置之地,拔劍撞破之,並罵說:「豎子不足與謀,奪項王天下者,必沛公也。吾屬今為之虜矣。」此事看來矛盾甚多,所以董份提出疑問:

> 當時鴻門之宴,必有禁衛之士,訶訊出入,沛公恐不能輒自逃酒;且疾走二十里,亦已移時,沛公、良、噲三人俱出良久,羽在內何為不一問?而在外竟無一人為羽之耳目者,任其出入往來,而莫之誰何!恐無此理。矧范增欲擊沛公,惟恐失之,豈容在外良久而不亟召之耶!此皆可疑者。史固難盡信,豈天擁護真主,一時人皆迷耶!(《史記評林》)

而韓兆琦《史記選注匯評》也提出疑問:

> 鴻門之會破綻極多,《史記》各篇所載亦有出入。可做故事

看，難當信史讀。

徐孚遠則試圖做一番合理解釋：

> 漢祖脫身至軍，潯陽疑之，固當然。觀《史記》敘漢人飲，中坐多有更衣或如廁竟去，而主人不知者，意當時之飲與今少異。又間有良駿行四十里而酒杯猶溫者，漢祖之能疾行，得此力也。其所云步走，或史遷誤也。（《史記評林》）

但他的解釋仍有問題：㈠「《史記》敘漢人飲，中坐多有更衣或如廁」，此則有也；但藉機「竟去而主人不知者」，則不知何指？居然又臆測「當時之飲與今少異」，究竟差異在哪？竟然差異到中途離席而主人不知，世間有此種宴席嗎？除非是大型宴會，賓客眾多，出入來往不禁，才有可能。㈡他又說「有良駿行四十里而酒杯猶溫者，漢祖之能疾行，得此力也」，這是未看清《史記》原文，劉邦是由酈山下，行經芷陽小道而行，良駿在此崎嶇小徑，不能疾馳，加上隨從的四位將領都是「持劍盾步走」，走雖然是快跑，但手持劍盾，根本不可能跑多快，劉邦縱有千里良駒，也不可能棄樊噲等四人而先回。徐氏也自知不合理，但又不肯深思，於是乾脆將過錯推給司馬遷——「其所云步走，或史遷誤也」，希望藉此自圓其說。但擅改原文的作法，是不太可取的，可置之不論。

　　前賢對於劉邦藉尿遁回營，相距二十里的路程，花費時間不短，而項羽、范增竟不知情，有的認為疑點甚多，難以盡信；有的設想得力於千里良駒之力；有的則以為史公筆誤，這未免思之未精。若將鴻門宴還原成諸侯將領的大型軍事宴會，則人多出入頻繁，較不易引人注意，且劉邦如廁時間太久，項羽、范增仍有其他賓客將領可資談話，因而疏忽了劉邦，這應是較合情理的推論。

　　綜上所述，項羽四十萬大軍，包括各國諸將的軍隊，鴻門宴上，諸侯將領皆依職位高低入座，而軍帳應十分寬廣，可容納多人，中間廣場

甚至可供舞劍助興，以致劉邦得乘機借尿遁回營，而項羽、范增仍未發覺。這是司馬遷「以實帶虛」的手法，他只將當時關鍵人物、對話及情景，加以刻畫，而次要或不重要的人物，一概從略，但因省略的部份太多，所以易導致讀者誤解，甚至各說各話，大猜啞謎。

二、內容發展──危機四伏的緊張情節

　　緊張情節之營造，主要是透過一波未平，一波又起的連續危機來呈現；是在雙方陣營利益衝突之中展開；而其過程往往出人意外，產生戲劇效果。劉邦至鴻門謝罪，在宴會之中，范增處心積慮要除掉劉邦，所以訂下了連環計，一計未成，一計又起，非置劉邦於死地不可。在殺機連連的場合，連讀者都要替劉邦捏把冷汗。可見司馬遷善於製造緊張情節，使高潮一波接一波，而無冷場。范增的連環計，析述如下：

㈠計畫一：由項王下令，伏甲殺沛公

　　范增的計畫一，是在宴會座中，由項羽發令殺之。在鴻門宴中，司馬遷詳敘座次之後，接著寫「范增數目項王」，向項羽使眼色，通知他可以下令殺劉邦了。這表示前一天夜晚，二人曾有密謀默契，要在次日宴會中殺了劉邦，而其方式，可能如坊間許多戲劇情節一般，事先埋伏衛士，再由項羽發出命令或訊號，此時衛士突起，殺得劉邦措手不及，輕易便可成功。但是項羽遲遲不肯下令，猶豫未決，所以范增「舉所佩玉玦以示之者三」，玉玦的玦，與「決」同音，意思是要項羽早做決斷，不要猶豫了。「三」代表多數，多次向項羽示意，表現出范增焦急的心境。可是項羽卻「默然不應」，使得原先設計好的計畫無法施行。一場扣人心弦的殺機，也暫時化解了。項羽為何臨時變卦，不肯下令殺劉邦呢？其實項羽並非不懂范增的意思，但考慮到諸侯將領共聚一起，此時魯莽行事，殺了劉邦，適足以失卻人心，而令人人自危，這是項羽比范增高明的地方。從客觀形勢而言，項羽不殺劉邦是不得不的抉擇；從主觀情感而言，既已講和，當無再殺之理，這是項羽顧念舊情的「不

忍」表現。

(二)計畫二：項莊舞劍，意在沛公

　　范增的計畫二，是項莊舞劍，意在沛公。由於項羽礙於諸侯將領在場，不忍下令殺劉邦，計畫一的危機已去，但范增隨即推出計畫二，於是「出召項莊」，並對他面授機宜：「君王爲人不忍，若入前爲壽，壽畢，請以劍舞，因擊沛公於坐，殺之，不者，若屬皆且爲所虜。」最後一句，則是激將法，欲項莊自動請纓。果然項莊依其吩咐，請得項羽同意，在宴會場合中舞劍助興。項莊意在沛公，連項伯都發覺，「亦拔劍起舞，常以身翼蔽沛公」，雖有項伯之助，沛公尚無性命之憂，若項伯偶一失誤，則沛公危如累卵。張良亦看出情勢危急，乃至軍門見樊噲，欲藉外力干擾，以阻止項莊繼續舞劍，化解危機。張良爲何不當場喝止項莊，或揭露其陰謀，反而大費周章，找了樊噲來鬧場？此無他，項莊舞劍是徵得項羽同意，未有明確證據，不能直接阻止或揭其陰謀，若是魯莽行事，反而會激怒項羽。且張良不敢爲天下先的道家哲學，亦不致親自涉險犯難。所以找來樊噲，一則可諉過於他；二則樊噲屠狗出身，個性莽撞，由他闖入，較符合情境，且不易受人重責。

　　然而，項莊舞劍，意在沛公，殺機畢露，連項伯、張良都看出來，並進行救援工作，身爲上將軍的項羽不可能看不出來，項羽卻未加制止，這應是由於項羽優柔寡斷，個性猶疑所致。

　　張良見到樊噲，樊噲在外等待已久，不知裏面局勢發展情形，好不容易等到張良出來，於是馬上焦急地問：「今日之事何如？」張良回答：「甚急！今者項莊舞劍，其意常在沛公也。」這種口氣，仍不脫張良個性，危急之語偏能緩緩道出，愈能見出二人個性對比之妙。樊噲自告奮勇地說：「此迫矣，臣請入，與之同命。」正因樊噲衛主心切，有「與之同命」的犧牲打算，才敢衝撞入宴會場所。樊噲「帶劍擁盾」全副武裝進入軍門，而交戟衛士阻止他，樊噲則以硬闖方式「側其盾以撞，衛士仆地」，因此得入，並披開帷帳，面向西站立，瞋目注視項

羽，「頭髮上指，目眥盡裂」，以誇飾的手法，將樊噲此時盛氣凌人的態勢，作一出色細寫。

由於樊噲突如其來的闖入，且如兇神惡煞般的神情，也令項羽不由自主地產生防備性的反射動作——「按劍而跽」，將右手按在腰間配劍的劍把之上，整個身體坐直起來，臀部並提高而離開腳後跟，如此行動才能便捷，以備不虞。與此動作同時，並喝問：「客何為者？」這一打岔，我想項莊舞劍大概就舞不下去了，整個場面重心已被項羽及樊噲吸引過去，計畫二的危機大致上已化解了。

在項羽一面警戒，一面喝問時，張良搶著回答：「沛公之參乘樊噲者也。」張良此刻為何要搶著代樊噲回答呢？此因樊噲突然衝入，突遇項羽喝問，一時之間必定亂了方寸，而愣在當場，項羽氣勢嚇人，「喑噁叱咤，千人皆廢」，就算樊噲身為壯士，亦難免有片刻失措，若欲等待樊噲自我回答，恐拖延時間，而令項羽懷疑、不安，若處以擾亂行伍之軍法，則害了樊噲，且對己方不利，故先代為解說釋疑。

既已得知為樊噲，非刺客闖入，則戒備之心可鬆，加以英雄識英雄，好漢惜好漢的心情，所以項羽稱樊噲為「壯士」，並賜他酒肉，有關此段內容，賴漢屏《史記評賞》分析得好：

> 項羽以英雄愛英雄之心，吩咐左右「賜之卮酒」，捧上來的卻是「斗卮酒」；吩咐左右「賜之彘肩」，捧上來的卻是「生彘肩」。一字之增，陰雲又起。「斗」是大杯，這一大杯烈酒，看你如何對付？「生彘肩」即生豬腿，這一條生豬腿，看你如何下咽？不飲不吃，豈非不禮貌，厚負項王，而且還露了膽怯？如果喝下去，吃下去，說不定當場醉倒，嘔吐狼藉，那場面多麼狼狽！這分明是項王左右在范增導演下存心作弄樊噲的惡作劇。不料樊噲一一挫敗了對手的陰謀。那大杯烈酒，他「拜謝，起，立而飲之」；那條生豬腿，他「覆其盾於地，加彘肩上，拔劍切而啗之」。「拜、起、

立、飲」四個動詞，斬截有聲，顯示出他對項王多麼有禮，
對揶揄他的群小多麼無畏！那「覆、加、拔、切、啗」五
字，寫得意氣飛動，形象鮮明，彷彿他切的、吃的不是生豬
腳，而是敵人的肉！

項王見樊噲豪爽地大口喝酒，大塊吃肉，而且還是「拔劍切而啗之」
又酷又帥的舉動，乃再勸酒說：「壯士！能復飲乎？」樊噲順勢回
答：「臣死且不避，卮酒安足辭！」然後「突接」下面一大段議論：

> 夫秦王有虎狼之心，殺人如不能舉，刑人如恐不勝，天下皆
> 叛之。懷王與諸將約曰：「先破秦入咸陽者王之。」今沛公
> 先破秦，入咸陽，毫毛不敢有所近，封閉宮室，還軍霸上，
> 以待大王來。故遣將守關者，備他盜出入與非常也。勞苦而
> 功高如此，未有封侯之賞，而聽細說，欲誅有功之人。此亡
> 秦之續耳，竊為大王不取也。

「突接」屬於修辭格中「跳脫」的一項，是說敘事的時候，一件事尚
未完畢，由於心意急轉，突然接敘另一件事。形式上有些殘缺不全，
或間斷不接，但配合得好，往往可以契合當時的真情實境。（參見沈
謙《修辭學》）在當時「項莊舞劍，意在沛公」的急迫情勢下，不容
許樊噲緩緩細訴，所以他為了盡快揭發鴻門宴的殺機，乃心意急轉，
將話題轉向，而突接這一段議論。

　　這段議論的內容，十分精采，姚祖恩《史記菁華錄》說：「舞陽侯
鴻門誚項王之言，激中有巧，俱千古詞令絕品。」茲分為數段闡述：

1. 「夫秦王……天下皆叛之」，表面上說秦王殘暴，故天下叛之，暗中
　 是「借秦王罵項羽」。

2. 「懷王與諸將約曰：『先破秦入咸陽者王之。』」當時項羽深諱此
　 約，偏要提出，作為劉邦據理不敗的根據，就算真的欲獨占關中，亦
　 是諸將公約，又何況劉邦尚未如此做。先前劉邦對項伯、項羽的解

說，都沒有提到這一點，是因爲怕項羽認爲自己有獨占關中的野心。但是，樊噲在此時以第三者的身分說出來，使項羽不能怪罪劉邦。

3.「今沛公先破秦……備他盜出入與非常也」，此數語劉邦已對項伯說過，但對項王尚未說過，反而從樊噲口中補敘出來，十分精妙。但其中仍有一點差別，即此中有「還軍霸上」一語，而劉邦對項伯所言，無此一語，乃因還軍霸上本是樊噲之策，前處皆無，而此處獨有，正好與人物配合。

4.「勞苦而功高如此……竊爲大王不取也」，劉邦先入關，可說是勞苦功高，依約應可王秦，卻「未有封侯之賞」，則是以「封侯之賞」的裁量權歸諸項羽，這是推尊項羽，不敢背德的言外之意。項羽居然「聽細說，欲誅有功之人」，則暗指曹無傷、范增等人之讒言，及先前「旦日饗士卒爲擊破沛公軍」的命令和鴻門殺機。「此亡秦之續耳」一句，則呼應開頭「夫秦王……天下皆叛之」。樊噲這番說辭，簡直是和項羽撕破臉，直接指責項羽的缺失。一者和樊噲屠狗出身的性格吻合；二者前兩次都是較溫和的解說，此次則需加重語氣，方能奏效；三者項莊舞劍，沛公危在旦夕，只能以此罵醒項羽。

　　項羽聽了樊噲這番至情至理的言論，他的反應是「未有以應」，可說是無言以對。項羽之所以「未有以應」，一方面是樊噲的話，情理兼備，難以反駁；一方面則是先有項伯疏通之勞，才有樊噲奏捷之功。因此項羽只能叫樊噲「坐」，吳見思《史記論文》說：「前兩『壯士』字，此一『坐』字，別無他言，寫項王心折之極。」樊噲的豪爽舉動，令項羽欣賞，所以稱之爲「壯士」，樊噲理辭俱妙的議論，使項羽理屈，所以無言以對，只能請他入坐，藉由項羽的反應，襯托出樊噲精采的表現。

㈢計畫三：半路埋伏，劫殺沛公

　　計畫三可能是在宴會之後，埋伏半路，劫殺沛公。這個計畫三在〈項羽本紀〉中並未出現，但我們可以由當時情勢及人物反應，作出如

此預料。范增的計畫二「項莊舞劍，意在沛公」，被樊噲撞入軍帳而打亂，但怕宴會中仍有危機，所以當眾揭露陰謀——「聽細說，欲誅有功之人」，使項王、范增有所顧忌，最起碼不敢再在諸侯將領之前，肆無忌憚地殺沛公。但是難保范增不死心，臨時在半途埋伏，等宴會結束，劉邦回營，再加以劫殺，到時候只要推說是盜賊所為，即可推卸責任，反正死無對證。

　　所以劉邦不能久留鴻門，必須爭取時機，盡快逃離虎口，才不致中了計畫三的圈套。因此劉邦在不引人注目的情況下，藉由「尿遁」，先溜回軍營。

　　沛公起身如廁，順便招樊噲出，看見沛公已出，項王派都尉陳平召沛公，則是監視其行動，但看下文項王問張良：「沛公安在？」則知陳平未盡監視責任，亦未回報項王，使得沛公能夠在不知不覺下尿遁回營，連范增也都破口大罵，失卻良機。則陳平後來投奔漢王，今日應是預留人情。

　　沛公欲脫身而去，但又怕於禮有失，乃說：「今者出，未辭也，為之奈何？」樊噲則快刀斬亂麻地回答：「大行不顧細謹，大禮不辭小讓。如今人方為刀俎，我為魚肉，何辭為？」這些話看似平常無奇，但在當時危急情況下，可以看出旁觀者清的理智表現，畢竟事若關己則亂，劉邦一時徬徨不決，必須靠樊噲客觀的剖析，才能下定主意，不辭而去。但又怕項王事後追究，惹來不測後患，於是命令張良留下道歉，以收拾殘局。張良應是沛公陣營中最合適的人選，一因張良智高辭巧，有能力化解危機；二因張良只是「為韓王送沛公」，他是韓王的人，不是沛公的部屬，就算項羽生氣，也不致牽怒於他；三因項伯殺人，張良曾救過他，有項伯之翼護，張良亦無生命之憂。張良問：「大王來何操？」則欲以禮物打先鋒，使主人伸手不打笑臉人。沛公說：「我持白璧一雙，欲獻項王；玉斗一雙，欲與亞父。會其怒，不敢獻。公為我獻之。」欲「獻」項王，欲「與」亞父，用字斟酌，沛公此時仍小心從事，不敢大意。「會其怒」一語，則呼應方才宴席間緊張氣氛。

　　在張良回答「謹諾」之後，司馬遷插入「當是時，項王軍在鴻門下，沛公軍在霸上，相去四十里。」重提一次當時兩軍形勢，與上文「當是時，項羽兵四十萬，在新豐鴻門；沛公兵十萬，在霸上」相呼應。上文強調兩軍強弱，故敘出軍力多寡數目，作爲對比；此處則強調兩軍距離，故點出「相去四十里」。爲求行動隱密，不被發現，「沛公則置車騎，脫身獨騎，與樊噲、夏侯嬰、靳彊、紀信等四人，持劍盾步走，從酈山下，道芷陽間行。」「置車騎」指的是上文「沛公旦日從百餘騎來見項王」的「百餘騎」。隨從車騎尙留鴻門，難怪沛公尿遁，項王、范增會沒有警覺。沛公僅獨騎，以便危急可以驅去，而樊噲等四位心腹將領，則手持劍盾護主，以徒步行走。若以人物重要性而言，劉邦自保最重要，所以他一人可以騎馬，以備不虞；其次是四員心腹將領，可以徒步持武器護衛劉邦脫逃，一方面可免身處危機險境，二方面劉邦要人護衛，他們只能步行，不能騎馬，若是遇到不測，他們只有拼死格鬥，讓劉邦一人逃脫；被犧牲的，則是留下的「百餘騎」，當作誘敵假象，只要能使劉邦脫險，其策略也算成功。

　　沛公一則怕大道有埋伏；二則怕大道人多，行踪易暴露；三則爲爭取時間，走大道要四十里，乃改從酈山之下，經由芷陽，走小徑而回。司馬遷先將行走路徑細細點出，方逆接「沛公謂張良曰：『從此道至吾軍，不過二十里耳。度我至軍中，公乃入。』」如此才能接入張良鴻門留下道歉之事。否則，若先敘劉邦交代張良之語，再敘行走路徑，則主題情境已偏，欲將之接回鴻門留謝之事，稍嫌牽強。

　　沛公已去，張良估量「間至軍中」，然後入軍帳，謝罪曰：「沛公不勝杯杓，不能辭。謹使臣良奉白璧一雙，再拜獻大王足下；玉斗一雙，再拜奉大將軍足下。」以醉酒爲託辭，掩飾尿遁的窘境；「拜獻」針對項王，「拜奉」針對范增，分寸拿捏得體。項王問曰：「沛公安在？」則顯然劉邦尿遁回營，項羽完全不知。張良回答：「聞大王有意督過之，脫身獨去，已至軍矣。」點出「大王有意督過之」，暗指鴻門種種殺機；「脫身獨去」，所以不驚動他人；「已至軍矣」，可阻止項

羽再追之意。

項王的反應是「則受璧，置之坐上。」接受張良的謝罪，也默認
劉邦回營的事實；但是范增的反應卻十分激動，「受玉斗，置之地，拔
劍撞而破之，曰：『唉！豎子不足與謀，奪項王天下者，必沛公也。吾
屬今爲之虜矣！』」則對襯出二人對於該不該殺劉邦，有不同的認知
差別。「吾屬今爲之虜矣」與對項莊所言「不者，若屬皆且爲所虜」
相呼應，都只是激憤之語，而非實情，可見七十老翁的范增，脾氣仍十
分剛烈，觀其受陳平反間陷害，項羽懷疑他時，他的反應仍是「大怒
曰：『天下事大定矣，君王自爲之，願賜骸骨歸卒伍。』」（〈項羽本
紀〉），最後是氣憤得「疽發背而死」。可見范增仍是無法如張良「有
所忍也，然後可以就大事」，所以也就無法以「忍」教項羽，因此蘇軾
說：

> 觀夫高祖之所以勝，而項籍之所以敗者，在能忍與不能忍之
> 間而已矣！項籍惟不能忍，是以百戰百勝而輕用其鋒；高祖
> 忍之，養其全鋒以待其斃，此子房教之也。（〈留侯論〉）

鴻門宴中，劉邦有張良輔佐，項羽則有范增畫策，經由上述剖析，張
良勝過范增遠矣。

三、結構形式──對比映襯的結構

鴻門宴的結構，主要是以對比映襯的方法來呈現主旨。司馬遷透過
幾個主要人物的對比映襯，將人物性格以及事件結局呈現出來。

(一)主角──劉邦和項羽對比

1.劉邦

(1)對於事件的反應：劉邦因先入關中，且認爲可以依約稱王關中，所
以聽從鯫生建議而派兵守函谷關，不納諸侯。這是他「貪」的心態
表現。待知項羽欲擊己軍，則是「大驚」。

(2)對謀臣的建議：張良告知項伯來訪，先則疑張良「安與項伯有故」，繼則欲「兄事之」、「約爲婚姻」：表現劉邦機靈的反應。見了項伯，則以卑辭解說；見了項羽，則是重提舊誼，以雌伏之姿，服從項羽：這是他知時識機的表現。座次安排，屈居於下；會中逃酒，保命要緊：表明劉邦屈於劣勢，以積極忍耐自保爲主。

(3)對於內奸的處置：對敵方內奸（項伯）加以拉攏。對於己方內奸，則是回營立誅曹無傷，永絕後患。

2.項羽

(1)對於事件的反應：項羽因北救鉅鹿，延誤入關時間，且因函谷關有兵把守不得入，又聞沛公已破咸陽，因而「大怒」，命將擊關而入。此時又有曹無傷告密，及范增慫恿，項羽「大怒」，下令欲擊破沛公軍。

(2)對謀臣的建議：最初採納范增「急擊勿失」的建議，因項伯而暫停；對范增「數目項王，舉玦示之」，卻默然不應：對於項莊舞劍，及項伯以身翼蔽沛公，則猶豫不決；表明項羽居於優勢，不必趕盡殺絕而拿捏不定。

(3)對於內奸的處置：對敵方內奸（曹無傷），諉過於他而洩露名字。對於己方內奸，卻聽其勸諫，毫無處置。

㈡謀臣——張良和范增對比

1.張良

項伯夜告，不忍獨去，而固要項伯；沛公問計，則獻「沛公不敢背項王」之策；隨沛公赴鴻門，則出邀樊噲闖帳；沛公逃酒，則留下善後：全力爲沛公，而且都能成功。

2.范增

以「其志不在小」及「此天子氣也」，勸項羽「急擊勿失」；數目

項王，舉玦示之，提醒項羽殺沛公；出召項莊，令其舞劍刺殺沛公；沛公逃酒，怒而慨嘆：也是全力爲項羽，卻計計落空。

㈢內奸 —— 曹無傷和項伯對比

1.曹無傷

爲求封賞，派人告密；卻被項羽道出，而被誅殺。

2.項伯

爲報私恩，親自夜告；並且私約婚姻，代爲傳言；而後勸羽善遇劉邦，以身翼蔽沛公：都是私情作祟。但因他是項羽季父，仍是不受影響。

㈣護主武士 —— 樊噲和項莊對比

1.樊噲

樊噲乃沛公之連襟。隨沛公赴鴻門，主動硬闖營帳而使項莊停止舞劍；慷慨陳辭，直斥項羽之失；沛公逃酒，他認爲「人爲刀俎，我爲魚肉」，不必面辭；持劍盾步走護衛沛公回營。皆是忠心護主之舉，而且都成功。

2.項莊

項莊乃項羽之從弟。被動召入刺殺沛公，因樊噲闖入而失敗。

從上述人物對比，可看出劉邦陣營雖居劣勢，但主要成員都是努力以赴，團結無間。反觀項羽陣營雖居優勢，掌握生殺大權，但只有范增一人積極作爲，其他人卻猶疑不定，而且互唱反調。因此其結局如何，便可得知。

肆、結語

綜上所述，本文結論如下：

一、鴻門宴事件的外在起因

(一)**曹無傷告密**：曹無傷所言三事：「沛公欲王關中」、「使子嬰為相」
　　及「珍寶盡有之」，並非空言無據。雖然其目的是「欲以求封」，但
　　所言針針見血，使得項羽不得不信，因而大怒，下令：「旦日饗士
　　卒，為擊破沛公軍。」

(二)**范增慫恿**：以劉邦「其志不在小」、「有天子氣」，而勸項羽急擊勿
　　失。

(三)**項伯報恩**：項伯本為報張良之恩而去，沒想到卻被張良「固要」，而
　　替劉邦緩頰。當初項羽大怒，欲擊破沛公軍，是因聽信曹無傷的告
　　密，如今劉邦反形未具，事理未明之際，有自己叔父項伯為他傳話解
　　釋，則項羽必當重新思慮。

二、鴻門宴事件的內在原因

(一)**沛公作為**：「先破咸陽」、「距關不納諸侯」，導致項羽大怒；待項
　　伯夜告，則拉攏項伯，卑辭解說，而有次日鴻門謝罪之行。

(二)**項羽性格**：有兵守關不得入，加上曹無傷告密，與范增慫恿，項羽不
　　禁大怒，欲擊沛公。這是他權力意志受挫的反應。其後劉邦透過項伯
　　的傳話，一再強調：「籍吏民而待將軍」、「日夜望將軍至」、甚至
　　自稱「臣」，屢言「豈敢反乎」、「不敢倍德」，所表現的柔順服從
　　態度，不但滿足了項羽的權力意志，而且亦如章邯見項羽流涕一般效
　　果，觸動了項羽性格中「仁而愛人」、「見人恭敬慈愛，言語嘔嘔；
　　人有疾病，涕泣分食飲」的溫柔慈祥一面；另一方面，項羽有「其所
　　任愛，非諸項即妻之昆弟」，過分信賴親族故舊的缺點，所以項伯的
　　話，容易打動項羽的心。才會有沛公親至鴻門謝罪的宴會。

三、鴻門宴的過程，寫作上有三個特點

(一)**寫作技巧**，司馬遷採用「以實帶虛」的表現手法。沛公至鴻門，對
　　項羽所說的一番話，除了是跟項羽套交情，也是說給現場所有的諸

侯將領們聽的，其目的是要尋求輿論支持；項羽回答「此沛公左司馬曹無傷言之，不然，籍何以至此？」這番話與其說是講給沛公聽的，不如說是講給在場的諸侯將領聽的。而其原因則是項羽有四十萬大軍，其中包括各國諸將的軍隊，此時應該都待命於鴻門，這是鴻門宴中沒有寫出來的虛筆。另外，鴻門宴中，諸侯將領皆依職位高低入座，而軍帳應十分寬廣，可容納多人，中間廣場甚至可供舞劍助興，以致劉邦得乘機借尿遁回營，而項羽、范增仍未發覺。另外，計畫一雖然沒寫出來，但透過「范增數目項王，舉所佩玉玦以示之者三」的動作，可以揣測事先項羽和范增二人曾有密謀默契，要在次日宴會中殺了劉邦；計畫三雖然也沒有寫出，但透過劉邦藉尿遁不辭而別，這種可能性是有的。這是司馬遷「以實帶虛」的手法，他只將當時關鍵人物、對話及情景，加以刻畫，而次要或不重要的人物，一概從略，但因省略的部分太多，所以易導致讀者誤解，甚至各說各話，大猜啞謎。

㈡ **內容發展，呈現的是危機四伏的緊張情節。**劉邦至鴻門謝罪，在宴會之中，范增處心積慮要除掉劉邦，所以訂下了連環計，一計未成，一計又起，非置劉邦於死地不可。計畫一：可能是由項王下令，伏甲殺沛公；計畫二：項莊舞劍，意在沛公；計畫三：可能是在宴會之後，埋伏半路，劫殺沛公。卻都被劉邦陣營一一化解，安全地回到自己軍隊，並以誅殺叛徒曹無傷作結，前後呼應。

㈢ **鴻門宴採對比映襯的結構：**透過主角劉邦和項羽、謀臣張良和范增、內奸曹無傷和項伯、護主武士樊噲和項莊等主要人物的對比映襯，將人物性格以及事件結局呈現出來。

第七章

用武俠小說輔助語文教學
——以「圯上納履」爲例

壹、前言

教育心理學上有所謂「類化原則」，它是重要的教學原則之一。是說：「教師在教學活動中，輔導學生利用舊經驗與新經驗之間的類似點幫助新經驗的學習，或是將多個類似經驗歸納成一個概括性的說明，即是類化原則的應用。」（國家教育研究院「雙語詞彙、學術名詞暨辭書資訊網」）

武俠小說本身情節曲折動人，其中也蘊含許多世間情理。我們可以利用學生對武俠小說的喜愛，以舊經驗來輔助教學，運用類化原則達到提升教學效果的目的。

本文嘗試以《史記・留侯世家》中的「圯上納履」為文本，將該文所呈現的種種人事，先透過學生有興趣的武俠小說加以類比，然後解讀其相關內涵，達到語文教學的效果。

貳、武俠小說情節

一、徒須擇師，師亦擇徒

古時未有今日學校制度，徒弟欲拜明師，明師也要尋高徒來傳衣鉢。金庸在《神鵰俠侶㈣》第38回中曾言：「武林中明師固是難求，但良才美質的弟子也同樣的不易遇到，徒須擇師，師亦擇徒。」所以《天龍八部㈠》寫四大惡人中的老三「南海鱷神」見到段譽，發現他根骨奇佳，是練武的好人才，於是追著段譽拜自己為師：

> 南海鱷神道：「跟著我去便是。快快叩頭！求我收你為弟子。你一求，我立即答允。」……南海鱷神手舞足蹈，似乎拾到了天下最珍貴的寶貝一般，說道：「你手長足長，腦骨後凸，腰脅柔軟，聰明機敏，年紀不大，又是男人，真是武學奇材。你瞧，我這後腦骨，不是跟你一樣麼？」

雖然結果反而是自己成為段譽的掛名徒弟，但也說明「明師也要尋高徒」，是其來有自。

二、擇徒條件

明師所希望的高徒，是以能夠傳承自己的衣缽，並發揚光大為考量。阮芝生〈論留侯與三略（上）〉曰：「老父乃是隱名埋姓的高人或異人，他身懷道術，欲擇人而傳。易曰：『苟非其人，道不虛行。』道術豈可輕傳於人，又豈是任何人皆可得傳。天資、品行、功夫、機緣四者缺一不可。天資不高，難成大器；天資雖高而品行低劣，又恐助他為惡；天資高、品行好而疏懶成性，不肯用功，又怕中道而廢，白費氣力；三者俱備，而無授受機緣，亦恐難免遺珠之憾。」所以明師擇徒要求的條件有四：

㈠天資高

天資高則學習快，能夠順利突破種種瓶頸，達到最高境界；反之，資質平庸，雖然用功，也僅能略有小成，而難以成為大家。

㈡品行好

光有高的資質而無好的品行，結果只是替社會製造智慧型罪犯而已，甚至學成之後，欺師滅祖，反噬師父一口。所以武俠小說中，師父都要預留一手，以備他日清理門戶之用。若能資質和品德兼具，則是適當人選。

㈢有恆心

凡事最怕半途而廢，資質高、品行好，但做事缺乏恆心毅力，也將一事無成，這豈非徒勞無功嗎？

㈣機緣巧

明師雖然時時要尋找高徒，但古代沒有大眾傳播，無法以媒體宣

傳，只能看機緣。若機緣巧合，則師徒可成，若機緣未至，亦無可奈何。

三、金輪法王與郭襄之互動

　　在金庸武俠小說《神鵰俠侶》中，有一事與此頗有異曲同工之妙。話說蒙古國師金輪法王敗在楊過和小龍女的劍下，退隱蒙古，努力練功，終於學成「龍象般若功」第十層：

> 這十餘年來，法王在蒙古苦練「龍象般若功」，那是密宗中至高無上的護法神功。……那金輪法王實是個不世出的奇才，潛修苦學，進境奇速，竟爾衝破第九層難關，此時已到第十層的境界，……（《神鵰俠侶(四)》第38回）

法王學成之後再度下山，重出江湖：

> 當年他敗在楊過和小龍女劍下，引爲生平奇恥大辱，此時功力既已倍增，乘著蒙古皇帝御駕親征，便扈駕南來，要雙掌擊敗楊龍夫婦，以雪當年之恥。（《神鵰俠侶(四)》第38回）

法王在途中捉到郭靖和黃蓉的小女兒郭襄。本來是想藉此要脅郭靖夫婦：

> 法王心中大樂，暗想：「皇上與四大王千方百計要取郭靖性命，始終未能如願。今日擒獲了郭靖的愛女，以此挾制，不怕他不俯首聽命。比之一劍將他刺死猶勝一籌。……」（《神鵰俠侶(四)》第38回）

但在返回蒙古軍營路上，和郭襄產生一些互動，因而有了愛才之心，欲收郭襄爲徒。在這些互動之中，也隱含上述四個要件在內。

(一)天資高

郭襄是郭靖和黃蓉之女，遺傳的天資，本來就高，而且被金輪法王捉住期間，鬼計百出，伺機逃脫。可見她的資質很高，所以往後她能成為峨嵋派的開派祖師。尤其法王「他生平收了三個弟子，大弟子文武全才、資質極佳，法王本欲傳以衣缽，可是不幸早亡；二弟子達爾巴誠樸謹厚，徒具神力，不能領會高深秘奧的內功；三弟子霍都王子則是個天性涼薄之人，危難中叛師而別，無情無義。法王自思年事已高，空具一身神技，卻苦無傳人，百年之後，這絕世武功豈非就此湮沒無聞？每當念及，常致鬱鬱。這時見郭襄資質之佳，可說生平罕見」（《神鵰俠侶(四)》第38回），當然動了收她為徒，傳以衣缽的念頭。

(二)品行好

郭襄的心地也很善良，她曾趁金輪法王被自己擊中時，拿起大石頭本欲將法王砸死；但是終究不忍，於是點了金輪法王的穴道，並用石頭將法王壓住，讓他醒來追不上自己即可：

> 郭襄沒料到竟然一擊成功，不由得喜出望外，拾起地下一塊大石，便要往他光頭上砸落，但她一生從未殺過人，雖深恨此人害了自己兩個朋友，待要下手，終究有所不忍，呆了一呆，放下大石，伸手點了他頸中「天鼎穴」、背上「身柱穴」、胸口「神封穴」、臂上「清冷淵」、腿上「風市穴」，一口氣手不停點，竟點了他身上一十三處大穴，但兀自不放心，又捧過四塊幾十斤的巨岩，壓在他的身上，說道：「惡人啊惡人，姑娘今日不殺你，你以後要知道好歹，不能再害人了罷！」說着上了馬背。金輪法王雙目骨溜溜的望着她，笑道：「小姑娘心倒好，老和尚很歡喜你啊！」（《神鵰俠侶(四)》第38回）

這種一念之不忍，就是善心的表現，所以深受法王歡喜，而起了要收她爲徒之心：

> 原來法王雖中了她的雙掌，但這兩掌如何能震他下樹？又如何能傷得他不能動彈？他卻假裝受傷，要瞧瞧郭襄如何動手，待見她收石不砸，暗想：「這個小妮子聰明伶俐，心地又好，有我二徒之長，卻無二徒之短。」不由得起了要收她爲徒之心。（《神鵰俠侶㈣》第38回）

所謂「有我二徒之長」，是指郭襄具有法王二徒弟達爾巴「誠樸謹厚」的善良心地；所謂「卻無二徒之短」，是指郭襄不像達爾巴「徒具神力，不能領會高深秘奧的內功」，亦即郭襄資質聰明，沒有達爾巴資質平庸的短處。

㈢有恆心

郭襄也是有恆心、有毅力的人，每次逃跑，每次都被法王捉回，但她從不氣餒，永不妥協，可見其毅力恆心。

㈣機緣巧

再者，即是機緣巧合，法王本無意收徒，半路捉到郭襄，也只是偶然，並非刻意。

參、圯上納履

張良年少時，於博浪椎秦，冒大險以求一逞，此時張良之不死者如縷。立志雖佳，其事則愚。蓋由於年少氣盛，涵養不深，考慮欠周，經驗閱歷不足所致。因此圯上老父出而試之，繼而教之，遂得成爲大器。

圯上納履之事，可分爲前後二段。首段是圯上老父考驗張良，看張良是否值得教導；次段是圯上老父和張良鬥智，以身教訓練張良制敵機先。茲說明如下：

一、孺子可教矣

我們再回過來看《史記‧留侯世家》，圯上老父也是先要考驗張良是否夠格，值得自己栽培指導。《史記‧留侯世家》云：

> （張）良嘗閒從容步游下邳圯上，有一老父，衣褐，至良所，直墮其履圯下，顧謂良曰：「孺子，下取履！」良鄂然，欲毆之。為其老，彊忍，下取履。父曰：「履我！」良業為取履，因長跪履之。父以足受，笑而去。良殊大驚，隨目之。父去里所，復還，曰：「孺子可教矣。」

此段乃老父考驗張良是否值得自己教導栽培，也隱含上述四項條件：

㈠天資高

張良之資質高，在博浪椎秦事件中，已可見端倪。秦始皇傾全國之力，「大索天下，求賊甚急，為張良故也」（〈留侯世家〉），在天羅地網般的緝捕行動下，張良仍能逃脫，可見其智慮過人。老父對此應有所了解，所以老父才會至張良面前，「直（故意、特意）墮其履圯下」，可見這是有意之舉，而且早知面前之人即為張良，否則哪有正常之人會每天在橋上故意掉鞋子來考驗他人。

㈡品行好

老父接著「顧謂（張）良曰：『孺子，下取履！』」乃以無禮口氣命令他人，難怪張良一開始「鄂然」，繼之發怒而「欲毆之」，可見張良仍是血氣方剛，才有「博浪椎秦」的衝動。此乃人之常情，自然順性之發展。如果隨性而動手毆打老人，則張良品行堪慮。但張良「為其老，彊忍」，一念之間，善心萌芽，可見張良天性善良。於是「下取履」替老父服務。

㈢有恆心

取來之後，老父又過分地要求「履我！」張良「業爲取履，因長跪履之」，可見他是好人做到底，不會半途而廢。

㈣機緣巧

而且張良亡匿下邳，恰好老父亦在此地，機緣巧合，方有此事。

所以阮芝生〈論留侯與三略（上）〉曰：「這個試驗，張良通過了，故說：『孺子可教矣。』……從這過程中可以見到張良的機變與能忍。這兩點正是一個政治人物或做大事業的人最可貴的品質。無機變則不足以應變成功，不能忍則不能待時，足以敗事。……所以老父笑而去，去而復還，還而曰：『孺子可教矣！』」。由於「圯上納履」符合上述四個條件，難怪老父說：「孺子可教矣。」這是說張良符合條件，值得教導。

二、當如是

此段乃老父以身教代言教，用鬥智方法來給張良當頭棒喝，使其了解兵法「制敵機先」的要義。《史記‧留侯世家》云：

> 「後五日平明，與我會此。」良因怪之，跪曰：「諾。」五日平明，良往。父已先在，怒曰：「與老人期，後，何也？」去，曰：「後五日早會。」五日雞鳴，良往。父又先在，復怒曰：「後，何也？」去，曰：「後五日復早來。」五日，良夜未半往。有頃，父亦來，喜曰：「當如是。」

老父曰：「後五日平明，與我會此。」張良雖有「怪之」，但不疑有他，按照約定時間「平明」而往，結果老父已先在，並被責以「與老人期，後，何也？」第二次，張良提早在「雞鳴」前往，結果老父又先在，又被怒責遲到之因。前兩次張良不知老父有意鬥智，都是在老

父的條件（後五日）下應變，當然處於劣勢。第三次，張良總算知道
老父是有意鬥智，因此跳脫老父的限制（後五日），在「夜未半」前
往，此時大約是第四日晚但尚未第五日。「有頃」老父亦來，可見老
父是在「夜半」來到，亦即第五日的一開始就到了。如果張良是在第
五日一開始，也就是夜半前往，頂多與老父平手。唯有自己先立於不
敗之地，才能後發而制人，所以張良在「夜未半」就到。果然深符老
父之期待，喜曰：「當如是。」所謂「當如是」，並非讚賞張良符合
「與老人期」沒遲到的禮節，因為當初約定的時間是「平明」，現在
居然搞到夜半，豈非更不合禮節？可見老父所說的「當如是」，乃讚
賞張良懂得老父深意，瞭解兵法之要，在於「制敵機先」。（參見阮
芝生〈論留侯與三略（上）〉）

肆、結語

　　我們透過武俠小說《神雕俠侶》中金輪法王和郭襄的互動，可以輔
助教學，讓學生經由類化作用而理解圯上老父墜履考驗張良，是明師欲
求高徒的測試，張良合乎「天資高」、「品行好」、「有恆心」及「機
緣巧合」的條件，所以老父說：「孺子可教也」。因此，才會有五日後
早會，由老父以身教代言教，和張良鬥智，來教導張良。前兩次，張良
不疑有他，在「平明」、「雞鳴」前往都遲到，第三次則省悟，於「夜
未半」即到，這是懂得「把握機先」之兵法要義，所以老父說：「當如
是。」

　　本文之寫作，雖是運用在大學部教授「史學名著選讀」課程，仍可
類推至中小學語文課程的「課文深究」，老師只要善用相似且能引起學
生興趣的材料，即能產生類化作用的效果，使教學內涵更豐富，教學過
程更生動，學習效果更提升。

第八章

《史記・留侯世家》
九大計評析

壹、前言

　　《史記·留侯世家》說:張良「所與上從容言天下事甚眾,非天下所以存亡,故不著。」反之,該篇所著錄者,即為有關天下存亡大事。所以,宋·黃震《黃氏日抄》曰:「利啖秦將,旋破嶢關,漢以是先入關;勸還霸上,固要項伯,漢以是脫鴻門;燒絕棧道,激項攻齊,漢以是得還定三秦;敗於彭城,則勸連布、越;將立六國,則借箸銷印;韓信自王,則躡足就封:此漢所以卒取天下。勸封雍齒,銷變未形;勸都關中,垂安後世;勸迎四皓,卒定太子:又所以維持漢室於天下既得之後。凡良一謀一畫,無不繫漢得失安危,良又三傑之冠也哉!」

　　另外,阮芝生〈論留侯與三略(上)〉分析圯上老父教張良者,不只是「能忍」而已,最重要的是「把握機先」,要能夠「識時知機、先發制人」。本文即是針對此九大計策,加以評析:一者確定此九大計「無不繫漢得失安危」;二者印證阮芝生所言,九大計之能夠成功,除了能忍之外,更重要的是「把握機先」。

貳、評析

　　本文以《史記·留侯世家》為主要文本,再參考《史記》、《漢書》及相關研究,並輔以一己所見,將此九大計評析於後:

一、利啖秦將,旋破嶢關,漢以是先入關

　　張良所獻九大計,只有本計是有關軍謀戰術,其餘八計則屬政略戰略。所以賴漢屏《史記評賞》曰:「〈留侯世家〉記張良為劉邦畫策,政略多於軍謀,戰略多於戰術。寫張良軍略,僅僅採錄了這一個戰役,其餘則用『數以《太公兵法》說沛公,沛公喜之,常用其策』一筆帶過。但攻下咸陽是滅亡暴秦的最後一戰;記此一役,已足夠顯示張良在軍謀上的突出成就了。……司馬遷錄嶢關戰役而不及其他,用的是以典型代表一般的經濟手法。」

　　《史記‧留侯世家》云：「沛公欲以兵二萬人擊秦嶢下關」，這個決策過於草率，因爲兵法有云：「用兵之法，十則圍之，五則攻之」（《孫子‧謀攻篇》），告訴我們攻城比守城困難，必須以絕對優勢的兵力才能有勝算。如今沛公只有二萬人，而「秦兵尙強」，可預知其結果。所以張良提出建議說：

> 秦兵尙強，未可輕。臣聞其將屠者子，賈豎易動以利，願沛公且留壁，使人先行，爲五萬人具食，益爲張旗幟諸山上，爲疑兵，令酈食其持重寶啗秦將。（〈留侯世家〉）

既然「秦兵尙強，未可輕」，不能以硬攻取勝，則改採智取，以「利」誘惑，達到拔樁拉攏的效果。但要拔樁，也必須先知道哪些人有弱點，可以動搖，否則只是白費功夫。「臣聞其將屠者子，賈豎易動以利」，這是自古不變的道理，所謂「商人無祖國」，一切以利益爲導向，所以今日中共亦是緊抓「台商」，以商圍政。在《史記‧韓信盧綰列傳》載陳豨反，高帝的策略：

> 上曰：「陳豨將誰？」曰：「王黃、曼丘臣，皆故賈人。」
> 上曰：：「吾知之矣。」迺各以千金購黃、臣等。

另外，在《史記‧高祖本紀》也有同樣記載：「（上）問豨將皆故賈人也，上曰：『吾知所以與之。』乃多以金啗豨將，豨將多降者。」高帝既知王黃、曼丘臣「皆故賈人」、「豨將皆故賈人」，物以類聚，他們的手下也多賈豎之輩，「迺各以千金」懸賞購求，而其效果爲「豨將多降者」及「王黃、曼丘臣其麾下受購賞之，皆生得，以故陳豨軍皆敗。」

　　賈豎雖然以利益爲導向，但也會衡量情勢，西瓜效應是他們遵循的習慣。沛公只有二萬人，比秦兵還少，就算沛公想利誘之，他們也不會接受，畢竟只爲了金錢而喪失實力，這種虧本交易，他們是不會上當的。所以張良先虛張聲勢，「使人先行，爲五萬人具食，益爲張旗幟諸

山上，爲疑兵」，如此，則有欺敵效果。其中「爲五萬人具食」，乃「添竈」之計，秦兵在城上遠望，只見處處炊煙，不知敵軍眞相虛實，只能以架鍋埋竈之炊煙來作爲預估。另外，「益爲張旗幟諸山上，爲疑兵」，在附近山上，廣插旗幟，讓秦兵誤以爲另有駐軍。這些欺敵手法，符合「虛則實之」的兵法精神。反之，《史記·孫子吳起列傳》載孫臏以「減竈」之計欺龐涓，則是「實則虛之」的用兵策略。

欺敵策略奏效後，再派說客「酈食其持重寶啗秦將」，則其事易成。「秦將果叛，欲連和俱西襲咸陽」，達成拔樁拉攏的目標。此時，「沛公欲聽之」，完全是憑感覺做決定，若是如此，後果難料。幸有張良加以阻止：「此獨其將欲叛耳，恐士卒不從，不從必危。」並順便提議：「不如因其懈擊之」。張良對於敵人的情形眞是瞭如指掌，秦將是賈豎之子，可動以利，爲了利當然願意賭命一搏；可是其他秦國士卒，一來無利可圖，二來秦法嚴苛，叛亂罪連三族，三來關中乃自己故鄉，親友皆在，他們可能不願跟從。不願跟從，則變起肘腋，難以防範，危機四伏。倒不如「因其懈擊之」。秦將以爲已和沛公連和，則對沛公防範鬆懈，乘其懈而擊之，往往可以獲得重大勝利，所以，「沛公乃引兵擊秦軍，大破之，逐北至藍田，再戰，秦兵竟敗，遂至咸陽」。

「因其懈擊之」告訴我們：一者兵不厭詐，不可輕信敵人；二者尋虛擣釁，攻敵不備，才是獲勝捷徑。類似的情形，如《史記·項羽本紀》載「鉅鹿之戰」，章邯「陰使候始成使項羽，欲約。」項羽也是乘著章邯防範鬆懈之時，「使蒲將軍日夜引兵度三戶，軍漳南，與秦戰，再破之。項王悉引兵擊秦軍汙水上，大破之。」最後章邯只得無條件投降，甚至被安置楚軍中，作爲人質。又如：《史記·淮陰侯列傳》載韓信伐齊，「齊已聽酈生，即留縱酒，罷備漢守禦。（韓）信因襲齊歷下軍，遂至臨淄。」也是因其懈而擊之。

阮芝生〈論留侯與三略（上）〉曰：「這便可見張良的機變及忍狠（忍即是狠）。先則欲軍事解決（強攻），繼則改爲政治解決（收買），最後又變成軍事解決（因懈）。前後數變，每次都因機乘時。先

則見『賈豎易動以利』之機，而欲因之；繼則見『不從則危』之機，而先制之。兩次都是先發制人，致人而不致於人。」這也正符合《孫子兵法》所言：「利而誘之」、「亂而取之」和「攻其無備，出其不意」（《孫子‧計篇》）的精神。

二、勸還霸上，固要項伯，漢以是脫鴻門

沛公進咸陽，入秦宮，發現「宮室、帷帳、狗馬、重寶、婦女以千數」，因而「意欲留居之」。這是沛公的本性，所以《史記‧項羽本紀》有范增說項羽曰：「沛公居山東時，貪於財貨，好美姬」的記載；及在彭城之戰，「漢皆已入彭城，收其貨寶美人，日置酒高會」的實錄。

此時，樊噲「諫沛公出舍，沛公不聽」。真是旁觀者清，當局者迷。樊噲雖是武夫，但也看出「留居秦宮」容易遭人非議；沛公之所以不聽，除了當局者迷之外，另一原因可能是因樊噲的身分，樊噲之妻呂嬃乃沛公之妻呂后之妹，樊噲和沛公二人是連襟關係，樊噲勸諫沛公，在沛公看來，可能認為是為呂后監督自己，當然不願接受。而且樊噲和沛公關係太親密，沛公難免有「貴遠賤近」的潛意識，這就如同《左傳‧僖公二年》所云：「宮之奇之為人也，懦而不能強諫，且少長於君，君暱之，雖諫，將不聽。」樊噲和沛公同為沛人，也是從小一起長大；樊噲曾「與高祖俱隱」，再加上連襟親誼，兩人關係也是「親暱」。所以樊噲雖諫，亦將不聽。

樊噲勸諫無效，張良則再加一把勁，說：

夫秦為無道，故沛公得至此，夫為天下除殘賊，宜縞素為資。今始入秦，即安其樂，此所謂「助桀為虐」。且「忠言逆耳利於行，毒藥苦口利於病」，願沛公聽樊噲言。（〈留侯世家〉）

此處詳載張良之建議，對於樊噲之諫言，則一語帶過，符合〈留侯世

家〉的寫作規則：只詳記張良之事，而略記他人。此爲「互見法」中的「此詳彼略」的方式。

張良爲人不敢爲天下先，往往都是在他人之後才表達意見，此處「勸還霸上」是一例。下文「勸都關中」，也是在劉敬建議不被接納之後，張良才再加一把勁，將之促成。而且張良功成不居，此處言「願沛公聽樊噲言」，下文則言「劉敬說是也」，將功勞歸還給樊噲和劉敬。沛公對他人之言，或不納或接受，只要張良加以剖析，沛公往往能夠改正，這是他察納雅言的寬容大度，也是張良在劉邦心目中占有不同地位的呈現。

正因爲沛公採納張良的建議，而還軍霸上，所以當項羽入關，「沛公左司馬曹無傷使人言於項羽曰：『沛公欲王關中，使子嬰爲相，珍寶盡有之。』」（〈項羽本紀〉）時，劉邦才能以「吾入關秋毫不敢有所近，籍吏民，封府庫而待將軍。所以遣將守關者，備他盜之出入與非常也。日夜望將軍至，豈敢反乎？願伯具言臣之不敢倍德也。」（〈項羽本紀〉）爲辯解，透過項伯向項羽解釋，暫時中止楚軍的進攻，而有第二天沛公親至鴻門謝罪的舉動。

> 項羽至鴻門下，欲擊沛公，項伯乃夜馳入沛公軍，私見張良，欲與俱去。良曰：「臣爲韓王送沛公，今事有急，亡去不義。」乃具以語沛公。沛公大驚，曰：「爲將奈何？」良曰：「沛公誠欲倍項羽邪？」沛公曰：「鯫生教我距關無内諸侯，秦地可盡王，故聽之。」良曰：「沛公自度能卻項羽乎？」沛公默然良久，曰：「固不能也。今爲奈何？」良乃固要項伯。項伯見沛公。沛公與飲爲壽，結賓婚。令項伯具言沛公不敢倍項羽，所以距關者，備他盜也。及見項羽後解，語在項羽事中。（〈留侯世家〉）

當項羽至鴻門下，欲擊沛公，由於項伯爲報舊恩，連夜至沛公軍，私見張良，欲與俱去。幸好張良固要項伯，由項伯當中間人爲沛公緩

煩，而且在鴻門宴中，項伯「亦拔劍起舞，常以身翼蔽沛公」（〈項羽本紀〉），保護劉邦免被項莊舞劍所殺。因而解了鴻門之危。

三、燒絕棧道，激項攻齊，漢以是得還定三秦

鴻門宴後，項羽分封十八諸侯王，沛公被封爲漢王，王巴、蜀。這是項羽和范增商議的結果，一方面爲了預防沛公有爭奪天下的野心，乃陰謀曰：「巴蜀道險，秦之遷人皆居蜀」；一方面鴻門業已講和，又惡負約（即懷王與諸將之約「先入關者王之」），乃曰：「巴蜀亦關中地也」，所以立沛公爲漢王（〈項羽本紀〉）。

漢王賜張良「金百溢，珠二斗」，是對張良爲己脫困鴻門的回報。張良不貪財，「具以獻項伯」，再度拉攏這位敵營重要人物。漢王乘此機會，「亦因令良厚遺項伯，使請漢中地」，這是非常高明的手段，巴蜀雖是天府之國，但漢中位於巴蜀和關中之間，扼其出入關中要道，漢王若想還定三秦，並進一步爭奪天下，必須先據漢中，以免進出無門。項伯既得厚贈，又是張良請託，當然全力幫忙，所以漢王「遂得漢中地」。

「漢王之國，（張）良送至褒中，遣良歸韓」。張良原是「爲韓王送沛公」，只是漢王的客卿，既已滅秦，天下大致底定，所以重返故主。此時，張良因說漢王曰：「王何不燒絕所過棧道，示天下無還心，以固項王意。」將棧道燒絕，則無法再回關中，項羽就能安心，不至疑心劉邦。一旦項羽對劉邦的疑心鬆懈，劉邦暗中的圖謀才不會洩露。所以張良說項王曰：「漢王燒絕棧道，無還心矣」，再加上「以齊王田榮反書告項王」，激怒項羽伐齊，「項王以此無西憂漢心，而發兵北擊齊」。正因爲如此，漢王方得採用韓信的計策「明修棧道，暗渡陳倉」，還定三秦，甚至東襲彭城。

所以阮芝生〈論留侯與三略（上）〉曰：「（張良）先使項王不疑，誤之於西，既又引之使北，遂使劉邦能夠還定三秦。這是調虎離山之計，項羽、范增都墜其術中。張良在此事中完全採取主動，致人而不

致於人。」

四、敗於彭城，則勸連布、越

漢王趁項羽北擊齊之際，還定三秦，據有關中。並且部五諸侯兵，凡五十六萬人，東伐楚（〈項羽本紀〉）。至彭城，漢敗而還。至下邑，漢王下馬據鞍而問曰：「吾欲捐關以東等棄之，誰可與共功者？」在此大敗之際，劉邦懂得自我反省，願意以關東之地作爲懸賞，徵求「可與共功者」。張良則進言曰：

> 九江王黥布，楚梟將，與項王有隙；彭越與齊王田榮反梁地：此兩人可急使。而漢王之將獨韓信可屬大事，當一面。即欲捐之，捐之此三人，則楚可破也。（〈留侯世家〉）

這即是所謂的「捐關三人」，將函谷關以東捐之以封功臣。九江王黥布，原是楚之梟將，他的戰績輝煌，如：「項梁涉淮而西，擊景駒、秦嘉等，布常冠軍」；「項籍使布先渡河擊秦，布數有利」；「楚兵常勝，功冠諸侯。諸侯兵皆以服屬楚者，以布數以少敗眾也」；「項籍之引兵西至新安，又使布等夜擊阬章邯秦卒二十餘萬人」；「至關，不得入，又使布等先從閒道破關下軍，遂得入，至咸陽。布常爲軍鋒」（〈黥布列傳〉）。

黥布與項王有隙，是肇因於：「齊王田榮畔楚，項王往擊齊，徵兵九江，九江王布稱病不往，遣將將數千人行。」再加上「漢之敗楚彭城，布又稱病不佐楚」。導致「項王由此怨布，數使使者誚讓召布，布愈恐，不敢往」的猜忌嫌隙。但因「項王方北憂齊、趙，西患漢，所與者獨九江王，又多布材，欲親用之」，所以暫時隱忍，「以故未擊」。（〈黥布列傳〉）

彭越與齊王田榮反梁地，是指「齊王田榮畔項王，乃使人賜彭越將軍印，使下濟陰以擊楚。」以及「彭越將其兵三萬餘人歸漢於外黃。漢王……乃拜彭越爲魏相國，擅將其兵，略定梁地」（〈魏豹彭越列

傳〉）。彭越早就與漢王有淵源。

韓信之才幹，滕公、蕭何等早就明白，所以蕭何才會自追韓信，並對漢王說：「諸將易得耳，至如信者，國士無雙。王必欲長王漢中，無所事信；必欲爭天下，非信無所與計事者。」（〈淮陰侯列傳〉）雖然漢王聽從蕭何之言，拜韓信為大將，並聽韓信之計，明修棧道，暗渡陳倉，還定三秦。但彭城之戰，卻沒有韓信參加，待「漢兵敗散而還」，韓信「復收兵與漢王會滎陽，復擊破楚京、索之閒」，將楚兵攻勢阻止，「以故楚兵卒不能西」（〈淮陰侯列傳〉）。

彭城戰後，楚漢局勢逆轉，楚強而漢弱，幸賴韓信阻住楚軍攻勢，將陣腳穩住。於是形成「滎陽、成皋、鞏」的三層中央防線。此時項羽除了親自帶兵由中央突破方式，直接進攻滎陽；另外，〈張耳陳餘列傳〉云：「漢之敗於彭城西，陳餘亦復覺張耳不死，即背漢。」〈魏豹彭越列傳〉云：「漢敗，還至滎陽，豹請歸視親病，至國，即絕河津畔漢。」則北路趙國的陳餘、魏王豹也叛漢，形成對漢王的威脅；〈黥布列傳〉云：「楚使者在，方急責英布發兵，舍傳舍。」則南面的九江王英布，也被項王派使者催促出兵。

張良看清當時局勢，所以推薦黥布、彭越和韓信三人，以化解北、中、南三路威脅。漢王亦全盤採納：「遣隨何說九江王布」，化解了南面威脅；「使人連彭越」進行楚地游擊戰，以騷擾項王後方，破解中央突破；「及魏王豹反，使韓信將兵擊之，因舉燕、代、齊、趙」，佔有所有北面，甚至反過來形成三面包圍夾擊的形勢。此時，楚漢勝負已可預見。所以司馬遷下一結論說：「然卒破楚者，此三人力也」。

五、將立六國，則借箸銷印

漢三年，項羽急圍漢王滎陽，漢王恐憂，與酈食其謀橈楚權。酈食其的建議是：

> 昔湯伐桀，封其後於杞；武王伐紂，封其後於宋。今秦失德

棄義，侵伐諸侯社稷，滅六國之後，使無立錐之地。陛下誠
能復立六國後世，畢已受印，此其君臣百姓必皆戴陛下之
德，莫不向風慕義，願爲臣妾。德義已行，陛下南向稱霸，
楚必斂衽而朝。（〈留侯世家〉）

這種建議，表面聽來，頗爲動聽，加上當時戰況不利，所以漢王曰：
「善。」並且下令「趣刻印，先生因行佩之矣」。食其未行，張良從
外來謁。漢王方食，曰：「子房前，客有爲我計橈楚權者。」並把酈
生之語全都告知，然後問：「於子房何如？」張良曰：「誰爲陛下畫
此計者？陛下事去矣。」張良一開始的感覺是此事大有問題，所以有
上述反應。這種反應，出乎漢王意料之外，所以漢王曰：「何哉？」
張良對曰：「臣請借前箸爲大王籌之。」因爲漢王方食，所以借几上
現有的箸當成籌碼，來統計此事優劣情勢。張良前面兩問爲：

曰：「昔者湯伐桀而封其後於杞者，度能制桀之死命也。今
陛下能制項籍之死命乎？」曰：「未能也。」「其不可一
也。武王伐紂封其後於宋者，度能得紂之頭也。今陛下能得
項籍之頭乎？」曰：「未能也。」「其不可二也。」（〈留
侯世家〉）

這是針對酈食其建議的理由：「昔湯伐桀，封其後於杞；武王伐紂，
封其後於宋」，直接加以反駁，說明現在與當時的情勢不同，不能任
意比附。接著又問：

武王入殷，表商容之閭，釋箕子之拘，封比干之墓。今陛下
能封聖人之墓，表賢者之閭，式智者之門乎？」曰：「未能
也。」「其不可三也。發鉅橋之粟，散鹿臺之錢，以賜貧
窮。今陛下能散府庫以賜貧窮乎？」曰：「未能也。」「其
不可四矣。殷事已畢，偃革爲軒，倒置干戈，覆以虎皮，

以示天下不復用兵。今陛下能偃武行文，不復用兵乎？」
曰：「未能也。」「其不可五矣。休馬華山之陽，示以無所
爲。今陛下能休馬無所用乎？」曰：「未能也。」「其不可
六矣。放牛桃林之陰，以示不復輸積。今陛下能放牛不復輸
積乎？」曰：「未能也。」「其不可七也。」（〈留侯世
家〉）

由第三問至第七問，都是從第二問「武王伐紂」所延伸出來。其實，
第一問至第七問，都是相同內涵，張良只不過將之拆成七項，如此作
法，有何深意？一者，可以虛張聲勢，將一條理由拆成七項，好像
理由充分；二者，漢王此時正虛心求教，一時不察，懾於這種心理攻
勢，仿佛自己錯誤百出，已至無可挽回之地，則容易接受。三者，可
能是張良雖知酈生的建議有誤，但一時仍無頭緒，只好先把酈生的理
由加以反駁，利用七個類似的問題來拖延時間，讓自己慢慢理清思
緒，以便想出下面真正關鍵理由。這種說話技巧，往往可以化慌亂爲
穩健，讓他人產生可靠信賴的印象。所以下文第八問一出，才能獲得
決定性效果：

且天下遊士離其親戚，棄墳墓，去故舊，以陛下遊者，徒欲
日夜望咫尺之地。今復六國，立韓、魏、燕、趙、齊、楚之
地，天下遊士各歸事其主，從其親戚，返其故舊墳墓，陛下
與誰取天下乎？其不可八矣。（〈留侯世家〉）

在前面七問之後，已經確定戰事仍未結束，必須儲備所有資源，方能
與項羽一爭長短。而最重要的是人力資源，他們之所以「離其親戚，
棄墳墓，去故舊，以陛下遊者」，其目的「徒欲日夜望咫尺之地」。
如果「今復六國，立韓、魏、燕、趙、齊、楚之地」，則「天下遊士
各歸事其主，從其親戚，返其故舊墳墓」，如此一來，「陛下與誰
取天下乎」。更有甚者，「楚唯無強」，除非楚國不強，否則「六國

立者復橈而從之」，這是「西瓜」效應，一旦如此，「陛下爲得而臣之？」所以，「誠用客之謀，陛下事去矣」。聽到這裡，漢王輟食吐哺，罵曰：「豎儒，幾敗而公事！」並「令趣銷印」。

有關於張良所發「八難」的內容，歷來已有學者看出這八項理由是「分合失當」，可以「並省」。表面看來，似乎是司馬遷行文有欠思考；但底子裡，卻是司馬遷照實記錄，以見當時情況，反而更加貼切。如：清‧顧炎武說：「留侯藉前箸爲漢王言八不可，實無八件，正是一時口頭語。今千載以下，如見當日設問光景。若後人作文，必加並省，便失神矣。」（《菰中隨筆》）今人賴漢屏《史記評賞》也說：「其實，這八條並非完全並列，有些本可合併；司馬遷卻故意分列爲八，活靈活現表現出當時飯桌上說話的聲口神態。一來，這不是事前從容推敲過的說詞，難免一語重出，分合失當；保留分合失當，正能見出當時肆口而言的實況。二來，『八難』一口氣問下去，更能表現張良的滔滔辭令和急於阻止漢王行此下策的迫切心情。」

相同的措施若用在不同的時代，其結果也必定有很大差異。陳涉起兵抗秦，張耳、陳餘勸陳涉「遣人立六國後」，其理由是「自爲樹黨，爲秦益敵也。敵多則力分，與眾則兵彊。如此野無交兵，縣無守城，誅暴秦，據咸陽以令諸侯。諸侯亡而得立，以德服之，如此則帝業成矣。今獨王陳，恐天下解也。」（〈張耳陳餘列傳〉）但是陳涉不聽，結果敗死。楚漢相爭，項羽急圍漢王滎陽，漢王恐憂，與酈食其謀撓楚權，酈食其亦勸漢王「復立六國後世」，其理由是「今秦失德弃義，侵伐諸侯社稷，滅六國之後，使無立錐之地。陛下誠能復立六國後世，畢已受印，此其君臣百姓必皆戴陛下之德，莫不鄉風慕義，願爲臣妾。德義已行，陛下南鄉稱霸，楚必斂衽而朝。」（〈留侯世家〉）但是張良卻認爲若用此計，「陛下事去矣」。其實，張耳、陳餘勸陳涉「遣人立六國後」，在當時是適當的策略，因爲陳涉起兵是爲了抗秦，主要敵人是秦政權，而全天下皆秦之疆域，分立六國之後，一則自爲樹黨，爲秦益敵；二則諸侯亡而得立，感德戴恩；三則諸侯自行略地，所攻取者

乃秦之郡縣，於陳涉無損。但陳涉不納其言，導致部將各自爲政，如武臣自立爲趙王，韓廣被燕人立爲燕王，如此，則先機已失，最終眾叛親離而敗亡。反觀楚漢相爭之時，天下不歸漢，則歸楚，劉邦若從酈食其之計，而分立六國後世，一則楚之疆域無法分封給六國後世，唯有割漢地以封，則是自我削弱以肥人；二則復立六國後世，天下游士各歸事其主，從其親戚，反其故舊墳墓，劉邦缺少助手，能與誰取天下乎？三則楚漢相爭，諸侯復立者唯力是視，而且楚強而漢弱，六國後世必「復撓而從之」，反而助楚攻漢。故張良說：「誠用客之謀，陛下事去矣。」（〈留侯世家〉）所以司馬光《資治通鑑》引荀悅論曰：

> 初，張耳、陳餘說陳涉以復六國，自爲樹黨；酈生亦說漢王。所以說者同而得失異者，陳涉之起，天下皆欲亡秦；而楚、漢之分未有所定，今天下未必欲亡項也。故立六國，於陳涉，所謂多己之黨而益秦之敵也；且陳涉未能專天下之地也，所謂取非其有以與於人，行虛惠而獲實福也。立六國，於漢王，所謂割己之有而以資敵，設虛名而受實禍也。此同事而異形者也。

當初孫中山前十次革命之所以失敗，而第十一次辛亥武昌起義之所以成功，並非事前籌畫縝密與否，他們都是因事機不密而倉促起事，只不過前十次沒有他人他地響應，而第十一次得到各地響應，造成處處烽火，形成燎原之勢，使得清廷難以應付，方能成功。陳涉初起時，若能廣立六國之後，則能處處點火，形成燎原之勢，讓秦國疲於奔命。

在《資治通鑑》卷九十五載：

> （石）勒雖不學，好使諸生讀書而聽之，時以其意論古今得失，聞者莫不悅服。嘗使人讀《漢書》，聞酈食其勸立六國後，驚曰：「此法當失，何以遂得天下？」及聞留侯諫，乃

曰：「賴有此耳。」

後趙主石勒雖不學，但憑本事創建後趙，對於局勢變化仍可掌握，所以當他聽聞酈食其勸立六國後，馬上驚曰：「此法當失」，可見君子所見略同。

另外，張良既然因父祖「五世相韓」，而欲「爲韓報仇」，而且也建議項梁立韓王成以恢復韓國，可見張良忠於韓。但是韓王成被項羽所殺，酈食其說漢王立六國之後，張良卻認爲不對而沮之，頗令人不解。有關此點，清‧魏禧《魏叔子文集》卷一〈留侯論〉有透徹的見解：

> 子房知韓不能以必興也，則報韓之讎而已矣。天下之能報韓讎者莫如漢，漢既滅秦，而羽殺韓王，是子房之讎，昔在秦而今又在楚也。六國立則漢不興，漢不興則楚不滅，楚不滅則六國終滅於楚。夫立六國，損于漢，無益于韓；不立六國，則漢可興，楚可滅，而韓之讎以報。

六國立則漢不興，漢不興則楚不滅，楚不滅則六國終滅於楚。如此一來，韓不能以必興，退而求其次，則只求報韓之讎而已。張良之苦心在於此。

六、韓信自王，則躡足就封

〈留侯世家〉云：「漢四年，韓信破齊而欲自立爲齊王，漢王怒。張良說漢王，漢王使良授齊王信印，語在淮陰事中。」司馬遷以「語在淮陰事中」作一交代，這是「互見法」的一種標誌。因爲此事對張良而言，只是眾多大計之一，寫與不寫，無關緊要；但對韓信而言，則是成敗轉捩點，所以史公將此事略述於〈留侯世家〉，而詳述於〈淮陰侯列傳〉。

〈淮陰侯列傳〉云：

漢四年，遂皆降平齊。使人言漢王曰：「齊偽詐多變，反覆之國也，南邊楚，不為假王以鎮之，其勢不定。願為假王便。」當是時，楚方急圍漢王於滎陽，韓信使者至，發書，漢王大怒，罵曰：「吾困於此，旦暮望若來佐我，乃欲自立為王！」張良、陳平躡漢王足，因附耳語曰：「漢方不利，寧能禁信之王乎？不如因而立，善遇之，使自為守。不然，變生。」漢王亦悟，因復罵曰：「大丈夫定諸侯，即為真王耳，何以假為！」乃遣張良往立信為齊王，徵其兵擊楚。

正因為漢王接納張良、陳平的建議，並派張良往立韓信為齊王，所以當項王派盱眙人武涉往說齊王韓信，勸其「參分天下王之」，韓信則謝曰：「臣事項王，官不過郎中，位不過執戟，言不聽，畫不用，故倍楚而歸漢。漢王授我上將軍印，予我數萬眾，解衣衣我，推食食我，言聽計用，故吾得以至於此。夫人深親信我，我倍之不祥，雖死不易。幸為信謝項王。」（〈淮陰侯列傳〉）另外，齊人蒯通以相人說韓信，勸其「莫若兩利而俱存之，參分天下，鼎足而居」，韓信則曰：「漢王遇我甚厚，載我以其車，衣我以其衣，食我以其食。吾聞之：乘人之車者載人之患，衣人之衣者懷人之憂，食人之食者死人之事，吾豈可以鄉義倍利乎！」（〈淮陰侯列傳〉）這些都是「韓信自王，則躡足就封」的成效影響。

七、勸封雍齒，銷變未形

劉邦稱帝後，開始論功行賞，功勞較大的二十餘人業已分封，其餘則日夜爭功不決，未得行封。為何效率會如此緩慢？可能與計功標準或書面紀錄不齊有關。劉邦剛掌握政權，不知事態的嚴重性，當他在洛陽南宮的復道上望見諸將往往相與坐沙中語，則問：「此何語？」留侯答曰：「陛下不知乎？此謀反耳。」劉邦聽不到遠處諸將談話，張良又不是順風耳，他當然也聽不到諸將說的話。那麼他為何會說「此謀

反耳」？這絕非張良無中生有、憑空捏造之詞。他應是略有耳聞，得知諸將不滿的情緒，為求防微杜漸而發出的警語。我們從下文張良回答劉邦的說明中，即可得知張良確實知道諸將擔心的事，以及可能演變的後果。

　　劉邦不太明瞭下情，因此不太知道諸將為何要造反，所以問：「天下屬安定，何故反乎？」這本是很有力的反問，天下才剛安定，為何要反？張良則說：

> 陛下起布衣，以此屬取天下，今陛下為天子，而所封皆蕭、曹故人所親愛，而所誅者皆生平所仇怨。今軍吏計功，以天下不足遍封，此屬畏陛下不能盡封，恐又見疑平生過失及誅，故即相聚謀反耳。（〈留侯世家〉）

張良的理由有二：一為封故人而誅所怨：先前提到「上已封大功臣二十餘人」，即是「皆蕭、曹故人所親愛」；至於「所誅者皆生平所仇怨」，在《史記》中就載有劉邦記仇報復之事，如：〈楚元王世家〉曰：「始高祖微時，嘗辟事，時時與賓客過巨嫂食。嫂厭叔，叔與客來，嫂詳為羹盡，櫟釜，賓客以故去。已而視釜中尚有羹，高祖由此怨其嫂。及高祖為帝，封昆弟，而伯子獨不得封。太上皇以為言，高祖曰：『某非忘封之也，為其母不長者耳。』於是乃封其子信為羹頡侯。」是記恨大嫂而封其子為「羹頡侯」；〈高祖本紀〉曰：「漢十二年……高祖還歸，過沛，留。……其以沛為朕湯沐邑，復其民，世世無有所與。……沛父兄皆頓首曰：『沛幸得復，豐未復，唯陛下哀憐之。』高祖曰：『豐吾所生長，極不忘耳，吾特為其以雍齒故反我為魏。』沛父兄固請，乃并復豐，比沛。」是記恨豐邑「以雍齒故反我為魏」，而未免除其賦稅；〈季布欒布列傳〉曰：「季布者，楚人也。……項籍使將兵，數窘漢王。及項羽滅，高祖購求布千金，敢有舍匿，罪及三族。」是記恨季布而下令懸賞緝捕：可見「所誅者皆生平所仇怨」，並非空穴來風。二為不能盡封而藉故誅夷：

「今軍吏計功，以天下不足遍封」，爲何會如此呢？韓信在「漢中對」曾分析項羽和劉邦的優缺點，認爲項羽「至使人有功當封爵者，印刓敝，忍不能予」，是「婦人之仁」；並勸劉邦「以天下城邑封功臣，何所不服？」（〈淮陰侯列傳〉）所以楚漢相爭之時，項羽捨不得封賞，而劉邦卻很大方地廣開支票，這就如同今日每當選戰開打，政見支票隨便開，其目的只求勝選是一樣的。所以不管是己方將領或敵方陣營來降者，劉邦都是封爵封邑以示籠絡。如：〈黥布列傳〉曰：「淮南王至，……出就舍，帳御飲食從官如漢王居，布又大喜過望。」；對待韓信則令其存有「解衣衣我，推食食我」之感（〈淮陰侯列傳〉）；敗於固陵，則納張良建議，「自陳以東傅海與齊王，睢陽以北至穀城與彭相國」（〈項羽本紀〉）：此其大者。至於其他大小功臣，亦累積許多封賞。這麼多的支票，當初在交戰時刻確實發揮正面效果，而取得天下。如今若要照樣兌現，則傾全天下也不夠分封。難怪諸將會疑心劉邦無法分封則欲藉故誅夷，一來可以報怨，二來可以解決政策支票無法兌現的難關。與其坐以待斃，不如起而造反，尙有一線生機。所以張良說：「故相聚謀反耳。」

剖析至此，劉邦才大爲驚恐，而有上乃憂曰：「爲之奈何？」的問話。解決之道，當然是以安諸將之心爲要，如今事迫眉睫，唯有採取大動作，以矯枉過正的作法，才能一新耳目，挽回諸將信心。所以留侯曰：「上平生所憎，羣臣所共知，誰最甚者？」得知是雍齒之後，希望透過分封此人，以實際行動消弭諸將疑慮。所以留侯曰：「今急先封雍齒以示羣臣，羣臣見雍齒封，則人人自堅矣。」連劉邦的宿敵雍齒都能封侯，我們和劉邦的過節又沒這麼大，那就不必擔心了，所以羣臣罷酒，皆喜曰：「雍齒尙爲侯，我屬無患矣。」張良很輕鬆地就把叛亂消弭於未形。

雖然暫時銷變於未形，但根本問題尙未解決，仍須「急促丞相、御史定功行封」。只不過先前「軍吏計功，以天下不足遍封」的困擾還須解決。而最後的解決之道，則是全體依比例縮減，重新再確定封賞。

如：《史記・樊酈滕灌列傳》云：

> 漢王賜（酈）商爵信成君，以將軍為隴西都尉。別將定北
> 地、上郡。……賜食邑武成六千戶。以隴西都尉從擊項籍
> 軍……益食邑四千戶。……項羽既已死，漢王為帝。……
> 賜爵列侯，與諸侯剖符，世世勿絕，食邑涿五千戶，號曰涿
> 侯。……又以右丞相從高帝擊黥布……更食曲周五千一百
> 戶，除前所食。

酈商所食邑「武成六千戶」加「益食邑四千戶」應是萬戶，結果是
「涿五千戶」，少了五千戶，之後「更食曲周五千一百戶」，但前提
是「除前所食」。又云：

> （灌嬰）賜益食邑六千戶……漢王立為皇帝，賜益嬰邑三千
> 戶。……從至陳，取楚王信。還，剖符，世世勿絕，食潁
> 陰二千五百戶，號曰潁陰侯。……黥布反，以車騎將軍先
> 出……益食二千五百戶。布已破，高帝歸，定令嬰食潁陰
> 五千戶，除前所食邑。（〈樊酈滕灌列傳〉）

灌嬰被賜「益食邑六千戶」，又「賜益嬰三千戶」，應是九千戶，結
果實得「潁陰二千五百戶」，少了六千五百戶。

這種情況，在今日台灣仍有類似情形，即國民政府播遷來台，為了
鼓勵榮民，而頒發「戰士授田證」，這是廣開支票；不過要等到反攻大
陸之後才能兌現，如今反攻無望，為求兌現當初開出的支票，以台灣彈
丸之地是不足以遍封，只好採行折衷方式，由立法院立法，讓老榮民手
中的「戰士授田證」可以換成新台幣，如此則將問題化解。

八、勸都關中，垂安後世

劉敬勸高祖遷都關中一事，在〈留侯世家〉中，只有「劉敬說高
帝曰：『都關中。』」一句話。但在〈劉敬叔孫通列傳〉中，則是長篇

大論；這是《史記》「互見法」的運用。劉敬勸高祖遷都關中，高祖猶豫不決，難道是劉邦不知定都關中的優點嗎？絕對不是如此。因爲早在項羽入關後，「人或說項王曰：『關中阻山河四塞，地肥饒，可都以霸。』項王見秦宮室皆以燒殘破，又心懷思欲東歸，曰：『富貴不歸故鄉，如衣繡夜行，誰知之者！』」（〈項羽本紀〉）因而錯失地利，被司馬遷評爲「背關懷楚」（〈項羽本紀贊〉），認爲是項羽的重大失策；而韓信在「漢中對」也向劉邦評論項羽「不居關中而都彭城」（〈淮陰侯列傳〉）的處置失誤；楚漢相爭之時，劉邦也是以關中爲根據地，東出函谷關和項羽爭奪天下，因而獲勝；所以說劉邦應是特別能了解關中的重要性。

但因劉敬只是一名戍卒，人微言輕，見解雖高，但震撼力不足；加上劉邦左右大臣皆山東人，都存有項羽「富貴不歸故鄉，如衣繡夜行」的觀念，所以不願離鄉背井到關中定都，而大加反對。在衡量雙方勢力相差懸殊之後，劉邦不得不有所遲疑。必須等到重量級謀臣張良開口，情勢爲之改變，劉邦才正式下定決心——定都關中。

大臣們反對的理由是：「雒陽東有成皋，西有殽黽，倍河，向伊雒，其固亦足恃。」留侯則點出：「雒陽雖有此固，其中小，不過數百里，田地薄，四面受敵，此非用武之國也。」雒陽雖有險可守，但腹地太小，田地瘠薄，經濟上無法提供中央政府足夠的開銷；地理形勢上，則是「四面受敵」，防多則禦弱，無法保障朝廷的安全。所以說「此非用武之國也」。另外，留侯又點出關中的優點：

> 夫關中左殽函、右隴蜀，沃野千里，南有巴、蜀之饒，北有胡苑之利。阻三面而守，獨以一面東制諸侯，諸侯安定，河渭漕輓天下，西給京師，諸侯有變，順流而下，足以委輸，此所謂金城千里，天府之國也。（〈留侯世家〉）

「左殽函、右隴蜀」、「阻三面而守，獨以一面東制諸侯」、「諸侯有變，順流而下，足以委輸」：是就地理形勢而言，所以說是「金城

千里」；「沃野千里，南有巴、蜀之饒，北有胡苑之利」、「諸侯安定，河渭漕輓天下，西給京師」：是就經濟效益而言，所以說是「天府之國」。最後，留侯不願居功，以「劉敬說是也。」將功勞推給劉敬。

張良所言之理由，主要是從「經濟」和「形勢」兩方面著手。這是因為中國過去選擇定都所考慮的因素，不出以下三種：一、經濟的因素；二、形勢上的理由；三、國防上的理由。因為「古代交通幼稚，而貨幣經濟又不甚發達，中央政府之經費若倚靠於地方之貢賦，王畿的糧食若倚靠於地方的漕運，則一旦地方叛變，交通斷絕，政府財政上必見支絀，而王畿經濟上亦有絕食之憂。古代的政府必選擇經濟豐裕之地以作國都，是有充分理由的。」（薩孟武《孟武隨筆‧中國歷史上的國都》）而地理形勢若險要，則能以逸待勞，平時不必重兵駐守，天下有事，亦可保障京師。國防上若將首都建立在前線，則以全國之力對抗外敵，容易有效，否則，外患無窮。西漢之建都關中，正符合經濟、形勢和國防三方面的需求。

聽了留侯的分析，「於是高帝即日駕，西都關中」。高祖為何要「即日」車駕西都關中？一般人想遷居搬家，最少也要先裝潢屋子，再請風水師看日子、選時辰，以示慎重，並祈求安心。遷都乃是國之大事，怎會如此草率、猴急？其中原因，可略歸納二點：一者表現劉邦劍及履及的行動力，這也是他能擊敗項羽的特質之一；二者不如此的話，往後的阻力會增加，到時候則難以成行。因為劉邦左右大臣皆山東人，都存有項羽「富貴不歸故鄉，如衣繡夜行」的觀念，所以不願離鄉背井到關中定都。現在帝國才剛建立，眾大臣諸侯尚未炒地皮、建別墅，在此地的根基未深，此時強迫他們遷都，阻力較小；若是遷延時日，大臣們炒了地皮、建了別墅，根基已固，到時候要他們遷都，則阻力增大，難以著力。例如北宋之時，宋太祖曾打算將首都由開封遷都洛陽，再由洛陽遷都關中，只因眾大臣及宋太宗反對，而無法成行。但也令宋太祖感慨地說：「不出百年，天下民力殫矣。」（《讀史方輿紀要》卷47開

封府）眾大臣之所以會反對遷都，那是因為五代不是定都洛陽，就是定都開封，此地已是眾大臣根本所在，一旦遷都，地價暴跌，資產縮水，利益受損，他們當然會大力反對。正因為如此，宋代積弱不振，與建都開封有關，開封地處平原，必須重兵護衛，則軍費開銷驚人，民力殫竭。劉邦納諫識機，行動劍及履及，所以西漢國勢鼎盛，得助於建都關中多矣。如：七國之亂，漢廷即是以關中為根據地，東出平定叛亂。

九、勸迎四皓，卒定太子

劉邦「欲廢太子，立戚夫人子趙王如意」，這一方面是國事，一方面也是家事。因為是國事，所以「大臣多諫爭」，蓋太子者，乃國之儲君，事關國家之安定與否，若太子地位不穩，常常會導致其他王子覬覦之心，造成骨肉相殘的慘局。又因為是家事，所謂「清官難斷家務事」，疏不間親，所以大臣雖以死諫爭，仍是「未能得堅決者也」，無法得到劉邦肯定的答覆，也是無效。

所以呂后恐，不知所為。於是有人向呂后進言：「留侯善畫計筴，上信用之。」呂后乃使建成侯呂澤劫張良曰：「君常為上謀臣，今上欲易太子，君安得高枕而臥乎？」留侯先則曰：「始上數在困急之中，幸用臣筴。今天下安定，以愛欲易太子，骨肉之間，雖臣等百餘人何益？」點出此事乃「骨肉之間」的家事，大臣們諫爭也是無用。等到呂澤「彊要」，才又說：「此難以口舌爭也。」而獻招迎四皓之計：

> 顧上有不能致者，天下有四人。四人者年老矣，皆以為上慢侮人，故逃匿山中，義不為漢臣。然上高此四人。今公誠能無愛金玉璧帛，令太子為書，卑辭安車，因使辯士固請，宜來。來，以為客，時時從入朝，令上見之，則必異而問之。問之，上知此四人賢，則一助也。（〈留侯世家〉）

可見張良對此事早已看透，知道骨肉之間外人難說話，不能以口舌爭，只能以智取。如何智取呢？張良知道劉邦自視甚高，天下所有的

人與事,幾乎都在他的掌握中。如今若能做到劉邦辦不到的事,則可扳回一程,令劉邦刮目相看。而「四皓」因為劉邦「慢侮人」,於是逃匿於山中,守住起碼的道義,不願臣屬於漢。得不到的反而會成為最珍貴的,所以劉邦特別看重此四人。若能準備「金玉璧帛」,附上太子謙卑言辭的親筆書信,以安穩舒適的車子前往禮聘,再由能言善道的「辯士」再三請求,此四人應該會來。這是因為他們重禮節,當初「逃匿」是因劉邦無禮;如今會來,是因太子有禮。此四人來了之後,尊為賓客,讓他們時時跟隨太子入朝,令劉邦見到,則必覺得奇怪而發問,一旦發問,得知是此四人,而且是劉邦所無法招聘到的賢者,則是一大助力。這是透過劉邦自己的遺憾,增大四皓的功效,反襯出太子並非劉邦心目中的「不肖子」,而是另有出乎「乃公」意外的本事。如此,方能放心將天下交付太子。

於是呂后遵照留侯的建議,命令呂澤「使人奉太子書,卑辭厚禮,迎此四人」。此四人至,暫時作客於建成侯的住所。

漢十一年,黥布謀反,劉邦生病,欲使太子將兵前往擊之。此四人相互商量說:「凡來者,將以存太子。太子將兵,事危矣。」於是向建成侯建議說:

> 太子將兵,有功則位不益太子;無功還,則從此受禍矣。且太子所與俱諸將,皆嘗與上定天下梟將也,今使太子將之,此無異使羊將狼也,皆不肯為盡力,其無功必矣。臣聞:「母愛者子抱」,今戚夫人日夜侍御,趙王如意常抱居前,上曰:「終不使不肖子居愛子之上」,明乎其代太子位必矣。君何不急請呂后承閒為上泣言:「黥布,天下猛將也,善用兵,今諸將皆陛下故等夷,乃令太子將此屬,無異使羊將狼,莫肯為用,且使布聞之,則鼓行而西耳。上雖病,彊載輜車,臥而護之,諸將不敢不盡力。上雖苦,為妻子自彊。」（〈留侯世家〉）

於是呂澤立即連夜晉見呂后，呂后「承閒」（利用空閒時候）對著劉邦「泣涕而言」，內容全都照著四人的意思。劉邦在呂后溫情的眼淚攻勢下，只好扛起爲父爲夫的責任，說：「吾惟豎子固不足道，而公自行耳。」（我想太子這小子本就沒本事，還是你爸我自己上場吧！）於是劉邦親自率兵東征。

留守關中的群臣，全都到灞上送行。留侯雖病重，也親自「彊起」，來到曲郵，見到劉邦說：「臣宜從，病甚。楚人剽疾，願上無與楚人爭鋒。」先說明自己無法隨行的原因，再提醒劉邦對付黥布的原則。因（趁機）說上曰：「令太子爲將軍，監關中兵。」上曰：「子房雖病，彊臥而傅太子。」這正是他的目的，乘機保全太子。而此時「叔孫通爲太傅，留侯行少傅事」，二人在心態上與職務上，都是竭力保護太子。

漢十二年，劉邦擊破黥布軍而歸，「疾益甚，愈欲易太子」，這是劉邦深怕壽命撐不了多久，想要趕快將繼位者確定。「留侯諫」，這是少傅的職責所在，先前「大臣多諫爭」的時候，他不諫，因爲他凡事不敢爲天下先，當時尚未到需要他出馬的時候。此時進諫，是因爲已到最後關頭，他不能一次都不講話；「不聽」，表明劉邦的心思未變；「因疾不視事」，張良知道強諫無效，乃藉病不管，他並非眞的全都不管，而是早已安排一步棋在那兒，故意借病抽身退開，靜待四皓發生作用；這跟「叔孫太傅稱說引古今，以死爭太子」，而得到的結果「上詳（佯）許之，猶欲易之」，眞是高明太多了。

等到燕享之時，宮中擺設酒宴，太子陪侍劉邦。四人隨從太子，「年皆八十有餘，鬚眉皓白，衣冠甚偉」，如此打扮，外表不凡，意在引劉邦注意；果然「上怪之」，並問曰：「彼何爲者？」正是要劉邦怪而發問；四人上前回答，各言名姓，曰：「東園公、用里先生、綺里寄、夏黃公。」「上乃大驚」，正是要劉邦大驚，因爲出乎意外，才能產生震撼作用。劉邦問曰：「吾求公數歲，公辟逃我，今公何自從吾兒游乎？」劉邦做不到，太子居然做到了，難怪劉邦納悶不解；四人皆

曰：「陛下輕士善罵，臣等義不受辱，故恐而亡匿。竊聞太子為人仁孝，恭敬愛士，天下莫不延頸欲為太子死者，故臣等來耳。」阮芝生〈論留侯與三略（上）〉評曰：「一切佈置做為，最後目的就是要在高祖面前用四皓來說這段話。但一定要等到高祖自己發現，怪而大驚以後才講，才能發生作用。若由四皓自去報到稱說，便一文不值了。」劉邦此時應是受到很大的震撼，認為太子居然能做到我辦不到的事，可見太子並非真的「不肖」，而且連四皓都被太子拉攏，其他大臣更不用說了。因此劉邦改變主意說：「煩公幸卒調護太子。」亦即間接承認太子地位不會變動了。

等到四人敬酒祝壽已畢，快步趨去。劉邦目送之，召戚夫人指著此四人說：「我欲易之，彼四人輔之，羽翼已成，難動矣。呂后真而主矣。」表示太子羽翼已豐，難以動搖。戚夫人傷心失望，只是哭泣，劉邦說：「為我楚舞，吾為若楚歌。」（你為我跳楚舞，我為你唱楚歌）歌曰：「鴻鵠高飛，一舉千里。羽翮已就，橫絕四海。橫絕四海，當可奈何？雖有矰繳，尚安所施！」由歌詞可知是以「鴻鵠羽翮已就」來比喻「太子根基深固」，難以動搖。此時若欲強易太子，只會招致兄弟相殘，趙王如意未必能守得住劉家江山，倒不如打消更易太子的念頭。這歌唱了數遍，戚夫人只是「噓唏流涕」，劉邦起身而去，罷了酒宴。司馬遷最後說：「竟不易太子者，留侯本招此四人也。」

張良此計之所以能成功，阮芝生〈論留侯與三略（上）〉剖析得好，他說：

張良此計所以能奏功，是因為他懂得高祖的心理，對症下藥，預占先步。高祖既得志，視天下為私產，今值年老疾病，心所憂者是劉家天下能否傳予子孫而不為他人所奪。觀乎異姓八王，反者六國，淮陰受辱，蕭何械繫，便知他心中所想何事。今太子仁柔不肖，而功臣梟將有在者，怎能不為自己百年之後憂心呢？故所謂「終不使不肖居愛子之上」

者，並非是爲了愛子而欲易太子，乃是以爲太子不肖才欲以愛子易太子。以太子爲不肖者，乃是恐怕他將來不能鎮撫功臣梟將，斷送了劉家的江山。這就是爲什麼大臣「多諫爭」、叔孫通「稱說引古今，以死爭」都無效的眞正原因。張良洞悉根竅，故招迎四皓，四皓之語中最重要的就是「竊聞太子爲人，仁孝恭敬愛士，天下莫不延頸欲爲太子死者，故臣等來耳。」即欲改變劉邦對太子的估計，使他認爲太子得人心，羽翼已成，劉家江山沒問題了。所以劉邦立刻決定不易太子，並說：「煩公幸卒調護太子。」

這是說劉邦「並非蔽於嫡庶之義」，所蔽者乃在懷疑太子不能保全天下，所以張良要「借四皓以重太子，正是就其明而攻其蔽」（阮芝生〈論留侯與三略（上）〉）。張良知道劉邦雖是因愛而欲易太子，但這只是表面現象，最根本的原因，則是劉邦認爲太子「仁而懦弱」，不足以承擔大任，趙王如意則是「類我」，頗有英主之風，足當大任。因此張良出計招迎四皓，就是要藉劉邦無法招聘四皓，而太子卻能將四皓招致，以改變劉邦對太子的估計，使他認爲太子已得人心，羽翼已成，難以動搖。縱使一意孤行要更易太子，趙王如意也難以安坐大位，只會造成王室動盪，政權不穩，反而令劉家江山不保。

參、結語

經由上述評析，可以得到以下兩點結論：

一、〈留侯世家〉所載九大計，確實都是「有關天下存亡」的大事，而且「無不繫漢得失安危」。

二、這九大計之所以能發揮功效，都是張良事先掌握敵我資訊，知己知彼，才能夠對症下藥，這也就是圯上老父所教導的「識時知機、先發制人」。

第九章

從〈伯夷列傳〉論司
馬遷竊比孔子

壹、前言

〈伯夷列傳〉的寫作方式，和其他各篇有所不同。全篇共有788字，其中有關伯夷的事蹟，從「其傳曰」到「遂餓死於首陽山」，只有218字，約爲全篇的四分之一強，其他四分之三弱的文字，都是作者司馬遷借題發揮的議論，這種寫法，可以視爲一種變例。

歷來許多學者對於這個現象，都認爲是司馬遷有意爲之，而且是將之作爲「七十列傳的總序」，顏天佑〈〈伯夷列傳〉爲《史記》列傳總序說之略探〉即主此說。在此一總序中，司馬遷所要表達的內涵有：「尊崇讓德」、「考據徵信」、「天人之際」和「闡揚幽微」等四大主題。而這四大主題都與孔子有關，表現出司馬遷效法孔子的心態。但是，前賢有些說明沒有切中要旨，有些論點筆者不敢苟同。因此本文專從〈伯夷列傳〉來論述司馬遷竊比孔子的撰述心志。

貳、尊崇讓德

〈太史公自序〉（以下簡稱〈自序〉）云：「末世爭利，維彼奔義；讓國餓死，天下稱之。作〈伯夷列傳〉第一。」可見〈伯夷列傳〉之寫作，以及列爲七十列傳之首篇，乃是司馬遷「尊崇讓德」的一種表現方式。司馬遷尊崇讓德，一方面是效法孔子《春秋經》；另一方面則是他「通古今之變」得到的結論。

一、效法孔子《春秋經》

《春秋經》第一條爲「（隱公）元年春王正月」，最後一條爲「（哀公）十有四年春西狩獲麟」，其後「小邾射以句繹來奔」是弟子所續。所以杜預注曰：「自此以下至十六年，皆魯史記之文，弟子欲存孔子卒，故并錄以續孔子所脩之經。」則孔子的《春秋經》起迄時間，是始於魯隱公元年，終於魯哀公十四年「西狩獲麟」。〈自序〉：「余述歷黃帝以來至太初而訖，百三十篇。」則司馬遷的《史記》，其起迄

時間雖是始於〈五帝本紀〉的黃帝，終於漢武帝太初年間。但司馬遷爲了效法孔子《春秋經》，也曾在〈自序〉中說：「於是卒述陶唐以來，至于麟止。」欲以堯舜禪讓爲開始，以武帝元狩元年獲麟而止。可見效法比附之跡，非常明顯。

〈孔子世家〉云：「子曰：『弗乎弗乎！君子病沒世而名不稱焉。吾道不行矣，吾何以自見於後世哉？』乃因史記作《春秋》，上自隱公，下訖哀公十四年。」司馬遷認爲孔子的《春秋經》是以魯國歷史爲原始材料，經孔子刪削而成。它是寫春秋時代的史事，照理應以周平王元年（B.C.770）東徙雒邑那年作爲春秋的始年，若是如此，當時是魯孝公37年（魯孝公在位38年）；如果覺得應以魯公元年爲起始之年，也應以其後的魯惠公元年（B.C.768）（魯惠公在位46年）爲《春秋經》的起始之年。但《春秋經》卻偏偏又將年代後移46年，以魯隱公元年（B.C.722）作爲《春秋經》的始年，其中必有深意。

原來，孔子《春秋經》以魯隱公元年作爲始年，是寓有「崇讓」的用意。《論語・泰伯》有：「子曰：『泰伯其可謂至德也已矣！三以天下讓，民無得而稱焉。』」、《論語・公冶長》有「子曰：『伯夷、叔齊不念舊惡，怨是用希。』」、《論語・述而》有「冉有曰：『夫子爲衛君乎？』子貢曰：『諾！吾將問之。』入曰：『伯夷、叔齊，何人也？』曰：『古之賢人也。』曰：『怨乎？』曰：『求仁而得仁，又何怨？』」都是孔子對於讓天下、讓國者的推崇。而且魯隱公有讓國之心，其事見於《左傳・隱公元年》：

> 惠公元妃孟子，孟子卒。繼室以聲子，生隱公。宋武公生仲子，仲子生而有文在其手曰：「爲魯夫人。」故仲子歸于我。生桓公而惠公薨，是以隱公立而奉之。……
> 元年春王周正月。不書即位，攝也。

所謂「不書即位，攝也。」是說魯隱公有推國讓位給弟弟桓公之心，

因此不行即位之禮，只是代理攝政而已。所以孔穎達《正義》曰：
「攝訓持也，隱以桓公幼少，且攝持國政，待其年長，所以不行即位
之禮。史官不書即位，仲尼因而不改，故發傳以解之。……隱既繼室
之子，於第應立，而尋父娶仲子之意，委位以讓桓，天子既已定之，
諸侯既已正之，國人既已君之，而隱終有推國授桓之心，所以不行即
位之禮也。」這是《春秋經》的微言大義，也是孔子褒揚魯隱公有讓
國之風的筆法。

其後，魯隱公雖被弒，而未遂行讓國之舉，但隱公之所以被弒，也
是因為他有讓國之心，而枉招殺害：

> 羽父請殺桓公，將以求大宰。公曰：「為其少故也，吾將授
> 之矣。使營菟裘，吾將老焉。」羽父懼，反譖公于桓公而請
> 弒之。公之為公子也，與鄭人戰于狐壤，止焉，鄭人囚諸尹
> 氏，賂尹氏而禱於其主鍾巫，遂與尹氏歸而立其主。十一
> 月，公祭鍾巫，齊于社圃，館于寪氏，壬辰，羽父使賊弒公
> 于寪氏。立桓公而討寪氏，有死者。（《左傳・隱公十一
> 年》）

由上述史實記載，魯隱公確有讓國之心。因此孔子將《春秋經》以隱
公元年作為始年，是暗寓「尊崇讓德」之意。

司馬遷既效法孔子，當然也是把有讓天下、讓國者寫在各種體例
之首。如十二本紀以〈五帝本紀〉為首，而其重點則在「堯舜禪讓」，
故〈序目〉曰：「維昔黃帝，法天則地，四聖遵序，各成法度；唐堯遜
位，虞舜不台；厥美帝功，萬世載之。作〈五帝本紀〉第一。」十表以
〈三代世表〉為首，所載的第一件事為「帝啟伐有扈，作〈甘誓〉。」
蓋啟承禹業，父死子繼，為家天下之始，有別於堯舜之禪讓，故有扈氏
不服而啟伐之。寓有反抗君主之意。八書以〈禮書〉為首，禮以讓為
貴，所以阮芝生〈伯夷列傳發微〉曰：

八書首禮，讓者，禮之實也，無讓不成禮，故曰禮讓。合而言之，可知《史記》五體之首皆寓貴讓崇禮、禮讓爲國之意。

三十世家以〈吳太伯世家〉爲首，太伯三以天下讓，故篇前記載有「太伯、仲雍二人乃犇荆蠻，文身斷髮，示不可用，以避季歷」，篇末則引孔子之語：「太伯可謂至德矣，三以天下讓，民無得而稱焉。」七十列傳以〈伯夷列傳〉爲首，也是因爲伯夷、叔齊兄弟讓國，篇中其傳曰：「伯夷、叔齊，孤竹君之二子也。父欲立叔齊，及父卒，叔齊讓伯夷。伯夷曰：『父命也。』遂逃去。叔齊亦不肯立而逃之。國人立其中子。」《史記》這種篇目安排，即是效法孔子，而尊崇讓德。

二、「通古今之變」得到的結論

司馬遷寫作《史記》的三大主題是：究天人之際、通古今之變和成一家之言。（〈報任少卿書〉）在通古今之變的過程，司馬遷最後得到的結論是「以禮義防于利」（見阮芝生〈試論司馬遷所說的「通古今之變」〉）。《史記》書中，司馬遷廢書而歎者有三：

其一、歎周厲王好利而惡聞其過：

太史公讀《春秋曆譜諜》，至周厲王，未嘗不廢書而歎也。曰：鳴呼！師摯見之矣。紂爲象箸，而箕子唏。周道缺，詩人本之衽席，〈關雎〉作。仁義陵遲，〈鹿鳴〉刺焉。及至厲王，以惡聞其過，公卿懼誅而禍作，厲王遂奔于彘，亂自京師始。（〈十二諸侯年表序〉）

〈周本紀〉曰：「厲王即位三十年，好利，近榮夷公。大夫芮良夫諫厲王曰：『王室其將卑乎？夫榮夷公好專利而不知大難。……榮公若用，周必敗也。』厲王不聽，卒以榮公爲卿士，用事。」厲王

奔戲,亂自京師開始,其因在於惡聞其過,而其過則在「好利」、「專利」。「利」之一字,關係重大,此司馬遷所以「讀《春秋曆譜諜》,至周厲王,未嘗不廢書而歎也。」

其二、歎梁惠王問「何以利吾國」:

太史公曰:余讀《孟子書》,至梁惠王問「何以利吾國?」未嘗不廢書而歎也。曰:嗟乎,利誠亂之始也!夫子罕言利者,常防其原也。故曰:「放於利而行,多怨」。自天子至於庶人,好利之弊何以異哉!(〈孟子荀卿列傳序〉)

司馬遷認為「利誠亂之始也」,所以孔子罕言利,就是為了要預防亂源。

其三、歎廣厲學官之路:

太史公曰:余讀功令,至於廣厲學官之路,未嘗不廢書而歎也。(〈儒林列傳序〉)

司馬遷對於公孫弘「廣厲學官之路」乃廢書而歎,是有鑑於此舉欲以利祿誘進仕途,所謂「為博士官置弟子五十人,復其身」、「能通一藝以上,補文學掌故缺;其高弟可以為郎中者,太常籍奏。即有秀才異等,輒以名聞」、「自此以來,則公卿大夫士吏斌斌多文學之士矣」(〈儒林列傳序〉),即是公孫弘以利祿之道來「廣厲學官之路」。這與儒術興自孔子的目的背道而馳:「孔子閔王路廢而邪道興,於是論次詩書,修起禮樂,……自衛返魯,然後樂正,雅頌各得其所。世以混濁莫能用,是以仲尼干七十餘君無所遇,……故因史記作《春秋》,以當王法,其辭微而指博,後世學者多錄焉。」(〈儒林列傳序〉)孔子所興之儒學,本是「正世之學」,如今降為「干祿之具」;本是「為王者師」降為「試於有司」。豈非儒道汙壞嗎?方苞《方望溪先生全集》卷二〈書儒林傳後〉曰:

自孔子以來，羣儒相承之統，經戰國、秦、漢孤危而未嘗絕
者，弘乃以一言敗之，而其名則曰屬賢才、悼道之鬱滯，不
甚可歎乎！

此乃司馬遷「讀功令，至於廣屬學官之路，未嘗不廢書而歎」的原
因。

(一)利誠亂之始也

司馬遷上述三次廢書而歎，其因皆在「利」字，利乃亂之根源。
夫好利則爭，爭的最大對象就是國與天下，爭的慣用手段就是「詐」與
「力」，這是天下大亂與生民塗炭的根本原因。

周屬王好利、專利，惡聞其過而弭謗，導致公卿懼誅而禍作，屬王
遂奔于彘，亂自京師開始。「是後或力政，彊乘弱，興師不請天子。然
挾王室之義，以討伐爲會盟主，政由五伯，諸侯恣行，淫侈不軌，賊臣
篡子滋起矣。」（〈十二諸侯年表序〉）由於綱常紊亂，王室不振，諸
侯羣臣力爭，於是賊臣篡子滋起，而有「春秋之中，弒君三十六，亡國
五十二，諸侯奔走不得保其社稷者，不可勝數」（〈自序〉）的亂象。
時至戰國，紛爭愈多，亂象愈烈：

> 是後陪臣執政，大夫世祿，六卿擅晉權，征伐會盟，咸重於
> 諸侯。及田常殺簡公而相齊國，諸侯晏然弗討，海內爭於戰
> 功矣。三國終之卒分晉，田和亦滅齊而有之，六國之盛自此
> 始。務在彊兵并敵，謀詐用而從衡短長之說起。矯稱蠭出，
> 誓盟不信，雖置質剖符猶不能約束也。（〈六國年表序〉）

世變至戰國，不但爭於戰功，而且謀詐無窮，連置質剖符也都無法
約束。所以當時是「天下爭於戰國，貴詐力而賤仁義」（〈平準書
贊〉），亂象更甚。

另外，司馬遷對平原君的評論：「平原君翩翩濁世之佳公子也。

然未睹大體。鄙語曰：『利令智昏』，平原君貪馮亭邪說，使趙陷長平兵四十餘萬眾，邯鄲幾亡。」（〈平原君虞卿列傳贊〉），亦是著眼於「利令智昏」，而導致長平之敗，幾乎亡國的危機，則「利誠亂之始也」，非虛言也。

㈡以禮義防于利

夫好利則爭，爭之反面爲「讓」，利之反面爲「義」，故司馬遷崇讓尙義，欲以義紲利，以讓息爭。然而讓乃禮之一環，故司馬遷於〈平準書贊〉曰：「以禮義防于利。」

1.讓可以息爭

好利則爭，爭則亂，以讓可以息爭，息爭可以弭亂，故文王斷虞、芮之爭訟是也：

> 西伯陰行善，諸侯皆來決平。於是虞、芮之人有獄不能決，乃如周。入界，耕者皆讓畔，民俗皆讓長。虞、芮之人未見西伯，皆慙，相謂曰：「吾所爭，周人所恥，何往爲？祇取辱耳。」遂還，俱讓而去。諸侯聞之，曰：「西伯蓋受命之君。」（〈周本紀〉）

西伯之教化，耕者讓畔，民俗讓長，將虞、芮之爭化解，毫不費勁，自然而成。既然「讓」可以息爭，故司馬遷於《史記》書中，特別尊崇讓德：本紀之首，以堯舜禪讓爲主；世家首列吳太伯，是爲了「嘉伯之讓」；列傳首列伯夷，也是爲了「末世爭利，維彼奔義；讓國餓死，天下稱之」（〈自序〉）。就連宋襄公泓水之戰，不擊未濟，不鼓不成列，因而大敗，司馬遷也評斷如下：

> 襄公既敗於泓，而君子或以爲多，傷中國闕禮義，襃之也，宋襄之有禮讓也。（〈宋微子世家贊〉）

2.義可以防爭

司馬遷認為「利誠亂之始」，「放於利而行，多怨」，把利視為亂源；但他並非盲目的排斥，否定一切的「利」。司馬遷知道「求利」是人類行為的基本動機之一，也是本能的一種。在〈貨殖列傳〉中，他引用古語：「天下熙熙，皆為利來；天下壤壤，皆為利往。」又說：「富者，人之情性，所不學而欲者也。」求利求富是人類的本性。而且富有之後，權威、仁義也都隨之而來，他說：「凡編戶之民，富相什則卑下之，伯則畏憚之，千則役，萬則僕，物之理也」，這說明人的財富愈多，權威便愈大。司馬遷又說：「人富而仁義附焉」，「禮抗萬乘，名顯天下，豈非以富邪」、「千金之家，比一都之君；巨萬者，乃與王者同樂，豈所謂素封者邪？」這說明富有之後，則有道德，並能禮抗萬乘，比於素封。有這些好處，誰能不動心追求呢？故曰：「夫千乘之王，萬乘之侯、百室之君，尚猶患貧，而況匹夫編戶之民乎！」可見王侯之君尚且患貧，何況是平民百姓。

既然人性有求利的本能，司馬遷並不否認，他所反對的是以姦致富，好利爭利。他說：

> 夫神農以前，吾不知已。至若《詩》《書》所述虞夏以來，耳目欲極聲色之好，口欲窮芻豢之味，身安逸樂，而心誇矜勢能之榮使。俗之漸民久矣，雖戶說以眇論，終不能化。故善者因之，其次利道之，其次教誨之，其次整齊之，最下者與之爭。（〈貨殖列傳〉）

虞夏以來，人民嗜欲已開，並且成俗，若想阻止求利之心，那是辦不到的。所以司馬遷主張「善者因之，其次利道之，其次教誨之，其次整齊之，最下與之爭」，又說：「本富為上，末富次之，姦富最下」（〈貨殖列傳〉），可見司馬遷不反對求利求富，但反對與民爭利和姦富，亦即反對不正當的求利求富。

義者，宜也。以正當的方法做正當的事，就是義。司馬遷欲以

「義」防止爭利之心，上焉者以義存心，息求利之念；下焉者雖有求利之念，亦能「因之」、「道之」而不爭，以正當手段去做，避免「姦富」的產生。司馬遷作列傳，「扶義俶儻」之士乃其入傳標準之一，如伯夷之「維彼奔義」、仲尼弟子之「崇仁厲義」、孟荀之「明禮義之統紀」、屈原之「連類以爭義」、刺客之「豫讓義不爲二心」、田叔之「義足以言廉」、游俠之「救人於戹，振人不贍，仁者有乎！不既信，不倍言，義者有取焉」（〈自序〉），皆可見司馬遷尚義之觀點。

3.禮之制作在止爭息亂

司馬遷至大行禮官，觀三代損益，「乃知緣人情而制禮，依人性而作儀」（〈禮書序〉），又說：

> 禮由人起。人生有欲，欲而不得則不能無忿，忿而無度量則爭，爭則亂。先王惡其亂，故制禮義以養人之欲，給人之求，使欲不窮於物，物不屈於欲，二者相待而長，是禮之所起也，故禮者養。（〈禮書〉）

禮之制作，是緣人情而作，但人生而有欲，欲而不得，則因忿而爭，爭則亂，故不能一昧禁止人欲，而須由根源著手，養人之欲，給人之求，故曰：「禮者養也」。司馬遷又曰：「君子既得其養，又好其辨也。所謂辨者，貴賤有等，長少有差，貧富輕重皆有稱也」（〈禮書〉），欲養眾人之欲，不可能皆能如意，勢必有所分辨，君君、臣臣、父父、子子，各得所需，各守其職，於是忿消息爭而止亂，此禮之作用。

綜上所述，可知司馬遷以「禮義防于利」，是要防微杜漸，因此在篇目安排上，八書以〈禮書〉爲首，以〈平準書〉爲末；列傳以〈伯夷列傳〉爲首，以〈貨殖列傳〉居末（〈太史公自序〉除外），皆有「先本絀末，以禮義防于利」的用意。（參見阮芝生〈論史記五體的體系關聯〉）亦即禮義爲本，篇次在先；求利爲末，篇次殿後。司馬遷曾「透

過標題，呈現褒貶」（魏聰祺《太史公「成一家之言」研究》），各篇標題既然可以暗藏褒貶，那麼八書首列〈禮書〉，末列〈平準書〉，以及列傳首列〈伯夷列傳〉，末列〈貨殖列傳〉，當然也會有其寓義。

我們由司馬遷自己所說的「嗟乎，利誠亂之始也！夫子罕言利者，常防其原也。故曰：『放於利而行，多怨』。」（〈孟子荀卿列傳序〉）是以孔子的話來說明「亂」的根源在「利」；而司馬遷要「以禮義防于利」，則是歸本於《春秋》。所以阮芝生〈試論司馬遷所說的「通古今之變」〉說：

> 司馬遷主張「以禮義防于利」，其最大的本原則在孔子的《春秋》，他說：「《春秋》者，禮義之大宗也。」這是史公作史大義之所本，也是《史記》之繼《春秋》處。

可見司馬遷「崇讓」這個內涵，與孔子及其《春秋》有極大關聯。

參、考據徵信

司馬遷因「崇讓」而替伯夷、叔齊立傳，但在伯夷、叔齊之前，相傳還有許由、卞隨、務光等人，也都有讓天下的高尚德性，司馬遷為何不替他們立傳呢？這就必須由「徵信」的角度加以解釋。

司馬遷寫作《史記》時，在「史料考證」方面，有四個原則：一為「考信六藝」；二為「多從古文」；三為「闕疑傳疑」；四為「訂正錯誤」。（阮芝生〈太史公怎樣搜集和處理資料〉）所以才能獲得劉向、揚雄「其文直、其事核，不虛美，不隱惡，故謂之實錄」（《漢書·司馬遷傳贊》）的讚譽。

司馬遷無徵不信的寫作態度，主要是表現在〈伯夷列傳〉的首段。司馬遷替伯夷、叔齊立傳，其著眼點在於「末世奔利，維彼奔義，讓國餓死，天下稱之」（〈自序〉）的讓國高義。不過，在伯夷之前，典籍所載「讓國」者，還有許由、卞隨、務光等人。司馬遷為何捨此三人，不為其立傳，卻要為伯夷立傳呢？其原因有二：

一、考信六藝

〈伯夷列傳〉一開頭就說：「夫學者載籍極博，猶考信於六藝。詩書雖缺，然虞夏之文可知也。」因此司馬遷引《尚書》的說法，認為「堯將遜位，讓於虞舜」，以及「舜禹之閒」的禪讓，是經過「岳牧咸薦」、「乃試之於位」、「典職數十年」、「功用既興」的種種考驗，「然後授政」。其目的是「示天下重器，王者大統，傳天下若斯之難也。」但「說者曰」：「堯讓天下於許由，許由不受，恥之逃隱。及夏之時，有卞隨、務光者。」（〈伯夷列傳〉）三人雖是隱士，但許由逃隱洗耳，卞隨、務光投水自沉，這種說法，和《尚書》的慎重相比，簡直就太過兒戲，而令人不敢相信。司馬遷因此不採信「說者」的說法，不為許由、卞隨、務光立傳。這是「考信六藝」的結果。

六藝的傳承，可以上溯到孔子，司馬遷「考信六藝」的態度，應是效法孔子的一種表現。

二、折中夫子

〈孔子世家贊〉曰：「自天子王侯，中國言六藝者，折中於夫子。」六藝最後仍要折中於孔子。所以，伯夷、叔齊的事蹟，同樣不見載於六藝，所傳世的資料，只有〈伯夷列傳〉所引「其傳曰」的內容，其中「軼詩」內容似怨，也令司馬遷覺得「可異」，那司馬遷為何要採信呢？這主要是因為孔子曾經評價過伯夷、叔齊二人，「求仁得仁，又何怨乎」、「怨是用希」，以折中夫子的原則來說，則此二人讓國事蹟必定可信。

肆、天人之際

要解決〈伯夷列傳〉中有關「天人」的關係，不能只就〈伯夷列傳〉一篇來看問題，必須以宏觀的角度，透過整部《史記》相關記載，才能看清問題的癥結。否則，只是在〈伯夷列傳〉中說得通，卻與其他篇章互相牴觸，那是見樹不見林。因此，本節先簡介司馬遷的「究天人

之際」，然後再對〈伯夷列傳〉中「天人」問題作辨析。

一、司馬遷的「究天人之際」

　　司馬遷的「究天人之際」，是透過「古今之變」的觀察，發現世有治亂盛衰，國有興廢存亡，事有成敗得失，人有吉凶禍福，但是決定治亂、盛衰、興廢、存亡、成敗、得失、吉凶、禍福的原因，則是「天」與「人」交互作用、互相影響之後的結果。所以在司馬遷的觀念中，天與人是可以交相作用，並形成天人感應的關係。

　　司馬遷認為「治亂吉凶在人」，也認為「人外有天」，而且「天」與「人」會互相「感應」：三代之得天下，莫不以德，故皆受天命而得帝位；及其衰也，皆失德，遂喪其天祿。這其中，人君失德，則天示象預警，若能修德補過，可以挽回未變之天命；若不知改過，且變本加厲，則天亦棄之。

　　在個人方面，司馬遷認為有功者，德澤蔭及子孫，如燕之「社稷血食者八、九百歲，於姬姓獨後亡，豈非召公之烈邪！」（〈燕召公世家贊〉）、「舜之德可謂至矣！禪位於夏，而後世血食者歷三代」（〈陳杞世家贊〉）、句踐滅吳稱霸，「蓋有禹之遺烈焉」（〈越王句踐世家贊〉）。反之，有陰禍者，不僅本身遭殃，甚至貽害子孫，如白起詐坑趙卒數十萬於長平，故身死杜郵（〈白起王翦列傳〉）；王離三世為將，其所殺伐多矣，其後受其不祥，故敗於鉅鹿（〈白起王翦列傳〉）；李廣詐殺降羌八百餘人，故不得封侯（〈李將軍列傳〉）；甚至陳平「多陰謀」、「多陰禍」，以致曾孫陳掌欲續封陳氏，然終不得（〈陳丞相世家〉）。

　　天人交互作用之後，呈現出來的現象有三：一為天命已定，人力難回，也就是說天的影響力大於人力；二為天道之完成，有待人力之表現，也就是說天本無言，須假手於人，始能完成其天意，則人事亦有其作用；三為天命隨德而漸變，虞、夏、商、周、秦等朝代，其所以得天命而王天下，非一朝一夕之故，乃「積善累功數十年」、「脩仁行

義十餘世」、「百有餘載」（〈秦楚之際月表序〉）的漸變過程，才能得天命而王。反之，已得天命為王，若要失天命而亡國，亦非一朝一夕之故，如夏后氏德衰，自帝孔甲始，其後經帝皋、帝發、帝桀，而後才轉移天命（〈夏本紀〉）。殷之興衰亦經五次，而後武王伐紂，才更天命。周自懿王始衰，經厲王、幽王，而後天命仍須經春秋、戰國才轉移。如此，則人力雖然有限，但也有可以努力的範圍。

　　既然人事亦有可以努力的範圍，則應善盡人事之責。首先要「盡人事以知天命」，對於傳遞天意的媒介要有重視的態度，但卻不迷信，如「凡天變，過度乃占」（〈天官書〉）、「五謀而卜筮居其二，五占從其多，明有而不專之道也」（〈龜策列傳〉）；反之，不重視天命，太過輕狂，則災禍及身；但若太過痴迷，則被愚弄。其次，則要「盡人事以合天命」。受命帝王以「應天改制」及「實施德治」，來上合天命；仁人志士則須把握「時機」，發揮己能，「立功名於天下」；若不遇時，亦能盡其在我，做到「扶義俶儻」之行。其三，須有人事已盡，才歸之天命的認知。若是人事已盡，就算事有不成，亦可問心無愧；若是人事未盡，可以察知人謀不臧，以為殷鑑；如此，則人力有其可貴處，使人可以盡其在我，而不是迷失在渺茫的天命之中。司馬遷這種先盡人事，以企待於天的觀點，與孔子「不知命，無以為君子」（《論語·堯曰》）的說法，有一脈相通之處。（以上「究天人之際」，參見魏聰祺《太史公「成一家之言」研究》）

二、〈伯夷列傳〉中「天人」之辨析

　　〈伯夷列傳〉中「孔子曰：『伯夷、叔齊，不念舊惡，怨是用希。』『求仁得仁，又何怨乎？』」一方面是「折中夫子」的考信態度；另一方面引出下文「余悲伯夷之意，睹軼詩可異焉」的天人辨析。孔子認為伯夷、叔齊不怨，「其傳曰」中的軼詩卻隱含怨，因此司馬遷覺得「可異」。他提出「或曰：天道無親，常與善人」的觀點，而加以質疑：

若伯夷、叔齊，可謂善人者非邪？積仁絜行如此而餓死；且
七十子之徒，仲尼獨薦顏淵爲好學。然回也屢空，糟穅不
厭，而卒蚤夭。天之報施善人，其何如哉？盜蹠日殺不辜，
肝人之肉，暴戾恣睢，聚黨數千人橫行天下，竟以壽終。是
遵何德哉？此其尤大彰明較著者也。若至近世，操行不軌，
專犯忌諱，而終身逸樂，富厚累世不絕；或擇地而蹈之，
時然後出言，行不由徑，非公正不發憤，而遇禍災者，不
可勝數也。余甚惑焉，儻所謂天道，是邪非邪？（〈伯夷列
傳〉）

伯夷、叔齊究竟是怨還是不怨？天道究竟是常與善人還是不與善人
呢？林聰舜〈伯夷叔齊怨邪非邪？—— 天道的破產與正義法則的追
尋〉認爲：

孔子對伯夷、叔齊的論斷，司馬遷卻不以爲然。……其實，
作史態度極爲謹嚴的司馬遷，對「采薇之詩」未必深信，對
別傳的記載也未必深信，他眞正相信的，是在黑暗的政治
勢力下，人生不可能無「怨」。……在肯定伯夷、叔齊的
「怨」後，司馬遷接著對「天道無親，常與善人」的正義法
則提出質疑，他一口氣舉出無數的例子，證明「天道」的不
可靠，把自己胸中的悲憤盡情發洩出來。……富貴壽考的，
原來都是那群無恥、邪惡之徒；而忠於理想，潔身自愛的，
卻要受盡人生的苦難。司馬遷所舉的例子，無一不是對「天
道無親，常與善人」此一正義法則的反諷，因此他難免會由
現實的不公平，懷疑到天道的不公平。在司馬遷的疑惑中，
「天道」徹底破產了，「天道無親，常與善人」的正義法
則，不過是騙人的把戲罷了。

林聰舜會有這種見解，完全是根據〈伯夷列傳〉的文意推敲出來的，

一般人應該也會認同他這種見解。但是筆者從整部《史記》著眼,卻有不同的看法:

㈠林聰舜認為:「孔子對伯夷、叔齊的論斷,司馬遷卻不以為然。」筆者認為:司馬遷十分景仰孔子,在體例上將孔子列為世家;在書法上於〈周本紀〉〈秦本紀〉〈燕召公世家〉〈陳杞世家〉〈衛康叔世家〉〈晉世家〉〈鄭世家〉中,遇孔子之卒,特筆書之:這是對孔子特別推崇。在許多篇章中引述孔子言論作為評斷事理的根據,是存有「群言淆亂折諸聖」的意味。而且〈老子列傳〉中老子形象的呈現——其猶龍邪,也是以孔子的觀點為依據(魏聰祺〈史記老子列傳所呈現的老子形象——其猶龍邪〉)。司馬遷「疑者闕焉」和「疑則傳疑」的原則,也是本之於孔子(魏聰祺《太史公「成一家之言」研究》)。〈伯夷列傳〉中「崇讓」、「徵信」「天人」、「闡幽」的思想,也是效法孔子。筆者尚未見《史記》中有司馬遷質疑孔子之處。此處林聰舜認為「孔子對伯夷、叔齊的論斷,司馬遷卻不以為然。」筆者不敢苟同。

㈡關於伯夷、叔齊究竟怨或是不怨?林聰舜認為:「作史態度極為謹嚴的司馬遷,對『采薇之詩』未必深信,對別傳的記載也未必深信,他真正相信的,是在黑暗的政治勢力下,人生不可能無『怨』。」既然司馬遷對於「采薇之詩」未必深信,對「其傳曰」的記載也未必深信,那麼伯夷、叔齊怨或不怨,就不能根據「采薇詩」和「其傳曰」的文意來作判斷。林聰舜認為司馬遷「他真正相信的,是在黑暗的政治勢力下,人生不可能無『怨』。」這是人之常情,司馬遷遭逢李陵之禍,難免也會有所抱怨。如果順著抱怨的情緒而不加節制,那麼司馬遷就不可能被稱為有史德的良史。因此,筆者不會由此推論司馬遷認為「天道」已徹底破產。

㈢關於「天道無親,常與善人」的「天道」觀,林聰舜認為:「在司馬遷的疑惑中,『天道』徹底破產了,『天道無親,常與善人』的正義法則,不過是騙人的把戲罷了。」有關這點筆者就不敢苟同,其因有

三：

1. 透過整部《史記》，對司馬遷「究天人之際」的探討，發現司馬遷仍
   是相信「天道」。以天人以德相感的例子看來，爲善者有陰德，福澤
   延及子孫；爲惡者有陰禍，害及子孫；政事上更是與災變相應，人君
   失德則天示象警惕，若修德補過，則可安然化解，否則天將棄之。如
   此看來，天道應是常與善人，爲善者受福，爲惡者遭殃。

2. 天道甚大，難以妄測，世俗之論天道，都以當身的成敗吉凶來論斷，
   未免淺薄。程頤《程氏遺書》第十八曰：

   > 天道之大，安可以一人之故，妄意窺測？如曰：顏何爲而
   > 殀？跖何爲而壽？皆指一人計較天理，非知天也。

   伯夷雖及身無福壽之回報，看似天不與善人；但求仁得仁，已遂其
   志，死後又得孔子之表揚而名益彰，豈非天道終與善人？而且司馬
   遷既然相信有陰德、陰禍會影響後世子孫，縱使現在是盡了人事仍
   失敗，或人事未足卻成功者，看似天道昏聵，但爲知天道不是在累
   計其先世之功過而有今日結局，又爲知今日之行爲不是在影響後世
   之果報。故以當身之利害成敗來論斷天道，似乎不易了解天，甚至
   懷疑天、誤解天。

3. 司馬遷「余甚惑焉，儻所謂天道是邪非邪」的懷疑，是他遭遇李陵之
   禍而產生的「忠而受謗」的正常反應，是人之常情。但他畢竟是位有
   史德的史學家，不會讓心中的「怨」蒙蔽良知，而對「天道」失望。
   他從古今之變中釐清眞相，因此他引孔子的話作爲辨析的依據：「子
   曰：『道不同不相爲謀』，亦各從其志也。」是說：不同的人，其人
   生觀各有不同，所追求的人生價值亦各自不同。既然價值觀不同，則
   認知不同，也就難有交集，因此不必相互遷就。這就如同現今不同政
   治傾向的人，往往互不諒解，每次辯論都是雞同鴨講。既然如此，何
   不「各從其志」，讓大家各自追求自己的人生價值。所以，站在世俗
   功利角度來看，伯夷、叔齊、顏淵之餓死、早夭，是「天道昏聵」；

但以伯夷、叔齊、顏淵的角度來說，他們不是追求功名利祿，也不是追求長命百歲，而是追求「仁」的實踐。所以孔子說「伯夷、叔齊求仁得仁，又何怨乎？」當然是不怨的。這也就是「天道無親，常與善人」的表現。顏天佑〈〈伯夷列傳〉爲《史記》列傳總序說之略探〉認爲：「史遷事實上已根本的動搖了『天道無親，常與善人』的信念。」這種看法，筆者不敢苟同。

伍、闡揚幽微

司馬遷「闡幽」的寫作目的，主要呈現在〈伯夷列傳〉的結尾部分：

> 子曰：「道不同不相爲謀」，亦各從其志也。故曰：「富貴如可求，雖執鞭之士，吾亦爲之。如不可求，從吾所好。」「歲寒，然後知松柏之後凋。」舉世混濁，清士乃見。豈以其重若彼，其輕若此哉？「君子疾沒世而名不稱焉。」賈子曰：「貪夫徇財，烈士徇名，夸者死權，眾庶馮生。」「同明相照，同類相求。」「雲從龍，風從虎，聖人作而萬物覩。」伯夷、叔齊雖賢，得夫子而名益彰。顏淵雖篤學，附驥尾而行益顯。巖穴之士，趣舍有時若此，類名堙滅而不稱，悲夫！閭巷之人，欲砥行立名者，非附青雲之士，惡能施于後世哉？

承接上文「余甚惑焉，儻所謂天道是邪非邪」的懷疑，司馬遷引孔子的話：「道不同不相爲謀」，加以釐清，並得出「亦各從其志也」的選擇原則。

但是，「各從其志」也不能毫無限制，若純任各人好惡，容易流於無所不至。這也就是君子與小人之別。因此司馬遷又引孔子的話來作說明：故曰「富貴如可求，雖執鞭之士，吾亦爲之。如不可求，從吾所好。」富貴如果可用正當的手段追求到，雖是執鞭替人駕車的雜役，孔

子也願意去做。反之，如果不能以正道得到富貴，而必須用旁門左道的不法方式去追求，那麼孔子是不屑去做的，而要「從吾所好」，寧願改走自己有興趣的事業。這是君子有所爲、有所不爲的堅持，平常是不容易看得出來，唯有在亂世考驗中，才能顯現君子和小人的操守差別。所以司馬遷又引孔子的話說：「歲寒，然後知松柏之後凋」，只有居亂世，然後才能知道君子之守正。反之，一般小人則是隨波逐流。這就是「舉世混濁，清士乃見」的現象。而其原因，司馬遷將之歸結爲「豈以其重若彼，其輕若此哉」，有的人看重的是功名富貴，看輕的是道德良心；有的人看重的是道德良心，看輕的是功名富貴。前者是小人，後者爲君子。這又呼應前文「道不同不相爲謀」。

　　既然「道不同不相爲謀」，君子和小人所追求的目標不同，站在史家「論治」的角度，當然要鼓勵做君子，而不要當小人。那麼，君子追求的是什麼呢？司馬遷引孔子的話說：「君子疾沒世而名不稱焉」，可見君子追求的是「流芳萬世」。又引賈子曰：「貪夫徇財，烈士徇名，夸者死權，眾庶馮生」，貪財者往往爲了追求財富而犧牲生命，烈士們往往爲了追求名聲而犧牲生命，夸耀權力者往往爲了爭權而犧牲生命，一般眾人往往只求好好地活下去。這一方面是「道不同不相爲謀」，用來回應上文；一方面又是「物以類聚」，用來引起下文：「同明相照，同類相求」和「雲從龍，風從虎，聖人作而萬物覩」，神龍現往往有祥雲伴舞，猛虎出往往隨著一陣腥風，這是「物以類聚」，也是主現則從附；所以「聖人作而萬物覩」，主角聖人出而配角萬物顯現，如黃帝出而發明指南車，嫘祖出而懂得栽桑養蠶繅絲織衣。在人事方面也有同樣的情形：「伯夷、叔齊雖賢，得夫子而名益彰；顏淵雖篤學，附驥尾而行益顯。」此即「聖人作而萬物覩」。

　　伯夷、叔齊和顏淵，因爲有孔子的讚揚，才能名聲顯揚於後世。反之，「巖穴之士，趣舍有時若此，類名堙滅而不稱」，是沒有得到聖人的稱揚，以致名聲堙滅，所以司馬遷爲之感到「悲夫」。因此提出「閭巷之人，欲砥行立名者，非附青雲之士，惡能施於後世哉？」的反問，

反問是問而不答,但答案卻在問題的反面,亦即「閭巷之人,欲砥行立名者」必須「附青雲之士」,才「能施於後世」。

上述這段「反問」的表層意思如上,但另有一層深意,那就是司馬遷要效法孔子,以寫作《史記》上繼《春秋》,孔子曾表揚伯夷、叔齊、顏淵這些「扶義俶儻」之士,使其名聲稱揚後世,司馬遷也要為「閭巷之人,欲砥行立名者」立傳稱揚,這就是「闡揚幽微」。

所以,〈自序〉曰:「扶義俶儻,不令己失時,立功名於天下,作七十列傳。」司馬遷選入列傳中的人物有兩種:一是扶義俶儻之士,以〈伯夷列傳〉為代表;二是及時立功名於天下者,以〈管晏列傳〉為代表。第二種人物,功名顯著,各種史籍都會記載,司馬遷當然不會遺漏。第一種人物雖有崇高德行,足資效法,卻易被人忽略,因此司馬遷特意為他們作傳,以闡揚幽微,使之留名青史。今日我們才能見到〈伯夷列傳〉、〈老子韓非列傳〉、〈仲尼弟子列傳〉、〈孟子荀卿列傳〉、〈魯仲連鄒陽列傳〉、〈屈原賈生列傳〉、〈扁鵲倉公列傳〉、〈刺客列傳〉、〈儒林列傳〉、〈游俠列傳〉、〈滑稽列傳〉、〈日者列傳〉、〈龜策列傳〉等作品,並進而認識傳中人物,而使其精神長存世間。

陸、結語

經由上述析論,可以得到下列幾點結論:

一、崇讓

將〈伯夷列傳〉寫為七十列傳之首,是效法孔子《春秋》始於隱公元年,也是司馬遷「通古今之變」得到的結論,他認為「利,誠亂之始也」,因此要「以禮義防于利」,而其方法是「先本絀末」,所以《史記》五種體裁的第一篇,都是和「禮讓」有關。而「以禮義防于利」的見解,也是歸本於《春秋》。

二、徵信

《尚書》談到堯讓舜，舜讓禹，是經過「岳牧咸薦」、「試之於位」、「典職數十年」、「功用既興」的考核，表現「傳天下若斯之難也」的慎重態度；以之對照《莊子・讓王篇》的說法，則許由、卞隨、務光讓天下之事，顯屬無稽：這是「考信六藝」。

伯夷、叔齊的事蹟，六經中也沒有記載；但在《論語》中，孔子曾經讚賞過此二人，因此司馬遷認為可靠：這是「折中夫子」。

三、天人

由於司馬遷個人遭遇，難免對於「天道無親，常與善人」的說法產生懷疑。但他畢竟是位史學家，透過古今考察，發現天道還是存在的。因此引孔子的話：「道不同不相為謀。」作為判別依據。天道究竟是常與善人還是不與善人呢？首先，以天人以德相感的例子看來，為善者有陰德，福澤延及子孫；為惡者有陰禍，害及子孫；政事上更是與災變相應，人君失德則天示象警惕，若修德補過，則可安然化解，否則天將棄之。如此看來，天道應是常與善人，為善者受福，為惡者遭殃。其次，天道甚大，難以妄測，世俗之論天道，都以當身的成敗吉凶來論斷，未免淺薄。伯夷雖及身無福壽之回報，看似天不與善人；但求仁得仁，已遂其志，死後又得孔子之表揚而名益彰，豈非天道終與善人？而且司馬遷既然相信有陰德、陰禍會影響後世子孫，縱使現在是盡了人事仍失敗，或人事未足卻成功者，看似天道昏聵，但焉知天道不是在累計其先世之功過而有今日結局，又焉知今日之行為不是在影響後世之果報。故以當身之利害成敗來論斷天道，似乎不易了解天，甚至懷疑天、誤解天。

四、闡幽

司馬遷引孔子的話說：「君子疾沒世而名不稱焉」，可見君子追求的是「流芳萬世」。伯夷、叔齊和顏淵，因為有孔子的讚揚，才能名聲

顯揚於後世。反之，「巖穴之士，趣舍有時若此，類名堙滅而不稱」，是沒有得到聖人的稱揚，以致名聲堙滅，所以司馬遷爲之感到「悲夫」。司馬遷要效法孔子，以寫作《史記》上繼《春秋》，孔子曾表揚伯夷、叔齊、顏淵這些「扶義俶儻」之士，使其名聲稱揚後世，司馬遷也要爲「閭巷之人，欲砥行立名者」立傳稱揚，這就是「闡揚幽微」。

　　綜上所述，不論是「崇讓」、「徵信」、「天人」或「闡幽」，司馬遷都是以孔子爲圭臬。可見〈伯夷列傳〉之寫作，隱含竊比孔子的撰述心志。

第十章

《史記・老子列傳》所
呈現的老子形象——其
猶龍邪

壹、前言

在〈老子韓非列傳〉的老子部分，司馬遷敘述孔子適周，問禮於老子，之後孔子對弟子們發表他對老子的觀感：

> 鳥，吾知其能飛；魚，吾知其能游；獸，吾知其能走。走者可以為罔；游者可以為綸；飛者可以為矰；至於龍，吾不能知其乘風雲而上天。吾今日見老子，其猶龍邪！

孔子見過老子，心目中對老子的形象是「其猶龍邪」，亦即將老子視為「龍」，而龍是怎樣的特殊形象呢？孔子說鳥、魚、獸，可以知其能飛、能游、能走，則可以網、綸、矰加以捕捉，至於龍，則不知其如何乘風雲而上天，因此無法掌握，可說是撲朔迷離，變幻莫測。《說文解字》解釋「龍」字為：「鱗蟲之長，能幽能明，能細能巨，能短能長，春分而登天，秋分而潛淵。」所謂「鱗蟲之長」是就生物分類而言，為鱗蟲類之尊貴者；「能幽能明，能細能巨，能短能長」，則是說其變化多端，令人莫測；「春分而登天，秋分而潛淵」，則是能力不凡，登天潛淵皆甚平常。又《周易・乾卦・文言》云：「雲從龍，風從虎」，古人觀念中常有龍飛在天，祥雲伴舞，因此有「神龍見首不見尾」的說法，亦即龍給人的感受是撲朔迷離，變幻莫測。

其實，孔子所說老子的形象是「其猶龍邪」，這四個字即是〈老子列傳〉的主旨所在，司馬遷為了把握本篇主旨，不論是在史料選擇、史料可信度、或是文字敘述上，都以烘托主旨的方法來編寫，因此〈老子列傳〉給人的感受即是「撲朔迷離，變幻莫測」的神龍形象。這也正是司馬遷所要呈現的老子形象。

我們可以從史料選擇、史料可信度及文字敘述三方面，詳細分析〈老子列傳〉是如何地令人撲朔迷離，變幻無端。

貳、由史料選擇來看老子形象的變幻莫測

司馬遷在史料選擇上，有採用「疑則傳疑」的原則，〈三代世表〉云：「孔子因史文次春秋，紀元年，正時日月，蓋其詳哉！至於序《尚書》則略無年月，或頗有，然多闕，不可錄。故疑則傳疑，蓋其慎也。」司馬遷這種「傳疑」的態度，是本之於孔子的「春秋之義」，魯桓公五年《春秋經》云：「五年春正月甲戌己丑陳侯鮑卒」，《穀梁傳》解釋：「鮑卒何爲以二日卒之？春秋之義，信以傳信，疑以傳疑，陳侯以甲戌之日出，己丑之日得，不知死之日，故舉二日以包也。」可見「春秋之義」是疑以傳疑。但是可疑的史料隨便引用，不是太過武斷，易有妄言之弊嗎？爲何司馬遷說是「蓋其慎也」？有關這點，孫德謙《太史公書義法‧載疑》曾加以說明：

> 夫人生古人後，傳聞異辭，安能由我而決之？所以傳疑者，留待後賢之研討耳。使是非任臆遽行去取於其間，如我之所刪存者，未必得當，豈不使後人轉滋疑誤乎？故疑以傳疑，斯慎之至也。

可知「疑則傳疑」的取材態度，是爲了留待後賢去研討，因爲證據不足，自己的判斷未必正確，唯有傳疑，才是最穩當慎重的考慮。

在〈老子列傳〉中，司馬遷對於老子的事蹟，不敢確定，所以用傳疑的方式來表現，因此就有許多不同的傳說：

1. 「老子者，楚苦縣厲鄉曲仁里人也。姓李氏，名耳，字聃，周守藏室之史也。……於是老子迺著書上下篇，言道德之意，五千餘言而去，莫知其所終。」這是第一種傳說，較受司馬遷採信，所以列之於本傳之首。但另有其他傳說，司馬遷不敢妄斷而刪除，故亦列之於後。

2. 「或曰：老萊子亦楚人也。著書十五篇，言道家之用，與孔子同時云。」這是第二種傳說，唐‧張守節《史記正義》云：「太史公疑老子或是老萊子，故書之。」因爲老萊子也是楚人，與老子同鄉；又所

著書言道家之用，與老子書言道德之意，性質相近，皆爲道家理論著作；二人時代相同，與孔子同時。且二人皆姓老。似乎頗有相似處，所以司馬遷將之列出，以待後賢考訂。

3. 「自孔子死之後百二十九年，而史記周太史儋見秦獻公曰：『始秦與周合，合五百歲而離，離七十歲而霸王者出焉。』或曰儋即老子，或曰非也，世莫知其然否」。這是第三種傳說。有人認爲周太史儋即是老子，原因是太史儋爲周之太史，而老子爲周守藏室之史，職業相似；二人皆曾出關至秦，最後的行蹤相近；老子八世孫與孔子十一世子孫同時代，則老子應晚於孔子；又「儋」與「聃」古音同通用。（參見羅根澤〈老子及老子書的問題〉）但又有人反對此說，世人莫知其對錯，所以司馬遷爲了愼重起見，也將之列出，希望能做到「疑則傳疑，蓋其愼也」的要求。

既然連司馬遷都無法確定上述三種傳說，何者正確？何者錯誤？而是採用「疑則傳疑」的心態，將之一一列出，則身處後世的我們，除非找到新證據，否則又如何能判斷何者爲眞老子？何者爲假老子？則老子給人的印象，豈非是撲朔迷離，變幻莫測，說他是「其猶龍邪」，一點也不爲過。

參、由史料可信度來看老子形象的撲朔迷離

在〈老子列傳〉短短篇幅中，筆者發現有五個地方可疑，即老子的籍貫、老子的姓氏、周太史儋見秦獻公的時間、所言的內容，及老子後代，字面上都言之鑿鑿。但若仔細加以推敲，慢慢斟酌，則會發現這些記載，其實大有問題。如果只有一、二處有問題，還可以推說是筆誤或傳抄譌誤，但本文卻有五處記載出問題，那就只有一個可能，這是司馬遷有意造成的。其目的是藉此營造氛圍，以符合老子：「道可道，非常道；名可名，非常名。」（第一章）的學說：老子的道如果可以被說出，那就不是老子的道，而是莊子、列子等人說的道。同樣地，老子的籍貫、姓氏……等，如果可以被世人稱說，那就不是老子的籍貫、姓

氏，而是世人所說的。這種似是而非的史料，豈非令人覺得撲朔迷離、變幻莫測？茲分別論述於後：

一、老子的籍貫

　　本傳說是「楚苦縣厲鄉曲仁里人也」，似乎十分明確地將老子的籍貫寫出，只差沒寫出門牌號碼而已。在《史記》書中，有關籍貫敘述，應以此段最爲詳細，連漢代之人，都少有如此詳盡者，這不禁令人起疑，漢代之人與司馬遷時代相近，其籍貫居然比不上先秦時代的老子來得詳細；而且老子事蹟撲朔迷離，爲何他的籍貫反而如此詳細？豈非反常；另外，《史記》書中記載人物之籍貫，就算司馬遷知道其人的詳細籍貫，也只是依定式規格簡略一提，少有如老子籍貫寫至里門者，這太過詳細的籍貫，與身世成謎，行蹤飄忽不定的老子連在一起，豈不正意味著太詳細的籍貫必有問題，令人難以相信，此爲可疑者一也。

　　一般人的信仰與習慣，在命名之時，大都取其美稱，若遇有惡名，也都儘量力求更改。但老子的籍貫卻是一連串的惡名：「苦縣」爲土地苦惡之縣；「厲鄉」或作「賴鄉」、「瀨鄉」，此因「厲、賴、瀨」三字音同通用，爲癩厲之鄉，惡病之鄉；「曲仁里」爲邪僻不仁之里，孔子云「里仁爲美」，老子鄉里竟是邪僻不仁，如此籍貫地名，豈非與世俗認知相差太遠嗎？此爲可疑者二也。

　　以筆者個人推測，老子身世恍惚迷離，連行蹤都難以測知，且其身份更是與老萊子、太史儋糾纏不清，則其籍貫如何能明確詳細若此？如此詳細明確的籍貫，想必是後人偽造，而非眞情。難道這是司馬遷偽造的嗎？絕對不是。那麼司馬遷身爲史官，在採用史料之前，必定知道「無參驗而必之者，愚也；弗能必而據之者，誣也」（《韓非子・顯學》）的道理，明知道此段記載可疑性太高，卻又引據入史，豈非愚誣之人嗎？其實這也是司馬遷「疑則傳疑」的另一例證，只因當時已有這種說法，且爲大家稱說不疑，所以司馬遷照實記載，以留待後賢考訂。然而當時爲何會有此種說法傳世呢？這大概與西漢初年盛行黃老之治

有關吧！在漢初天下殘破之餘，老子的道家無為而治學說，講究官府與民休息生養，歷經百年，累積富厚，功效可見，所以老子的地位日漸抬高，連司馬談的〈論六家要旨〉，也都評斷道家是「因陰陽之順，采儒墨之善，撮名法之要」，綜合各家長處，而無缺點。因此老子受到極為尊貴的崇拜，一旦人們開始崇拜老子，則關心老子，想了解老子事蹟的人，必定增多，但若發現老子事蹟不明，連籍貫名姓都不知道，豈不令人惋惜？所以為求完滿結果，於是有人偽造詳細的老子籍貫，以符合人情需要。這種情形在許多民間傳說中常見，如「西施」在先秦諸子書，不過是古代美人的代稱而已；在《左傳》、《國語》、《史記》等書所載吳越興亡史實，並未曾提及西施；直至東漢‧趙曄撰《吳越春秋》，始將西施編入吳越爭戰中；後來東漢‧袁康的《越絕書》、晉‧王嘉的《拾遺記》、及歷來文人賦詠的篇章、明代梁辰魚的《浣紗記》，則將西施的故事編織得越來越詳細。所以若從西施故事的演進看來，其時代越晚，故事內容是越豐富、越有趣的。（參見曾永義〈西施故事志疑〉）但在偽造過程中，偽造者仍想到偽造出來的東西要符合老子身分，符合老子的學說，以增加說服力，來取信他人。這就如同唐‧張繼〈楓橋夜泊〉有「江楓漁火對愁眠」之句，於是後人好事者將該地之橋取名為「江橋」、「楓橋」，以符合詩句所言。老子的思想為「天下皆知美之為美，斯惡已；皆知善之為善，斯不善已。」（第二章）「信言不美，美言不信」（第八十一章），且老子強調「反者道之動，弱者道之用」（第四十章），柔弱只是「弱」字的狹義，它的廣義包括虛、靜、卑、下、曲、枉、窪、敝、少、雌、牝、賤、損、嗇、復、退等所有反面字的意思。可以說是老子思想是不強出頭，因此他的籍貫地名不是一般人觀念中的美名，而是反面意義的「苦縣厲鄉曲仁里」惡名。

二、老子的姓氏

　　《史記‧老子列傳》說是「姓李氏，名耳，字聃」，老子姓李氏的說法，最早即是見於《史記》，且為大多數人採信，所以李唐天子以老

子爲同姓，故愛屋及烏，也尊奉道教。但近代學者，對於老子姓李，則持懷疑態度，甚至認爲老子應該姓老，綜合其理由有下列數點：

(一)現存先秦典籍中，春秋時代未見有姓李者，直到戰國時代，才有李悝、李克、李牧等，可見李姓產生很晚。此爲旁證。

(二)老佐見於《左傳・成公十五年》：「華元使向戌爲左師、老佐爲司馬、樂裔爲司寇，以靖國人。」《左傳・成公十八年》：「七月，宋老佐、華喜圍彭城。老佐卒焉。」「老祁」見於《左傳・昭公十四年》：「南蒯之將叛也，盟費人。司徒老祁、慮癸僞廢疾。」、「老彭」見於《論語・述而》：「子曰：『述而不作，信而好古，竊比於我老彭。』」、《史記》有「老萊子」，則老氏在春秋時代已有。而老子因修道養壽，所以其年壽「蓋老子百有六十餘歲，或言二百餘歲」，則老氏乃因其長壽特徵而來，猶如《墨子・貴義》：「子墨子北之齊，遇日者。日者曰：『帝以今日殺黑龍於北方，而先生之色黑，不可以北。』」可知墨子色黑而姓墨；《史記・黥布列傳》云：「黥布者，六人也，姓英氏。秦時爲布衣。少年，有客相之曰：『當刑而王。』及壯，坐法黥。布欣然笑曰：『人相我當刑而王，幾是乎？』人有聞者，共俳笑之。」《索隱》曰：「按：布本姓英。英，國名也，咎繇之後。布以少時有人相云『當刑而王』，故《漢雜事》云『布改姓黥，以厭當之』也。」可知漢初英布，因受黥刑，而被稱爲「黥布」的道理一樣。

(三)先秦諸子，皆以姓稱，如孔子、墨子、孟子、莊子、申子、管子、晏子、荀子、韓子……等，莫不如此，老子既稱老子，而不稱李子，則老子應姓老，而非姓李。有人可能會認爲「李子」很難聽，像是水果名，而非人名，但戰國時代，李克、李悝皆被稱爲「李子」，如《韓非子・難二》「或曰：李子設辭曰」、「李子之姦弗蚤禁」及《呂氏春秋・審分覽・勿躬篇》「故李子曰：非狗不得免，兔化而狗，則不得兔。」老子不稱爲「李子」，則老子不姓李。

(四)且先秦典籍中，皆稱老子爲老聃，而不稱李聃，可見老子姓老，而不

姓李。亦猶項籍字羽,只可叫項羽,不能叫老羽。

㈤老子姓老,而誤爲姓李,乃因「老」、「李」二字音近的關係,這猶如慶卿被稱爲荊卿:《史記‧刺客列傳》:「荊軻者,衛人也。其先乃齊人,徙於衛,衛人謂之慶卿。而之燕,燕人謂之荊卿。」《索隱》曰:「軻先齊人,齊有慶氏,則或本姓慶。」;荀卿被誤稱爲孫卿:《漢書‧藝文志》載〈諸子略‧儒家〉有「孫卿子三十三篇」,班固自注:「名況,趙人,爲齊稷下祭酒,有列傳。」唐‧顏師古注曰:「本曰荀卿,避宣帝諱,故曰孫。」;及郭泰其先爲虢叔,虢、郭音同通用:僖公二年經:「虞師晉師滅下陽」,《左傳》作「晉里克、荀息帥師會虞師伐虢,滅下陽。」《穀梁傳》亦作「滅夏陽而虞虢舉矣」,《公羊傳》則作「吾欲攻郭則虞救之,攻虞則郭救之。」可見「虢」、「郭」二字音同通用。所以蔡邕〈郭有道碑文〉云:「其先出自有周,王季之穆,有虢叔者,寔有懿德,文王咨焉。建國命氏,或謂之郭,即其後也。」

連老子的姓氏,都頗可疑,則其他事蹟,不免令人疑信參半,不敢確定,此乃令人捉摸不定的神龍形象。

三、太史儋見秦獻公的時間

〈老子列傳〉云:「自孔子死之後百二十九年,而史記周太史儋見秦獻公」,查《史記‧十二諸侯年表》,孔子死於周敬王41年、魯哀公16年(西元前479年),死後129年是西元前350年,查《史記‧六國年表》乃周顯王19年。秦獻公早在周顯王7年(西元前362年)薨,此時秦國已是孝公12年,太史儋何以能於此時見秦獻公?可見太史儋見秦獻公的時間有誤。其實,周太史儋見秦獻公的時間應是周烈王2年、秦獻公11年(西元前374年),亦即孔子死後105年。

四、太史儋所言內容

太史儋見秦獻公所言周秦分合大勢,在《史記》書中,曾有四

見，但〈老子列傳〉所言內容爲：「始秦與周合，合五百歲而離，離
七十歲而霸王者出焉。」其他三篇爲〈周本紀〉：「烈王二年，周太史
儋見秦獻公曰：『始周與秦國合而別，別五百載復合，合十七歲而霸王
者出焉。』」；〈秦本紀〉：「（獻公）十一年，周太史儋見獻公曰：
『周故與秦國合而別，別五百歲復合，合十七歲而霸王出。』」；〈封
禪書〉：「周太史儋見秦獻公曰：『秦始與周合，合而離，五百歲當復
合，合十七年而霸王出焉。』」此三篇所載內容一致且無誤，卻與〈老
子列傳〉所載內容不同。其中有二點差異：〈老子列傳〉云：「合五百
歲而離」，另三篇則是「別五百載復合」，此其一；〈老子列傳〉云：
「離七十歲」，另三篇則是「合十七歲」，此其二。亦是史料有誤。

五、後代世系

　　〈老子列傳〉說：「老子之子名宗，宗爲魏將，封於段干。宗子
注，注子宮，宮玄孫假，假仕於漢孝文帝，而假之子解爲膠西王卬太
傅，因家于齊焉。」此段文字，頗引起後代學者懷疑：

㈠《史記會注考證》云：「魏列諸侯，在周威烈王二十三年，孔子沒後
　七十六年，使老子與孔子同年，五十生宗，宗是時百歲左右矣。」一
　位百歲人瑞竟然能爲魏將，豈非奇事？此其一。

㈡〈孔子世家〉：「孔子生鯉，字伯魚。…伯魚生伋，字子思。…子
　思生白，字子上。……；子上生求，字子家……。子家生箕，字子
　京。……子京生穿，字子高。……子高生子愼。…子愼生鮒。……鮒
　弟子襄……子襄生忠……忠生武，武生延年及安國，安國爲今皇帝博
　士，至臨淮太守。」則孔安國爲孔子第十一代孫，當漢景帝、武帝之
　時，與老子第八代孫解同時，則老子當晚於孔子，否則段干宗必非老
　子之子。連後代世系都可疑，則老子事蹟確是難以掌握。此乃神秘難
　明的神龍形象。

肆、由文字敘述來看老子形象的疑似難明

　　司馬遷寫作〈老子列傳〉，其主題乃是以展現老子「其猶龍邪」的形象為主，為了配合此一主題，使讀者能由本傳文字敘述中，感受到變化自如的意象，因此本傳文字有下列幾種特色：

一、常用疑似之辭

　　〈老子列傳〉三用「或曰」，如「或曰老萊子亦楚人也」；「或曰儋即老子」、「或曰非也」；一用疑辭「蓋」及「或言」，如「蓋老子百有六十餘歲，或言二百餘歲」。這些疑似之辭看在讀者眼中，是不確定的史料，唯有變化莫測的人，才令人難以捉摸，不易確定。

二、綱要之語，前後呼應

　　〈老子列傳〉以「莫知其所終」為綱，這是老子行蹤撲朔迷離，與後面世人莫知太史儋是否即是老子的「世莫知其然否」相呼應；老子「其學以自隱無名為務」，正因為自隱無名，所以與後面「子將隱矣」、「老子隱君子也」相呼應。既然是「隱君子」，所以事蹟不明，撲朔迷離，也是理所當然。

　　因為本傳文字有此特色，所以歷來學者對於〈老子列傳〉所得的觀感，大致也都與本文所述相近，皆認為「此傳始終變幻，真猶龍哉」，「猶龍二字，隱隱在內」，茲將歷來學者之評語列述於後：

㈠吳齊賢曰：「文字屈伸，自如變化，無所不可，讀之覺鱗鬣東西，煙雲滿紙，史公亦將猶龍乎！吾又烏乎測之也？」（《史記論文・老莊申韓列傳》）

㈡凌稚隆按：「老子清淨無為，本無事迹可考，太史公立傳，只據其語孔子之言，與孔子贊之之語，及令尹喜強之之事，以概其平生，而以『莫知所終』結之。中間連用『或曰』、『或言』，而又結以『莫知其然否』，正應『莫知所終』句，後『隱君子』句與『自隱無名』、『子將隱矣』相應。……此傳始終變幻，真猶龍哉！」（《史記評

林》卷63）

㈢鍾惺曰：「以『莫知其所終』一語作綱，而『或曰』以下，蹤蹤幻處，
俱從虛語寫出，『猶龍』二字，隱隱在內。」（《史記評林》卷63）

由上所述，可知歷來學者皆能從本傳文字中，把握住司馬遷寫作
〈老子列傳〉的主旨——表現「其猶龍邪」的老子形象。

伍、結語

老子云：「道可道，非常道；名可名，非常名。」（第一章）其
學說開宗明義即指出「道」難以言語稱說，若可明確述說道為何物，則
已非我所指的道。老子所說的「道」是一籠統包涵的概念，不易指明為
何，只能勉強稱之為「大」，所以他說：「有物混成，先天地生，寂兮
寥兮，獨立而不改，周行而不殆，可以為天下母，吾不知其名，字之曰
道，強為之名曰大。」（第廿五章）而他又說：「大曰逝，逝曰遠，遠
曰反」（第廿五章），則道又回歸到原點，所以道是「玄之又玄，眾妙
之門」（第一章），亦即玄秘奧妙，令人難以把握。老子的學說如此玄
妙難明，正如同老子本人一樣，撲朔迷離，令人難以捉摸，若能令人明
確指出者，則已非老子原來面目。

正因為老子的「道」令人不易明確掌握，所以歷來道家人物，如莊
子、列子……等人，對「道」的體會，也就因人而異，各人有自己的理
解看法，因此，同一「道」字，其涵義亦隨之不同；再加上不同派別的
人，或不同學科也套用「道」字，則「道」之涵義，必因時、空、人、
事之異，而有許許多多的變化。此猶如「龍」字在中國古代出現極早，
終由不同時代，不同地域，不同人物賦予牠不同的形象、意義，則有不
同的涵義，最後將之歸納綜合成今日人們心目中的祥瑞異獸——鹿角、
蛇身、魚鱗、四足、五爪的想像中神獸。老子其人，大概亦復如此，經
由不同時代，不同人物的附會增補，於是老萊子、周太史儋也都成了老
子的分身，而段干宗之系統，也成為其苗裔，因此形成老子撲朔迷離，
變幻莫測的神龍見首不見尾的形象。

第十一章

論戰國四公子養士態
度與門客回報

壹、前言

　　所謂「戰國四公子」，指的是齊國的孟嘗君、趙國的平原君、魏國的信陵君及楚國的春申君。這四位若不是王親，則是國戚；且位居要津，掌握本國朝政。如孟嘗君田文，其父為靖郭君田嬰，「田嬰者，齊威王少子，而齊宣王庶弟也」（〈孟嘗君列傳〉），田嬰自威王時任職用事，宣王時成為齊相，並於湣王時封於薛。後來孟嘗君代立於薛，並為齊相任政（〈孟嘗君列傳〉）。平原君趙勝，乃趙之諸公子，諸子中趙勝最賢，相趙惠文王及孝成王，曾經三去相位，又三次復位，被封於東武城（〈平原君虞卿列傳〉）。信陵君魏無忌，乃魏昭王少子，而魏安釐王異母弟也。昭王薨，安釐王即位，封為信陵君。曾任上將軍，率五國之兵破秦軍（〈魏公子列傳〉）。春申君黃歇，楚人，考烈王以之為相，封為春申君，並賜淮北地十二縣（〈春申君列傳〉）。這四位戰國時代的貴介公子，除了身分地位顯赫之外，都有一個共同嗜好——養士。如孟嘗君有賓客三千餘人，連封邑的賦稅收入都不夠支付，還要在薛地放高利貸，以利息彌補；而平原君也「喜賓客，賓客蓋至者數千人」；信陵君則「致食客三千人」；春申君「客三千餘人，其上客皆躡珠履」。所以司馬遷說：「春申君既相楚，是時齊有孟嘗君，趙有平原君，魏有信陵君。方爭下士，招致食客，以相傾奪，輔國奪權。」（〈春申君列傳〉）在這種競爭的風氣之下，四位公子無不禮賢下士，招聘賢才，以為己用。所謂「養兵千日，用在一朝。」即是借養士之風，培訓人才，以備他日應用之效。然而同為養士，四位公子禮賢下士的心意、態度，各有不同；而其門下食客之回報，亦輕重有別。本文主旨，即是由「養士態度」及「門客回報」這兩方面，來比較戰國四公子在「養士」方面的優劣，亦可視為四公子評價之優劣。

貳、養士態度

　　每個人的行為表現，都與其身世、環境、個性有關，而身世、環

境、個性，幾乎是無人完全相同的。所以，同一種行為，表現出來的態度、方法，往往也因人而異。由於戰國四公子國籍不同，環境不同，個性也不同，因此同時「養士」，表現出來的方法及態度，也就各具特色。茲分述於下：

一、孟嘗君

孟嘗君的好客喜士，據《史記・孟嘗君列傳》的記載，我們可以將之歸納為三個特色：

(一)不加選擇

即是不論貴、賤，不分賢、不肖，皆善遇之。上自賢士馮驩，下至雞鳴狗盜之徒，以及亡人、有罪者，皆歸孟嘗君。孟嘗君之所以對賓客不加選擇，可能與其身世有關：其父田嬰有子四十餘人，其生母只是「賤妾」而已，身分卑賤低下，而且孟嘗君田文又是農曆五月五日出生，依當時民俗傳說，五月五日出生的孩子，長大到與門戶一般高時，將會對父母不利。所以田嬰不准「賤妾」撫養田文。基於母愛天性，其母私下將他撫養長大，再使其父子相見，但也引來田嬰大怒。可知孟嘗君因為生母是地位卑下的「賤妾」，而自己又是在偷偷摸摸之下長大的，當然遭遇過許多輕視、汙蔑，一旦自己掌權，當然更能體會那些卑賤、不如意的人，所以他招致諸侯賓客，是來者不拒，不加選擇。

(二)平等相待

所謂「食客數千人，無貴賤，一與文等」，即表現出田文不擺架子，自己所吃、所用，皆與賓客相等。如此，則賓客多歸之。〈孟嘗君列傳〉中曾載一事，即能作為「平等相待」的最佳說明：

> 孟嘗君曾待客夜食。有一人蔽火光，客怒，以飯不等，輟食辭去。孟嘗君起，自持其飯比之，客慚，自剄。士以此多歸孟嘗君。

但有人會懷疑，既然孟嘗君對賓客平等相待，又何以有傳舍、幸舍及代舍上中下三等之分？且其待遇又有食菜、食魚、食肉及出有車的差別呢？其實，這是後來才做的改變。當孟嘗君初次「主家、待賓客」時，首要的工作即是打開知名度，使賓客慕名而來，則此時不便有所選擇賓客，或是將賓客分等。這就如同〈燕世家〉所載燕昭王欲卑身厚幣以招賢者，而郭隗向之進言曰：「王必欲致士，先從隗始，況賢于隗者，豈千里哉！」於是燕昭王為郭隗改築宮而師事之。結果「樂毅自魏往，鄒衍自齊往，劇辛自趙往。士爭趨燕。」正因為孟嘗君不加選擇，平等待士，所以「賓客日進，名聲聞於諸侯」，諸侯也都使人請薛公田嬰立田文為太子。這是初期養士必經的階段，也因名聲打開，而令田文地位得以鞏固。但當賓客人數愈來愈多，封邑的賦稅收入都不夠開銷時，勢必要有一番開源節流的措施。開源方面，是到薛地放貸，收取利息貼補開銷。節流方面，則是將賓客分為上中下三等，分別安置在代舍、幸舍及傳舍。傳舍的賓客最多，無任何專長者，則以粗食招待，節省許多花費；幸舍賓客稍有才幹，人數略少於傳舍，食有魚，所增花費不多；代舍賓客則已少數，人人皆有專長，故出入有專車。不僅是因財源不足，而把賓客分上中下三等；另一個重要理由，則是借此激勵競爭，優勝劣敗。此時賓客三千，不愁沒人，不需要一再宣傳。有才者居上位，待遇好，可以挽留住人才，否則「牛驥同皂」，智愚不分、賢不肖無別，則徒增賢才「時不我與」之歎，而令不肖者竊笑得以濫竽充數。如此必將反淘汰，千里馬絕蹄而去，所留者僅一般駑馬而已。

(三)盡心盡力

　　孟嘗君除了「舍業厚遇」賓客外，對於賓客的親戚，也都探視、饋遺，令其無後顧之憂。他的作法是：

　　孟嘗君待客坐語，而屏風後常有侍史，主記君所與客語，問

親戚居處。客去，孟嘗君已使使存問獻遺其親戚。（〈孟嘗
君列傳〉）

所以使得每位賓客都有「人人各自以為孟嘗君親己」的感覺。正因為
他盡心盡力地照顧賓客，所以弄到自己「邑入不足以奉客」、「客奉
將不給」的窘境。

　　另外，在《戰國策》中，也記載一些孟嘗君待客的事蹟，如〈齊
策三〉「孟嘗君舍人有與君之夫人相愛者」條，有人問孟嘗君：「為君
舍人而內與夫人相愛，亦堪不義矣，君其殺之。」孟嘗君回答說：「睹
貌而相悅者，人之情也，其錯之勿言也。」不僅不責怪與己夫人相愛之
舍人，期年後，還大力地將他推薦給衛君，可說是以德報怨，仁至義盡
了。又〈齊策三〉「孟嘗君出行國至楚」條，楚人獻象床，由登徒先生
護送，登徒先生不想送，就見孟嘗君門人公孫戌說：「象床之直千金，
傷此若髮漂，賣妻子不足償之。足下能使僕無行，先人有寶劍，願得獻
之。」公孫戌乃言於孟嘗君：「小國所以皆致相印於君者，聞君於齊能
振達貧窮，有存亡繼絕之義。小國英傑之士，皆以國事累君，誠說君之
義，慕君之廉也。今君到楚而受象床，所未至之國，將何以待君？臣戌
願君勿受。」孟嘗君允諾，公孫戌趨出，又被孟嘗君召回，問他：「子
教文無受象床，甚善。今何舉足之高，志之揚也？」公孫戌據實以告，
孟嘗君乃書門版：「有能揚文之名，止文之過，私得寶於外者，疾入
諫。」由此而言，孟嘗君頗能採納諫言，故能得士死力。所以司馬光評
論說：

　　孟嘗君可謂能用諫矣。苟其言之善也，雖懷詐諼之心，猶將
　　用之，況盡忠無私以事其上乎！（《資治通鑑》卷二）

總之，在好客喜士這方面，司馬遷對孟嘗君養士的態度是沒有可挑剔
的地方。所以他說：「世之傳孟嘗君好客自喜，名不虛矣。」（〈孟
嘗君列傳〉）而明代茅坤說：「讀〈孟嘗君傳〉能令人好士而俯

躬。」（《史記評林》）這是太史公筆力點染之功。

二、平原君

平原君的養士態度，由〈平原君虞卿列傳〉中，我們可以找出下列四點特色：

㈠徒爲豪舉，不明求士

平原君這一位翩翩濁世佳公子，在養士方面，有很大的盲目性，只是爲了博取名聲，提高身分地位，但卻缺乏識人之明，而遺漏了許多賢才。如鄰家有躄者爲平原君美人所笑，他爲了洗清「愛色而賤士」的批評，乃「斬笑躄者美人頭」，且親自登門道歉。他如此待士，可謂不薄；但在邯鄲之圍時，卻未見這位受禮遇的躄者有何建樹，可見「殺姬謝躄」這一行動，只是徒爲豪舉，而不明求士。

或許他殺姬謝躄的用意，是如同燕昭王「千金市骨」，以廣來賢士。的確，「其後門下乃復稍稍來」，有了一些功效，但卻無法像燕昭王一樣廣羅天下名士。

又如平原君門客數千人，但爲「求救、合縱於楚」，想由門下食客中選出二十名「勇力文武具備者」偕行，卻只能湊到十九人而已，此十九人至楚，卻無言以對楚王，純是庸庸碌碌之輩，因人成事而已。上述所舉「鄰之躄者」、「文武具備十九人」，都是平原君特別待遇的對象，但卻全無才能功用，可見平原君無識人之明，用人不當。

反之，許多賢才，如毛遂、李同、毛公、薛公，卻都因平原君無伯樂之見，而錯失千里良駒。有功於平原君，有功於趙國的毛遂，處於趙勝門下三年，卻未被見重，須毛遂自薦，方得隨十九人赴楚，並發出「使遂蚤得處囊中，乃穎脫而出，非特其末見而已」的抱怨。而勸說平原君以「家之所有，盡散以饗士」，並以三千敢死之士赴秦軍，迫使秦軍退卻三十里的李同，僅是邯鄲傳舍吏之子，事先亦未被平原君賞識。或許此二人因平時無特殊時勢以造就英雄，顯露其才華，致使平原君無

以識才。但對於名聲遠播於大梁，爲信陵君所傾慕的賢士——毛公、薛公，平原君卻因其爲博徒、賣漿者而不屑與之交往，有關此事，則無法再爲之粉飾彌縫，所以信陵君批評他說：「平原君之游，徒豪舉耳，不求士也。」（〈魏公子列傳〉）

(二)未睹大體，利令智昏

在〈趙世家〉載韓國上黨郡守馮亭欲以城市邑十七歸趙，平陽君趙豹洞悉馮亭「嫁禍於趙」的用心，向趙孝成王勸諫說：

> 夫秦蠶食韓氏地，中絶不令相通。固自以爲坐而受上黨之地也。韓氏所以不入於秦者，欲嫁其禍於趙也。秦服其勞，而趙受其利，雖彊大不能得之於小弱，小弱顧能得之於彊大乎？

趙王不聽，反而聽從平原君趙勝利令智昏的觀點：「發百萬之軍而攻，踰歲未得一城，今坐受城市邑十七，此大利，不可失也。」結果，趙發兵取上黨，秦敗趙於長平，坑趙卒四十餘萬人，使趙國元氣大傷，並有邯鄲之圍，幸賴諸侯救兵至，否則趙之宗廟社稷，早已爲秦所夷滅。

(三)從諫如流，知過必改

平原君雖然識人不明，不知求士，徒爲豪舉，又未睹大體，利令智昏。但爲了與其他三位公子「爭相傾以待士」，所以各以不同方法招致賢士賓客，他的長處，即是從諫如流，知過必改。這原是養士態度中，令眞正人才受到尊重，願意留下貢獻才能的最佳策略。否則以平原君前述「徒爲豪舉，不明求士」的識人盲點，早已嚇走眞正賢士，又焉能得毛遂之自薦，李同之死力乎？

最初，當鄰之躄者至門，請求平原君斬嘲笑自己的美人，平原君敷衍他走後，並笑著說：「觀此豎子，乃欲以一笑之故，殺吾美人，不亦

甚乎！」等到發現門下賓客以爲其「愛色而賤士」，且稍稍引去者過半時，便立即「斬笑躄者美人頭，自造門進躄者因謝焉」，由於這種知過能改的舉動，總算「其後門下乃復稍稍來」。

當毛遂自薦赴楚，平原君對之輕蔑倨傲地說：

> 夫賢士之處世也，譬若錐之處囊中，其末立見。今先生處勝之門下，三年於此矣。左右未有所稱頌，勝未有所聞，是先生無所有也。先生不能，先生留。（〈平原君虞卿列傳〉）

可是當毛遂替平原君說服楚王，定縱而歸後，平原君則對毛遂佩服得五體投地，懺悔自責地說：

> 勝不敢復相士。勝相士多者千人，寡者百數，自以爲不失天下之士，今乃於毛先生而失之也。毛先生一至楚，而使趙重於九鼎大呂。毛先生以三寸之舌彊於百萬之師。勝不敢復相士。（〈平原君虞卿列傳〉）

並且以毛遂爲上客。這也是知過能改的好例證。尤其是秦圍邯鄲，邯鄲急，且降，平原君甚患之。此時邯鄲傳舍吏子李同向他建議說：

> 邯鄲之民，炊骨易子而食，可謂急矣。而君之後宮以百數，婢妾被綺縠，餘梁肉，而民褐衣不完，糟糠不厭，民困兵盡，或剡木爲矛矢，而君器物鍾磬自若。使秦破趙，君安得有此？使趙得全，君何患無有？今君誠能令夫人以下，編於士卒之間，分功而作；家之所有，盡散以饗士。士方其危苦之時易德耳。（〈平原君虞卿列傳〉）

平原君聽從他的意見，令夫人以下編於士卒之間，與士卒同甘共苦，分功而作；並將家財盡散以饗士。因此士氣大振，得敢死之士三千人，卻秦軍三十里。這種從諫如流的態度，使得趙國得以保全，對其

國家、社會有很大的助益。另外，虞卿欲以信陵君之存邯鄲的功勞，為平原君請封。公孫龍聞之，乃夜駕見平原君而勸諫說：

> 王舉君而相趙者，非以君之智能為趙國無有也；割東武城而封君者，非以君為有功也，而以國人無勳；乃以君為親戚故也。君受相印，不辭無能；割地，不言無功者；亦自以為親戚故也。今信陵君存邯鄲而請封，是親戚受城而國人計功也。此甚不可。且虞卿操其兩權，事成，操右券以責；事不成，以虛名德君。君必勿聽也。（〈平原君虞卿列傳〉）

有關公孫龍所言「親戚受城而國人計功」，雖惹得後人許多批評，但勸平原君勿聽虞卿操兩權之策，卻是洞悉虞卿伎倆，且合乎「明哲讓功」之義。所以平原君採納其見解，而不求封，因此免除趙王猜忌之心，所以能與趙共存共亡。

㈣急人之難，義無反顧

在〈范雎蔡澤列傳〉中，載秦昭王聞魏齊在平原君所，欲為范雎報其仇，乃佯為好書以詐騙平原君入秦，並威脅平原君說：「范君之仇在君之家，願使人歸取其頭來。不然，吾不出君於關。」平原君面對秦王的威脅，有可能遭遇到如先前楚懷王客死於秦及孟嘗君險遭秦難的下場，但他卻為了急人之難，而義無反顧地說出一番義正辭嚴的話，完全忽視自己的生命安全。他說：

> 貴而為友者，為賤也；富而為交者，為貧也。夫魏齊者，勝之友也。在，固不出也；今又不在臣所。（〈范雎蔡澤列傳〉）

正因為平原君有這種急人之難的個性，所以能得許多回報。

總之，平原君在養士這方面，有正面令人讚揚的「從諫如流，知過必改」及「急人之難，義無反顧」的精神；但也掩飾不了他養尊處優

的公子個性，因此做出令人抱恨的「徒爲豪舉，不明求士」及「未睹大體，利令智昏」的行爲。尤其在國家危亡的緊要關頭，平原君可說是手足無措，一籌莫展。在邯鄲圍城中，魯仲連問平原君方略如何？平原君只回答說：「勝也何敢言事！前亡四十萬之眾於外，今又內圍邯鄲，而不能去。魏王使客將軍新垣衍令趙帝秦，今其人在是，勝也何敢言事？」（〈魯仲連鄒陽列傳〉）幸賴魯仲連舌戰擊敗新垣衍，才使平原君堅定合縱抗秦的決心。由此看來，平原君本身並無政治、軍事方面的主見，亦非輔國棟樑之才。所以司馬遷對他的評語是：

> 平原君翩翩濁世之佳公子也。然未睹大體。鄙語曰：「利令智昏」，平原君貪馮亭邪說，使趙陷長平兵四十餘萬眾，邯鄲幾亡。（〈平原君虞卿列傳〉）

蘇轍對平原君的評語，則更能一針見血。他說：

> 趙勝傾身下士，以竊一時之聲，可耳；至於爲國計慮，勝不知也。及韓馮亭以上黨嫁禍於趙，趙豹知其不可，而勝貪取之。長平之禍成於勝之言，此皆貴公子不知務之禍也。乃欲使之相危國、拒強秦，難哉矣！（《古史》）

蘇轍之言，可謂中鵠之論。

三、信陵君

信陵君，在戰國四公子當中，可說是司馬遷最欽佩仰慕的。我們由《史記》所載內容，可以歸納三點信陵君養士的特色：

(一)屈身下士

四公子當中，眞正能做到禮賢下士的，唯有信陵君而已。孟嘗君待客態度雖然有下列三項特色：「不加選擇」，賢、不肖皆善遇之；「平等相待」，無貴賤，一與田文相等；「盡心盡力」，以致邑入不足以奉

客，且使賓客「人人各以爲孟嘗君親己」。但這些賓客全都是自行投效於孟嘗君門下的，而且孟嘗君對他們也都是以「門下食客」的身分來畜養他們，凡事講求功利，有才能者居代舍，出有車；其次居幸舍，食有魚；其下居傳舍，唯有粗食。所以賢如馮驩，初至時，因無所顯能，僅居傳舍，食草具；待其彈鋏而歌，方得遷升幸舍、代舍；顯見孟嘗君並無主動屈身下士的作爲。而平原君雖有「從諫如流，知過必改」、「急人之難，義無反顧」的令人讚賞的行爲；但也有「徒爲豪舉，不明求士」及「未睹大體，利令智昏」的令人扼腕氣結的行動。他仍是未能主動屈己下士，如信陵君之待侯嬴、朱亥、毛公、薛公。另外春申君養食客三千，其上客皆躡珠履，互爲誇耀，則又最下矣。

　　信陵君對於侯嬴的禮遇，可說是眞正、主動地做到禮賢下士的程度，〈魏公子列傳〉中對此事敍述甚詳，茲引述於下：

　　魏有隱士曰侯嬴，年七十，家貧，爲大梁夷門監者。公子聞之，往請欲厚遺之。不肯受，曰：「臣脩身絜行數十年，終不以監門困故，而受公子財。」公子於是乃置酒，大會賓客，坐定。公子從車騎虛左，自迎夷門侯生。侯生攝弊衣冠，直上，載公子上坐不讓，欲以觀公子，公子執轡愈恭。侯生又謂公子曰：「臣有客，在市屠中，願枉車騎過之。」公子引車入市。侯生下見其客朱亥，俾倪，故久立，與其客語，微察公子。公子顏色愈和。當是時，魏將相宗室賓客滿堂，待公子舉酒；市人皆觀公子執轡；從騎皆竊罵侯生。侯生視公子色終不變，乃謝客就車至家。公子引侯生坐上坐，徧贊賓客，賓客皆驚。

本段文字，詳細地描寫信陵君迎接侯生的場面，既有全景的掌握：「當是時，魏將相宗室賓客滿堂，待公子舉酒；市人皆觀公子執轡；從騎皆竊罵侯生。」相對地是「公子色終不變」。也有對主角的特寫：「侯生攝弊衣冠，直上，載公子上坐不讓」、「侯生下見其客朱

亥，俾倪，故久立，與其客語，微察公子」，而相對地是「公子執轡
愈恭」、「公子顏色愈和」。所謂「執轡愈恭」、「顏色愈和」、
「色終不變」及「徧贊賓客」，則充分地將信陵君謙恭下士的態度表
露無遺。

信陵君待侯生，司馬遷以「大書特書」的詳細敘事法表現；而待朱
亥則僅是以「公子往數請之」數字交代過去，這是「牽連得書」的敘事
法（劉熙載《藝概‧文概》）。但僅此「往數請之」，即可展現信陵君
主動屈身下士的精神。

另外有關信陵君從毛公、薛公交游的情形，在〈魏公子列傳〉也有
簡略的敘述：

> 公子聞趙有處士毛公，藏於博徒；薛公藏於賣漿家。公子欲
> 見兩人，兩人自匿不肯見公子。公子聞所在，乃間步往，從
> 此兩人游，甚歡。

毛公、薛公藏身於博徒、賣漿之家，是有賢名的隱士，信陵君為了和
他們交往，親自步行前往拜訪，而且相得甚歡。這種折節下士的禮遇
行為，本是令人佩服的，但「徒為豪舉，不明求士」的平原君，卻反
而妄加批評，則更相對地襯托出信陵君屈身下士的可貴。茲將平原君
與信陵君對此事的觀點引述於下：

> 平原君聞之，謂其夫人曰：「始吾聞夫人弟公子天下無雙。
> 今吾聞之，乃妄從博徒、賣漿者游，公子妄人耳。」夫人以
> 告公子。公子乃謝夫人去曰：「始吾聞平原君賢，故負魏王
> 而救趙，以稱平原君。平原君徒豪舉耳，不求士也。無忌自
> 在大梁時，常聞此兩人賢，至趙，恐不得見，以無忌從之
> 游，尚恐其不我欲也。今平原君乃以為羞，其不足從游。
> （〈魏公子列傳〉）

由於平原君不識賢才，而信陵君禮賢下士，使得「平原君門下聞之，

半去平原君歸公子。天下士復往歸公子，公子傾平原君客。」（〈魏公子列傳〉）所以司馬遷說：「能以富貴下貧賤，賢能詘于不肖，唯信陵君能之。」（〈太史公自序〉）

(二)從諫如流，知過必改

這是平原君的優點，信陵君同樣也有。當秦圍邯鄲，信陵君自度終不能說動魏王出兵救趙，只好「計不獨生而令趙亡，乃請賓客，約車騎百餘乘，欲以客往赴秦軍，與趙俱死。」當他行經夷門，拜見侯生，將自己要與賓客赴趙，跟秦軍一拼死活的情況告訴侯生，並與之訣別。侯生對之只說：「公子勉之矣，老臣不能從。」當信陵君走了數里，心有不快，於是自我反省地說：「吾所以待侯生者備矣，天下莫不聞。今吾且死，而侯生曾無一言半辭送我，我豈有所失哉？」乃復引車還問侯生。侯生笑著說：「臣固知公子之還也。公子喜士，名聞天下。今有難，無他端而欲赴秦軍，譬若以肉投餒虎，何功之有哉！尚安事客？然公子遇臣厚，公子往而臣不送，以是知公子恨之復返也。」經由侯生的提醒，信陵君幡然醒悟，立刻請計，而盜虎符，殺晉鄙，擊退秦軍，解了邯鄲之圍。原本是與賓客赴趙送死，聽了侯生建議，立即轉危為安，成就功名，這是信陵君從諫如流，知過必改的功效。

信陵君因盜符救趙，所以「趙孝成王德公子之矯奪晉鄙兵而存趙，乃與平原君計：以五城封公子」，信陵君聞之，「意驕矜而有自功之色」。於是客有諫說信陵君曰：「物有不可忘，或有不可不忘。夫人有德於公子，公子不可忘也；公子有德於人，願公子忘之也。且矯魏王令，奪晉鄙兵以救趙，於趙則有功矣，於魏則未為忠臣也。公子乃自驕而功之，竊為公子不取也。」聽了這番話後，信陵君「立自責，似若無所容者」。而且當趙王埽除自迎，執主人之禮，引公子就西階；公子馬上謙虛地「側行辭讓，從東階上，自言罪過以負於魏，無功於趙。」這種謙退的態度，使趙王侍酒至暮，口不忍獻五城。這種知過能改，從諫如流的精神，又贏得趙人的敬重。

　　魏王怒公子之盜其兵符，矯殺晉鄙，所以信陵君獨與賓客留趙十年，不歸。秦聞信陵君在趙，日夜出兵東伐魏，魏王患之，使使往請公子，公子恐其怒之，乃戒門下：「有敢爲魏王使通者死。」賓客皆背魏之趙，莫敢勸公子歸。可是毛公、薛公兩人往見公子曰：

> 公子所以重於趙，名聞諸侯者，徒以有魏也。今秦攻魏，魏急，而公子不恤，使秦破大梁而夷先王之宗廟，公子當何面目立天下乎？（〈魏公子列傳〉）

話尚未說完，信陵君立刻變色，知所過錯，告車趣駕歸救魏。由於信陵君從諫如流，知過能改，又挽救了自己的宗國免於滅亡的命運。

　　另外，在〈范睢蔡澤列傳〉中，載秦昭王欲爲范睢報仇，魏齊乃投奔趙相虞卿，虞卿解相印與魏齊逃亡，念諸侯莫可以急抵者，乃復走大梁，欲因信陵君以去楚。信陵君聞之，畏秦，猶豫未肯見，曰：「虞卿何如人也？」當時侯嬴在旁，以諷刺的口吻說：

> 人固未易知，知人亦未易也。夫虞卿躡屩檐簦，一見趙王，賜白璧一雙、黃金百鎰；再見，拜爲上卿；三見，卒受相印，封萬戶侯。當此之時，天下爭知之。夫魏齊窮困過虞卿，虞卿不敢重爵祿之尊，解相印，捐萬戶侯而間行，急士之窮而歸公子。公子曰：「何如人？」人固不易知，知人亦未易也。（〈范睢蔡澤列傳〉）

信陵君聽了之後，大爲慚愧，馬上「駕如野迎之」，這是知過能改的表現，但卻仍造成「魏齊聞信陵君之初難見之，怒而自剄」的遺憾，這未嘗不是信陵君的汙點。司馬遷因對信陵君特別推崇，所以採用「互見法」的方式，將此段事實安排在〈范睢蔡澤列傳〉中，以免信陵君「仁而下士」的個性，出現矛盾的情形。一來可以寄託褒貶，二來可以把握文章主題。

(三)急人之難，義無反顧

　　〈魏公子列傳〉在篇首點出「公子為人仁而下士」，所謂「仁而下士」四字，乃本傳之綱目。在前述信陵君「屈身下士」一項中，提到「士無賢不肖，皆謙而禮交之，不敢以其富貴驕士」，指的是「下士」的情形；而急人之難，義無反顧，則是「仁」的表現。本傳中記載：正當秦圍邯鄲，趙之使者冠蓋相屬於道，求救於魏。信陵君在「數請魏王，及賓客辯士說王萬端」之後，仍無法打動魏王之心，令晉鄙揮軍救趙，只好打算「不獨生而令趙亡」，並請賓客，約車騎百餘乘，欲與客赴秦軍，與趙俱死。這種急人之難，義無反顧的精神，是值得敬佩的。

　　總之，在養士態度上，最積極、最真心誠意，最能主動結交賢士，延攬人才的，莫過於信陵君魏無忌。所以司馬遷說：「天下諸公子亦有喜士者矣！然信陵君之接巖穴隱者，不恥下交，有以也。名冠諸侯，不虛耳。高祖每過之而令民奉祠不絕也。」（〈魏公子列傳贊〉）這真是實至名歸的評語。

四、春申君

　　春申君黃歇有客三千餘人，他的養士之道，只是欲與孟嘗、平原、信陵三公子爭相下士，招致賓客，以相傾奪而已。所以由〈春申君列傳〉中，我們可以發現春申君待客的方法態度如下：

(一)徒為豪舉，富貴誇人

　　趙國平原君派使者至楚，春申君安置其於上舍。平原君使者用「瑇瑁簪、刀劍室以珠玉飾之」來誇耀富貴，春申君之上客則「皆躡珠履」以見趙使，相形之下，趙使大慚。這種無聊的舉動，只是虛榮心作祟，互相以富貴誇人，展現好客喜士的名聲而已，卻毫無任何建樹於家國。

㈡利令智昏，信讒蔽賢

　　春申君門下客，較著名者，有荀卿、朱英及李園。荀卿在楚滅魯之後至楚，由春申君任命爲蘭陵令。荀卿本是儒家大宗師，在政治、道德皆有崇高的見解與修養，但春申君卻未重用他，而令其老死於蘭陵，終身不得志，則春申君有「蔽賢」之過。朱英諫春申君之言，雖曾一次獲得採納而將楚都陳徙往壽春，以避秦鋒，但當李園及其妹說以「進妾於楚王，王必幸妾，妾賴天有子男，則是君之子爲王也，楚國盡可得，孰與身臨不測之罪乎？」春申君竟爲求固寵保位，利令智昏，信讒而行其計。迨李園貴用事，懼春申君語泄，乃陰養死士欲殺春申君以滅口。此時朱英見春申君危機四伏，又進言曰：

> 世有毋望之福，又有毋望之禍。今君處毋望之世，事毋望之主，安可以無毋望之人乎？……君相楚二十餘年矣，雖名相國，實楚王也。今楚王病，旦暮且卒，而君相少主，因而代立當國，如伊尹、周公；王長而反政，不即遂南面稱孤而有楚國，此所謂毋望之福也。……李園不治國而君之仇，不爲兵而養死士之日久矣。楚王卒，李園必先入據權，而殺君以滅口，此所謂毋望之禍也。……君置臣郎中，楚王卒，李園必先入，臣爲君殺李園，此所謂毋望之人也。

可惜，春申君不信朱英之言，認爲「李園弱人也，僕又善之，且又何至此」，而未加提防，終被李園之死士刺殺，身首異處，連其家亦被滅，可謂利令智昏，信讒蔽賢，而導致「當斷不斷，反受其亂」的結局。

參、門客回報

一、孟嘗君

　　養士的目的，不外是「輔國持權」、「決疑應猝」。由〈孟嘗君列傳〉中可得知：在緊要關頭時，在「持權」及「決疑應猝」方面，孟嘗君可以說是得到賓客門士的回報。他最初由賤妾之子得立為太子，是得力於「主家待賓客，賓客日進，名聲聞於諸侯，諸侯皆使人請薛公田嬰以文為太子。」；在齊王惑於秦、楚之毀，以為孟嘗君名高其主而擅齊國之權，遂廢孟嘗君，幸賴馮驩奔走於秦、齊之間，巧為辭說，而得以令齊王「召孟嘗君而復其相位，而與其故邑之地，又益以千戶。」上述二例，是賓客回報，令孟嘗君得以繼續「持權」而不衰。孟嘗君得以脫於虎狼之秦，是靠賓客最下坐能為狗盜、雞鳴者之力；在田甲劫湣王，湣王懷疑孟嘗君是同謀時，有賴魏子所與粟賢者上書言孟嘗君不作亂，並自到宮門，以明孟嘗君，乃使湣王重新蹤跡驗問，得知孟嘗君果無反謀：此二例乃賓客回報，使孟嘗君得以「應猝」度過突來的變故。孟嘗君因邑入不足以奉賓客，乃出息錢於薛，但薛歲收不好，人民付不出利息。馮驩利用收債的機會，具牛酒畢會債務人，以知其有餘、不足。有餘者約定期限償還，不足者取其券而燒之。當孟嘗君聞馮驩燒券書，怒而使使招馮驩，馮驩為之解疑曰：

> 不多具牛酒，即不能畢會，無以知其有餘、不足。有餘者為要期，不足者雖守而責之十年，息愈多，急即以逃亡自捐之，若急終無以償。上則為君好利不愛士民，下則有離上抵負之名，非所以屬士民、彰君聲也。焚無用虛債之券，捐不可得之虛計，令薛民親君而彰君之善聲也，君有何疑焉。

孟嘗君聽了這番話後，乃拊手謝之，總算替他解決疑問，得以保有良好聲譽。當齊王廢孟嘗君，諸客皆去；後召而復之，孟嘗君感歎地

說：「如有客復見者，必唾其面而大辱之。」馮驩爲之解疑說：

> 夫物有必至，事有固然，君知之乎？……生者必有死，物之
> 必至也。富貴多士，貧賤寡友，事之固然也。君獨不見夫朝
> 趣市者乎！平明側肩爭門而入，日暮之後過市朝者，掉臂而
> 不顧，非好朝而惡暮，所期物亡其中。今君失位，賓客皆
> 去，不足以怨士，而徒絕賓客之路。願君遇客如故。

孟嘗君聽後，再拜曰：「敬從命矣。聞先生之言，敢不奉教焉。」此
二例則是孟嘗君遭遇疑難，賓客爲之「決疑」的事蹟。

但美中不足的，這些門士賓客所回報，只爲孟嘗君一己私利而努
力，或使孟嘗君保全性命、或使孟嘗君保持權勢、聲望，亦即在「持
權」、「決疑」、「應猝」三方面有其功效，而在「輔國」方面，則毫
無裨益；反而因孟嘗君個人之私利，而損害國家社會百姓之安全。在脫
秦過趙時，只因趙人譏笑孟嘗君「乃渺小丈夫耳」，引怒孟嘗君，與賓
客「斫擊殺數百人，遂滅一縣以去。」其後，秦亡將呂禮相齊，孟嘗君
爲了政治鬥爭，乃遺書秦相穰侯魏冉曰：「子不如勸秦王伐齊，齊破，
吾請以所得封子。……若齊不破，呂禮復用，子必大窮。」於是穰侯
言於秦昭王伐齊，而呂禮亡。更有甚者，因齊湣王滅宋益驕，欲去孟嘗
君，孟嘗君竟然聯合魏、秦、趙、燕共伐破齊，齊湣王逃亡在莒，遂死
焉。幸賴田單奇計復國，否則齊之宗廟社稷早已覆滅。所以司馬遷對孟
嘗君的養士頗有微詞，他在〈孟嘗君列傳〉傳末「太史公曰」提到：

> 吾嘗過薛，其俗閭里率多暴桀子弟，與鄒、魯殊，問其故？
> 曰：「孟嘗君招致天下任俠、姦人入薛中，蓋六萬餘家
> 矣！」

由此微詞，可見孟嘗君門客多非正派人物，因此只顧私利，忘卻大
公，而作出私通外敵，毀滅宗國之事，司馬遷的譏諷之意，見於言
表。早在戰國末期，荀子就曾批評過孟嘗君是「上不忠於君，下善取

譽於民；不卹公道通義，朋黨比周，以環主圖私爲務」的「篡臣」
（《荀子・臣道》）。可見在養士回報上，荀子及司馬遷對孟嘗君是
有相同的評價。

二、平原君

　　平原君雖然在養士態度上「徒爲豪舉，不明求士」、「未睹大
體，利令智昏」而導致長平之役，趙卒四十餘萬被滅之慘劇，及邯鄲被
圍，宗國處於飄搖動盪之危機。但幸賴其尚能「從諫如流，知過必改」
及「急人之難，義無反顧」的個性，所以有毛遂之自薦，以合縱定約於
楚，獲楚兵之援；信陵君之矯奪晉鄙兵以救趙；及李同之諫散家財以饗
士，與士同甘苦，而得敢死之士三千人，以卻秦軍三十里，終能使趙國
轉危爲安。這種回報，雖差信陵君遠甚，但較之孟嘗君只爲私利，私通
外敵，欲滅祖國而後已的行爲，則勝之多矣。

三、信陵君

　　信陵君之養士，與孟嘗君不同，不是爲了個人爭權奪利，而是要
「輔國利鄰」，這一點在戰國四公子當中，是最令人欽服的。所以荀子
曾評斷信陵君說：「有能抗君之命，竊君之重，反君之事，以安國之
危，除君之辱，功伐足以成國之大利，謂之拂。……信陵君之於魏，可
謂拂矣。」又說：「爭然後善，戾然後功，出死無私，致忠而公，夫
士之謂通忠之順，信陵君似之矣。」（《荀子・臣道》）而司馬遷對信
陵君也是特別欣賞，所以在〈魏公子列傳〉中，通篇以「公子」稱信陵
君。顧璘解釋說：「孟嘗、平原、春申，皆以封邑系，此獨曰公子者，
蓋尊之以國系也。」（《史記評林》）陳仁錫也說：「一篇中凡言公子
者一百四十七，大奇、大奇。」（《史記評林》）司馬遷在〈魏公子列
傳〉中著力描寫公子「仁而下士」之態度及賓客「輔國利鄰」之回報。
有關信陵君仁而下士的養士態度，前已述及，不再贅言。而賓客輔國利
鄰之回報，則在〈魏公子列傳〉中記載頗詳；如其門客有「能深得趙王

陰事者」，趙王所作所為都會隨時回報，這是情報人員已滲透趙國中樞，對魏國之國防、外交有莫大助益。同理可推知，在其他列國之中，信陵君的情報網應是十分龐大健全。又其特別謙恭禮遇的侯嬴、朱亥，乃天下奇才異士，藉由侯嬴之策劃，及朱亥之協助，方得盜取虎符，矯奪晉鄙軍，以救趙之邯鄲。而侯嬴為激勵信陵君，竟自剄以殉之，其精神更是令人景仰。信陵君在趙國所結交的兩位處士毛公、薛公，雖藏於博徒、賣漿家，但卻頗有見識，當秦出兵伐魏之際，勸說信陵君曰：「公子所以重於趙，名聞諸侯者，徒以有魏也。今秦攻魏，魏急，而公子不恤。使秦破大梁，而夷先王之宗廟，公子當何面目立天下乎？」話未說完，信陵君「立變色、告車趣駕，歸救魏。」信陵君出而救趙，是「利鄰」的表現；歸而救魏，是「輔國」的行為。兩者皆是以大局為重，可見其養士目的，都是以國家社稷為考量，不因個人利益而損害大局，這是他高出其他三位公子的地方。所以在漢初，信陵君的高義，仍為一般人所景仰，如陳豨「少時數稱慕魏公子，及將軍守邊，招致賓客而下士。」（〈韓信盧綰列傳贊〉）高祖「為公子置守冢五家，世世歲以四時奉祠公子」（〈魏公子列傳〉）。司馬遷對信陵君則更是仰慕，所以茅坤說：「信陵君是太史公胸中得意人，故本傳亦太史公得意文。」（《史記評林》）正因為司馬遷太過欣賞信陵君，因此在〈魏公子列傳〉中，篇首即言「當是時，諸侯以公子賢，多客，不敢加兵謀魏十餘年」；傳末又言：「秦聞公子死，使蒙驁攻魏，拔二十城，初置東郡。其後秦稍蠶食魏，十八歲而虜魏王，屠大梁。」這隱隱表示信陵君的生死，關係到魏國的存亡。這是由於司馬遷對信陵君太傾倒，因此褒過了頭，所以在〈魏世家〉「太史公曰」加以補正：「說者皆曰：『魏以不用信陵君故，國削弱至於亡。』余以為不然。」可見司馬遷欲褒揚信陵君，是採用「互見法」的筆法，將信陵君完美的一面，全部安排在本傳之中，而有些不甚高明的事蹟，則安排到別的篇章，如秦昭王欲為范雎報仇，向趙索取由魏逃往平原君家中的魏齊，魏齊往見趙相虞卿，虞卿解相印與魏齊同至大梁，欲見信陵君，信陵君猶豫不肯見，魏齊怒

而自剄。虞卿可以棄官陪友亡命，信陵君卻畏忌秦國，推辭不見，難怪
會引起侯生的諷刺。司馬遷爲了景仰信陵君，所以本傳中不載此事，而
將之安排在〈范雎蔡澤列傳〉中。這是與其他三公子寫法有所不同的，
亦可看出司馬遷評價所在。

四、春申君

　　春申君原是有智有謀，且巧於辭令之人。方其未顯達時，所作所
爲，皆令人激賞，十足有輔國弼君之材。〈春申君列傳〉中載楚懷王爲
秦所欺，而客死於秦，其子頃襄王即位。此時秦昭王正令白起與韓、魏
共伐楚，春申君適出使於秦，恐秦輕楚而一舉滅楚，乃上書說秦昭王。
此書一上，昭王乃止白起而謝韓、魏，並發使賄楚，約爲與國。所以前
人對春申君此篇文字，多所讚揚。如凌稚隆曰：「此書議論千翻百轉，
其要歸只在『莫若善楚』一句，文字何等緊嚴。」凌約言亦曰：「春申
君知秦遣白起，上書阻之，迺不明言其事，僅以善楚、不善楚之利害聳
動其聽，而秦卒自止，亦善用說矣。」（《史記評林》）可見春申君頗
有戰國縱橫策士之才，僅憑一篇文書，即能打動秦王，而令楚國轉危爲
安。

　　又春申君與楚太子完爲質於秦，頃襄王病，太子不得歸。春申君乃
說秦相應侯范雎曰：

> 今楚王恐不起疾，秦不如歸其太子。太子得立，其事秦必
> 重，而德相國無窮，是親與國而得儲萬乘也。若不歸，則咸
> 陽一布衣耳。楚更立太子，必不事秦。夫失與國而絕萬乘之
> 和，非計也，願相國孰慮之。

應侯言之於秦王，秦王的決定是：「令楚太子之傅先往問楚王之疾，
返而後圖之。」春申君乃爲楚太子畫計曰：

> 秦之留太子也，欲以求利也。今太子力未能有以利秦也。歇

憂之甚。而陽文君子二人在中，王若卒大命，太子不在，陽
文君子必立爲後，太子不得奉宗廟矣。不如亡秦，與使者俱
出。臣請止，以死當之。

於是楚太子變衣服，爲楚使者御以出關。而春申君守邸舍，常爲楚太
子謝病拒客，度太子已遠，秦不能追，春申君才自言於秦昭王曰：
「楚太子已歸，出遠矣。歇當死，願賜死。」昭王大怒，欲聽其自
殺，應侯爲之開脫說：

歇爲人臣，出身以徇其主。太子立，必用歇。故不如無罪而
歸之，以親楚。

秦王因而遣黃歇回國。楚頃襄王卒，太子完立，是爲考烈王，並以黃
歇爲相，封爲春申君。春申君爲楚太子完之謀劃，可謂忠矣；不惜以
身相徇，只求保主，可謂勇矣；先說應侯，以爲奧援，後果脫於患，
可爲智矣。由此觀之，春申君智勇雙全，且有一顆護主忠心。

　　然春申君既相楚後，與孟嘗、平原、信陵諸公子，爭相下士，招
致賓客，以相傾奪，甚至互爲誇耀。如平原君使人於春申君，春申君舍
之於上舍。趙使欲夸楚，爲瑇瑁簪，刀劍室以珠玉飾之，請見於春申君
客。春申君客三千餘人，其上客皆躡珠履以見趙使，趙使大慚。尤有甚
者，楚考烈王無子，春申君舍人李園之妹幸於春申君，因而有身，乃說
春申君曰：

楚王之貴幸君，雖兄弟不如也。今君相楚二十餘年，而王無
子，即百歲後，將更立兄弟，則楚更立君，後亦各貴其故所
親，君又安得長有寵乎？非徒然也，君貴用事久，多失禮於
王兄弟，兄弟誠立，禍且及身，何以保相印、江東之封乎？
今妾自知有身矣，而人莫知，妾幸君未久，誠以君之重而進
妾於楚王，王必幸妾，妾賴天有子男，則是君之子爲王也。

楚國盡可得，孰與身臨不測之罪乎？

春申君為求固寵保位，利令智昏，竟然聽從其計，而將李園之妹獻於楚王，考烈王召入幸之，遂生子男，立為太子，以李園之妹為王后，並貴用李園。李園恐春申君語泄，乃陰養死士欲殺春申君以滅口。最後，李園利用考烈王去世時機，先埋伏死士於棘門，待春申君入棘門，李園死士刺殺春申君，斬其頭投之棘門外，並使吏盡滅春申君之家。前人對春申君前後處事，榮辱有別，皆有感慨惋惜之論，如穆文熙曰：「歇為太子謀，若是之忠，而後迺進幸女，以絕楚嗣，則失去初心矣。豈亦平原君之利令智昏乎！」（《史記評林》）黃震曰：「說秦昭王不伐楚，而出身脫楚太子于秦，可謂智能之士矣。一策不謹，而卒死李園之手，與嫪毒同。惜夫有朱英之謀而不能用，何必珠履其客為？」（《史記評林》）可見春申君未養士之前，尚能運用自己的智勇輔弼國家；但在養士三千之後，唯見上客以珠履耀人，且惑於讒說，致令身死李園之手，並遭滅家之禍，則養士對春申君而言，未得其利，反受其害。其門客唯一尚可稱道者——朱英，雖洞悉李園之禍心，並向春申君諫說，以殺李園自任，但不為春申君採納，亦恐禍至而亡去。則春申君之養士，在四公子中，最為低劣矣。所以司馬遷感慨地說：「初春申君之說秦昭王，及出身遣楚太子歸，何其智之明也。後制於李園，旄矣。語曰：『當斷不斷，反受其亂』春申君失朱英之謂邪！」（〈春申君列傳贊〉）

肆、結語

戰國四公子所以能夠名揚天下，世所知名，主要是自己招致賢士賓客，藉以輔國持權、決疑應猝，而得使名聲、地位蒸蒸日上。這種養士風氣的興起，主要跟在位者欲廣納建言，以自謀強國的心態有關，尤其是征戰頻繁，敵我對峙的時代，更是刺激養士風氣大盛的因素。所以早在成湯，即能禮聘伊尹輔政；武丁亦能舉傅說於版築之間；文王

獵於渭濱而得呂尚；周公吐哺握髮而天下歸心；春秋末期，越王句踐則
養有「私卒君子六千人」，並配備成中軍（《國語‧吳語》）；至戰國
時代，諸侯日征，處士橫議，因此養士之風大盛，除了戰國四公子各有
食客三千，名聲享譽今古；另外，魏文侯、燕昭王、太子丹及呂不韋，
亦皆廣納賓客；下至秦漢，張耳、陳餘號稱多士，賓客厮養，皆天下俊
傑；而田橫亦有士五百人。代相陳豨，從車千乘；吳王濞、淮南王、梁
孝王、魏其侯、武安侯之流，皆爭致賓客，養士之風，可謂源遠流長。
迨至漢武，不喜人臣厚養賓客，且法禁森嚴，酷吏當道，養士之風浸衰
矣。所以司馬遷曾引蘇建勸衛青的話來說明：

> 吾嘗責大將軍至尊重，而天下之賢士大夫毋稱焉，願將軍觀
> 古名將所招選賢者，勉之哉！大將軍謝曰：「自魏其、武安
> 之厚賓客，天子常切齒，彼親附士大夫，招賢絀不肖者，人
> 主之柄也。人臣奉法遵職而已，何與招士！」（〈衛將軍驃
> 騎列傳贊〉）

司馬遷生處漢武之時，對於盛行於世的養士風氣，頗多了解，有鑑於
養士之風浸衰，君主專制漸盛，整個時代動力漸趨沈寂，因此以頗多
篇幅來記載戰國四公子的養士事蹟，並給予中肯的評價。整個養士風
氣雖以蓄養者為主導，並享有盛名，但真正出力使智，奉獻心力的門
客，卻往往湮沒無聞，這與出身於閭巷的俠士，頗有相同處境，一者
名揚天下，一者沒沒無聞，司馬遷認為這是由於彼此身分地位不同，
而有幸與不幸的結果。所以他感慨的說：

> 古布衣之俠，靡得而聞已。近世延陵、孟嘗、春申、平原、
> 信陵之徒，皆因王者親屬，藉於有土卿相之富厚，招天下賢
> 者，顯名諸侯，不可謂不賢者矣。比如順風而呼，聲非加
> 疾，其勢激也。至如閭巷之俠，脩行砥名，聲施於天下，莫
> 不稱賢，是為難耳。然儒墨皆排擯不載，自秦以前，匹夫之

　　俠湮滅不見，余甚恨之。（〈游俠列傳〉）

因此，司馬遷在《史記》中，不僅將四公子的養士態度及賓客回報條析縷分，評定其高下優劣；但也不忘在篇章中傳述閭巷之俠，如侯嬴、朱亥、毛公、薛公、馮驩、魏子、毛遂、李同、朱英等，不致令其湮滅不見，這是閱讀四位公子傳記所要知道的。

第十二章

馮諼客孟嘗君事件評析——以《史記·孟嘗君列傳》與《戰國策·齊人有馮諼者章》作比較

壹、前言

《漢書‧司馬遷傳》說：「司馬遷據左氏、國語，采世本、戰國策，述楚漢春秋。」嚴格說來，班固所言，是有語病的。劉向〈戰國策書錄〉：「中書本號，或曰國策，或曰國事，或曰短長，或曰事語，或曰長書，或曰脩書。臣向以爲戰國時游士輔所用之國，爲之策謀，宜爲《戰國策》。」則《戰國策》本是好幾批零散的材料，其原始名稱，共有六種不同種類的書名，經劉向整理後，才爲之取名《戰國策》。則劉向以前的司馬遷，何來《戰國策》這部書名？但是司馬遷寫作《史記》，採用了宮中戰國策的原始材料，則是絕對沒有問題，班固當然發現這個事實，爲了行文敘述方便，也爲了使讀者易於了解，班固只好籠統地說司馬遷「采戰國策」。

劉向〈戰國策書錄〉云：「所校中戰國策書，中書餘卷，錯亂相糅莒，又有國別者八，篇少不足。臣向因國別者，略以時次之，分別不以序者，以相補，除復重，得三十三篇。」據此，劉向在編定國策、國事、短長、事語、長書及脩書時，曾作了刪省的工作，保守地說，是刪除重複的章節。劉向校書時，並非自己一人，而是假借其他助手之力，但因人手眾多，編纂工作並不理想，書中重複的地方很多，如：〈楚策三〉「陳軫告魏之楚」章，與〈魏策一〉「張儀惡陳軫」章，除了「左爽」作「左華」之外，其他文字大都相同。又如：〈楚策一〉「韓公叔有齊、魏」章，與〈韓策二〉「韓公叔與幾瑟爭國」章，除了「鄭申」作「鄭強」外，其他文字也大都相同。

本是重複而應被刪除的，卻因爲粗心草率，而被編者保留；反之，沒有重複而應被保留的，也有可能被編者不小心刪除了。鄭良樹《戰國策研究》即列出十三則由《史記》摘錄之文字，此十三則文字並不見於其他書籍，亦不在今本《戰國策》中，假若將之放入《戰國策》中，也不會令人懷疑它們不是戰國策原始材料，所以鄭良樹說：「它們極可能都是古本戰國策的文字，太史公用『戰國策』時，把它們轉錄進

去；劉向整理戰國策，因爲粗心和草率，竟把它們刪除了。」（見該書第十章〈從太史公用戰國策看戰國策原始本之面貌〉）

另外，鄭良樹又發現一類作品，即《史記》與今本《戰國策》皆有載錄，文章粗略地看，非常類似，但若細加比較，卻有很大不同。我們知道，司馬遷採用《尚書》、《左傳》某段文字，爲了使當代人易於閱讀，經常把艱深的詞彙改寫成淺近的文字，但是《戰國策》的文字比較淺近，司馬遷幾乎不必加以改寫，這在《史記》引用今本《戰國策》的文字中，可以找到許多明證。但是鄭良樹所指這一類作品，《史記》與今本《戰國策》之間卻有許多差異，如本文所討論「馮諼客孟嘗君」之內容即是。司馬遷引用《戰國策》資料入《史記》，絕對不必變動改易這麼大，那麼《史記》中這一類作品應該不是出自今本《戰國策》，而是出自宮中戰國策的原始材料。因爲孟嘗君與馮諼的故事，很有名氣，可能有「一事兩傳」的情形保留著，劉向或其助手便刪除其中一篇，而司馬遷所根據的，正是被劉向刪除的那一篇，所以《史記》與今本《戰國策》才會有這一類看似內容相同，卻有多處差異的作品。（見該書第十章〈從太史公用戰國策看戰國策原始本之面貌〉）

本文即是以《史記·孟嘗君列傳》篇末所載有關馮驩之事蹟，拿來與今本《戰國策·齊策四》「齊人有馮諼者」章作一比較，由相異處探討二者文章主題、寫作重點有何不同；另由情節相似處，將二文詳略之處互補，可使二文相得益彰。

貳、本文比較

茲將《戰國策》及《史記》原文，分段錄下，並於其後，作一比較說明：

一、貧而寄食

齊策：齊人有馮諼者，貧乏不能自存，使人屬孟嘗君，願

　　　　寄食門下。孟嘗君曰：「客何好？」曰：「客無好
　　　　也。」曰：「客何能？」曰：「客無能也。」孟嘗君
　　　　笑而受之曰：「諾。」左右以君賤之也，食以草具。

　史記：初，馮驩聞孟嘗君好客，躡蹻而見之。孟嘗君曰：
　　　　「先生遠辱，何以教文也？」馮驩曰：「聞君好士，
　　　　以貧身歸於君。」孟嘗君置傳舍。

　　戰國策文字是以臺北：里仁書局出版之《戰國策》爲依據，該本是
以姚本爲底本，將鮑、吳諸人注文及清・黃丕烈的「戰國策札記」匯集
起來而整理出版，見該書書首〈出版說明〉。史記文字是以臺北：宏業
書局出版之《史記會注考證》爲依據。

1.　《戰國策》作「馮諼」，《史記》作「馮驩」。「諼」、「驩」古音
　　音近通假。古書中之人名，經常有音同、音近而假借通用的情形，
　　如：《史記・刺客列傳》提到荊軻在衛，「衛人謂之慶卿；而之燕，
　　燕人謂之荊卿。」又如：《漢書・藝文志》之〈諸子略・儒家類〉
　　著錄「孫卿子三十三篇」，班固自注：「名況，趙人，爲齊稷下祭
　　酒，有列傳。」顏師古注：「本名荀卿，避宣帝諱，故曰孫。」則荀
　　卿，至漢代，爲避漢宣帝名諱，稱爲「孫卿」。另外，《說文》：
　　「諼，詐也。」《教育部重修國語辭典修訂本》網頁：「驩，喜樂、
　　歡心。」由下文之比較，可知《戰國策》之馮諼以貶抑孟嘗君而自抬
　　身譽，頗符詐諼之言行；《史記》之馮驩除了自我表現，也抬高孟嘗
　　君，使得君臣相得，喜樂歡心。兩人之名，各符其實。

2.　《戰國策》云：「貧乏不能自存」，則馮諼是因貧而寄食孟嘗君門
　　下，初無自求表現之意，由其回答「客無好也」、「客無能也」可
　　知。所以宋・黃震《黃氏日抄》卷46曰：「愚謂二君（孟嘗君、平
　　原君）者，不足以知二子（馮驩、毛遂），而二子歸之者，以貧無
　　聊，如祿仕於亂世，免死而已。其後因事而顯，殆非二子初心所期
　　也。」黃震也是認爲馮驩是因貧而寄食門下，初無自求表現之意。所

謂「士爲知己者死」，孟嘗君尙未爲知己，馮諼不必汲汲於表現，否則自顯輕率，自貶格調，此非戰國時代士人所看重者，如《史記・魏公子列傳》中的侯嬴、朱亥、毛公、薛公，及〈刺客列傳〉中的豫讓、聶政、荆軻，最初都未率爾爲人出力，直到賞識者殷勤禮遇，才產生「士爲知己者死」的念頭與行動。有人認爲馮諼「答孟嘗君的問話時，屢稱『無好也』、『無能也』，一副蠻不在乎，『見大人則藐之』的倨傲鮮腆狀，這是他要引起孟嘗君注意自己的招數。」（簡綉鈺〈從「馮諼客孟嘗君」一文看馮諼與孟嘗君〉）則似乎是誤解。孟嘗君門下三千食客，若欲引起孟嘗君注意自己，大可於初見詢答時自誇才能，如東方朔之自誇於漢武帝，至少可以得到「上偉之」的稱讚及注意（《漢書・東方朔傳》）；若是「無好也」、「無能也」的回答，孟嘗君之食客何其多，哪能將之放在心上，所以孟嘗君只是「笑而受之」，表現容人雅量，但未將之放於心上。

《史記》云：「聞孟嘗君好客，躡蹻而見之」，則馮驩是以良禽擇木而棲的心態投奔孟嘗君。他「躡蹻而見之」，穿著草鞋，貧窮落魄的樣子去求見，一方面是確實貧困，另一方面是爲考驗孟嘗君是否眞好客。觀其回答「聞君好士，以貧身歸於君」，強調「好士」，孟嘗君果眞如此，才是托身報命之處，而「貧」只是次要條件。

3. 《戰國策》云：「使人屬孟嘗君」，似乎馮諼無法自行求見孟嘗君，必須託人介紹，才得會見。可見孟嘗君日理萬機，無法一一接見賓客，須經左右過濾，故馮諼仍須靠關係汲引。

《史記》云：「躡蹻而見之」，雖無「使人屬孟嘗君」的記載，但下文孟嘗君問傳舍長，及傳舍長推薦馮驩，可知一如《戰國策》所云，馮驩仍是需要透過別人汲引，才得會見孟嘗君，故二文可以互補參看。

4. 《戰國策》及《史記》皆敘初見時孟嘗君問馮諼「何好？何能？」或「何以敎文？」可知門客太多，必先甄別其優劣，再做分類安排，待知馮諼無任何才能，只是以貧寄食，故食以草具，置之傳舍。

5. 《戰國策》云:「左右以君賤之,食以草具」,左右之人善體孟嘗君
之意,且勢利待人,故以草具粗食待馮諼,此小人捧上欺下之伎倆。

　　《史記》云:「孟嘗君置傳舍」,則是孟嘗君之意,此其暫時安
排,故十日後問傳舍長「客何所為?」再另作安排。

二、彈劍而歌

　　齊策:居有頃,倚柱彈其劍,歌曰:「長鋏歸來乎!食無
　　　　魚。」左右以告。孟嘗君曰:「食之,比門下之
　　　　客。」居有頃,復彈其鋏,歌曰:「長鋏歸來乎!出
　　　　無車。」左右皆笑之,以告。孟嘗君曰:「為之駕,
　　　　比門下之車客。」於是乘其車,揭其劍,過其友曰:
　　　　「孟嘗君客我。」後有頃,復彈其劍鋏,歌曰:「長
　　　　鋏歸來乎!無以為家。」左右皆惡之,以為貪而不
　　　　知足。孟嘗君問:「馮公有親乎?」對曰:「有老
　　　　母。」孟嘗君使人給其食用,無使乏。於是馮諼不復
　　　　歌。

　　史記:十日,孟嘗君問傳舍長曰:「客何所為?」答曰:
　　　　「馮先生甚貧,猶有一劍耳,又蒯緱,彈其劍而歌
　　　　曰:『長鋏歸來乎!食無魚。』」孟嘗君遷之幸舍,
　　　　食有魚矣。五日,又問傳舍長,答曰:「客復彈劍而
　　　　歌曰:『長鋏歸來乎!出無輿。』」孟嘗君遷之代
　　　　舍,出入乘輿車矣。五日,孟嘗君復問傳舍長,舍長
　　　　答曰:「先生又嘗彈劍而歌曰:『長鋏歸來乎!無以
　　　　為家。』」孟嘗君不悅。居朞年,馮驩無所言。

1. 《戰國策》云:馮諼倚柱彈劍而歌,經左右以告,孟嘗君才調升其待
遇,則是馮諼主動造勢,引人注意。孟嘗君只是被動滿足其需要。

　　《史記》云：「十日，孟嘗君問傳舍長」，則是孟嘗君主動關心馮驩；由傳舍長之回答，亦可知馮驩自身也主動造勢，彈劍而歌，以引起注意。

2. 《戰國策》及《史記》皆云馮諼彈劍而歌三次，內容分別為「食無魚」、「出無車」、及「無以為家」。《戰國策》所載孟嘗君三次皆滿足馮諼所求，使人「食之」、「為之駕」、「給其母食用無乏」。因孟嘗君能容能忍，待馮諼仁至義盡，「於是馮諼不復歌」，心中已存「士為知己者死」的念頭。

　　《史記》所載孟嘗君前二次滿足馮驩所求，「食有魚矣」、「出入乘輿車矣」；但第三次「無以為家」的要求，卻引來「孟嘗君不悅」，其結果是「居朞年，馮驩無所言」，一來是不敢再彈劍而歌，另有要求；一來是未得機會，只好隱忍沉潛。《史記》之前既說孟嘗君對門客「舍業厚遇之」，又說：「孟嘗君待客坐語，而屏風後常有侍史，主記君所與客語，問親戚居處。客去，孟嘗君已使使存問，獻遺其親戚。」則不當待客有三舍之分，更不應聽到馮驩「無以為家」之歌而心中不悅。這未免前後矛盾，孟嘗君的個性也就不一。

3. 假若我們從另一角度來看待《史記》此處記載，或許能解決此一前後矛盾問題：

　　當孟嘗君初次「主家、待賓客」時，首要工作即是打開知名度，使賓客慕名而來，則此時不便有所選擇賓客，或是將賓客分等，正因孟嘗君不加選擇，平等待士，所以「賓客日進，名聲聞於諸侯」，諸侯也都使人請薛公田嬰立田文為世子，這是初期養士必經的階段，也因名聲廣播，而令田文地位得以鞏固。但當賓客人數愈來愈多，封邑的賦稅收入都不夠開銷，勢必要有一番開源節流的措施。開源方面，是到薛地放貸，收取利息補貼開銷；節流方面，則是將賓客分為三等，分別安置在代舍、幸舍及傳舍。傳舍賓客最多，無任何專長者，則以粗食招待，節省許多花費；幸舍賓客稍有才幹，人數略少於傳舍，食有魚，所增花費不多；代舍賓客則已少數，人人皆有專長，故

出入有專車。這不僅是因財源不足，而把賓客分上、中、下三等；另一重要理由，則是借此激勵競爭。此時賓客三千，不愁沒人，不必一再宣傳，有才者居上位，待遇好，可以挽留住人才，否則牛驥同皁，智愚不分，賢不肖無別，則徒增賢才「時不我與」之歎，而令不肖者竊笑得以濫竽充數。如此必將反淘汰，千里馬絕蹄而去，所留者僅一般駑馬而已。

既然已經訂立三舍分等辦法，則應依賓客才能安排，而馮驩一無表現，也已由傳舍遷幸舍，又遷代舍，孟嘗君待之亦已足矣，他卻仍不知足，更進一步唱「無以為家」，難怪孟嘗君會「不悅」。

4. 《戰國策》載馮諼三次彈劍而歌，是主動造勢，以引人注意，並擺出一副大異其他門客隨遇而安，苟且求全的姿態，故意貪婪無厭，引起他人的嫌惡，一來考驗孟嘗君好客喜士的程度，二來加深孟嘗君對他的印象。這與侯嬴考驗信陵君有異曲同工之妙。侯嬴「攝敝衣冠，直上載公子上坐，不讓」，目的是「欲以觀公子」；侯嬴又提出「臣有客在市屠中，願枉車騎過之」的要求，並且「故久立，與其客語」，目的也是「微察公子」，而當時情況是「魏將相宗室賓客滿堂，待公子舉酒；市人皆觀公子執轡，從騎皆竊罵侯生」，侯嬴也是一再地過分要求，引來「從騎竊罵」，並藉此考驗出魏公子確是「長者能下士」（〈魏公子列傳〉）。

《史記》所載馮驩三次彈劍而歌，其目的與《戰國策》所云相同，亦是為考驗孟嘗君及加深孟嘗君對他的印象。但孟嘗君「不悅」的表現，似乎不如魏公子之好客喜士，所以「居朞年，馮驩無所言」，不再發言了。

5. 《戰國策》載馮諼被比照門下車客待遇後，「乘其車，揭其劍，過其友，曰：『孟嘗君客我！』」這個舉動，表面看似志得意滿，與晏子之御者揚揚自得，易於盈滿相似（〈管晏列傳〉）。但這絕非替孟嘗君設計「狡兔三窟」，思慮深遠的馮諼所應有的心態。其實，這是他善於假借孟嘗君名聲來自我宣傳，為自己抬高身價，也為將來一有機

　　會可以一鳴驚人而蓄積資源。

　　　　《史記》無此節內容，則少了一層對馮驩的認識。

6.《戰國策》載馮諼彈劍而歌，得到的反應：第一次是「左右以告」，
　　據實報告；第二次是「左右皆笑之，以告」，笑他不知足；第三次則
　　是「左右皆惡之，以爲貪而不知足」，達到令人厭惡的地步。這是常
　　人的反應；反觀孟嘗君一一滿足馮諼的要求，則映襯出孟嘗君能夠容
　　人的雅量。

　　　　《史記》則是傳舍長回答孟嘗君之詢問，完全沒有任何反應，只是
據實報告，顯現不出馮驩貪求無厭的舉動對旁人有何影響，未免美中不
足。

三、徵人收債

　　　齊策：後孟嘗君出記，問門下諸客：「誰習計會，能爲文收
　　　　　　責於薛者乎？」馮諼署曰：「能。」孟嘗君怪之，
　　　　　　曰：「此誰也？」左右曰：「乃歌夫長鋏歸來者
　　　　　　也。」孟嘗君笑曰：「客果有能也，吾負之，未嘗見
　　　　　　也。」請而見之，謝曰：「文倦於事，憒於憂，而性
　　　　　　懧愚，沉於國家之事，開罪於先生。先生不羞，乃有
　　　　　　意欲爲收責於薛乎？」馮諼曰：「願之。」於是約
　　　　　　車治裝，載券契而行，辭曰：「責畢收，以何市而
　　　　　　反？」孟嘗君曰：「視吾家所寡有者。」

　　　史記：孟嘗君時相齊，封萬戶於薛。其食客三千人，邑入不
　　　　　　足以奉客，使人出錢於薛，歲餘不入，貸錢者多不能
　　　　　　與其息，客奉將不給。孟嘗君憂之，問左右：「何人
　　　　　　可使收債於薛者？」傳舍長曰：「代舍客馮公形容狀
　　　　　　貌甚辯，長者，無他伎能，宜可令收債。」孟嘗君乃
　　　　　　進馮驩而請之曰：「賓客不知文不肖，幸臨文者三千

餘人，邑入不足以奉賓客，故出息錢於薛。薛歲不
入，民頗不與其息。今客食恐不給，願先生責之。」
馮驩曰：「諾。」辭行。

1. 《戰國策》云：「孟嘗君出記，問門下諸客：『誰習計會，能爲文收責於薛者乎？』」必須出記貼布告徵求到薛地收債的人，而且基本能力要「習計會」，可見這是一項難度極高的任務，需要有能力的人來辦。而馮諼自告奮勇，署曰：「能」，並回答孟嘗君曰：「願之」，簡短有力的回答，表現出馮諼勇於自薦，當機立斷的性格。

2. 《史記》云：「其食客三千人，邑入不足以奉客，使人出錢於薛，歲餘不入，貸錢者多不能與其息，客奉將不給。孟嘗君憂之，問左右：『何人可使收債於薛者？』」表明放債取息是爲了「邑入不足以奉客」，而非斂財自肥；但《戰國策》未言放債目的，則有高利斂財之嫌。

3. 《戰國策》云：「孟嘗君出記」，貼出告示徵求到薛地收債的人。因爲是公開徵求人材，所以馮諼得以自告奮勇地「署曰能」。

　　《史記》云：「孟嘗君憂之，問左右」，則是詢問左右親信，因此門客無法自薦，必須由左右親信推薦，方能被用，故由傳舍長舉薦馮驩。

4. 《戰國策》云：「孟嘗君怪之，曰：『此誰也？』」表明孟嘗君對馮諼之名無多少印象。等到左右回答：「乃歌夫長鋏歸來者也」，先前一而再，再而三的貪求無厭舉止，總算沒有白費，早在孟嘗君腦中留下深刻印象。所以孟嘗君笑曰：「客果有能也，吾負之，未嘗見也。」「客果有能也」一句，回應初次見面，馮諼之回答：「客無能也」，此時孟嘗君連帶想起初次見面之事。「吾負之，未嘗見」，自我責備，從初次見面至今，都不曾再接見過馮諼，可知孟嘗君當時確實是相信馮諼「無好也」、「無能也」，純是因「貧乏不能自存」、而「願寄食門下」的。若馮諼欲以「無好也」、「無能也」的回答，

來引起孟嘗君注意自己，則是失敗的。

5. 《史記》云：「傳舍長曰：『代舍客馮公形容狀貌甚辯，長者，無他伎能，宜可令收債。』」傳舍長推薦馮驩之理由，頗爲奇怪：「形容狀貌甚辯」，辯者別也，是長相偉麗出眾的樣子，與常人不同，易於辨別。則不必擔心他收了債而捲款私逃，如此才能應付「邑入不足以奉客」的難關；「長者」，猶言厚道之人，則心地善良，不致埋沒良心而私吞債款；「無他伎能」，沒有其他伎能，則不致投奔他人而受收留。這三項理由，幾乎都是以「防弊」作爲考量依據。由此應可反推：收債之事甚易，單憑孟嘗君之權勢，且在自己封邑薛地收債，應無任何困難，亦無須任何伎能，只要債契符合，收取利息即可，故傳舍長曰：「無他伎能，宜可令收債」。此外，《史記‧孟嘗君列傳》有：「孟嘗君相齊，其舍人魏子爲孟嘗君收邑入，三反而不一致」的前例，故爲求客奉無缺，收債人選以「防弊」爲考量。

　　有人會認爲傳舍長推薦馮驩，是厭惡他貪而無厭，想讓他出醜。筆者則不認爲如此，其因有二：㈠傳舍長推薦馮驩去收債，則負有薦舉連坐之責，若馮驩失誤，必定連累自己；若馮驩立功，自己亦可享薦人之功。他絕不會輕率薦舉他人而連累自己，則此次推薦馮驩，必是深思熟慮之舉，因爲馮驩三次彈劍而歌，不甘雌伏人下，不願苟且求全之心，昭然若揭，此次機會，正是其表現時機，應當不致壞事而連累舉主。而且孟嘗君詢問左右親信：「何人可使收債於薛者？」語意有二：一是何人可信賴使收債於薛；一是何人有能力可使收債於薛。但由傳舍長之推薦理由判斷，三項理由皆以「防弊」爲前提，則孟嘗君是要找可信賴的人去收債，有沒有才能並不重要。經菁年之觀察，傳舍長了解馮驩是「長者」，必可信賴。㈡孟嘗君絕非傻瓜，如果這三項理由是挖苦馮驩的話，孟嘗君一定聽得出來，必不會爲了配合傳舍長的厭惡之心，去整馮驩，而使自己三千食客無以爲繼的窘況更加惡化。

6. 《戰國策》載孟嘗君向馮諼謝罪：「文倦於事，憒於憂，而性懧愚，

沉於國家之事，開罪於先生。」因事而疲倦，憂愁而昏憒，加上個性
懦愚不開竅，面對門客，這樣的自謙，未免太矯情。沉於國家之事而
怠慢得罪先生，這才算中肯之言。「先生不羞，乃有意欲爲收責於薛
乎？」以帶有感謝之意的口氣來徵詢馮諼意願，則令人不忍拒絕。

　　《史記》載孟嘗君向馮驩提出請求，先說明是因「邑入不足以奉
賓客」，才「出息錢於薛」，並非歛財自肥。但薛地「歲不入，民頗
不與其息」，年景收成不好，人民頗多不繳利息，「今客食恐不給，
願先生責之」，門客恐有斷炊之虞，希望先生收取利息債款回來，以
「客食恐不給」爲理由，要求馮驩硬下心腸去討債，以免其「長者」
個性而不忍要債，使得客食不給。

7. 《戰國策》多出馮諼問：「責畢收，以何市而反？」孟嘗君回答：
「視吾家所寡有者。」馮諼此問，乃早已察覺孟嘗君所缺者，故特意
一問，意在暗示孟嘗君：你家中有所缺，需要補充。但孟嘗君仍渾然
不覺，要馮諼「視吾家所寡有者」自行決定，則孟嘗君甚少自省，不
能深謀遠慮。且收了債還不知如何運用，而任憑門客自由選購，足見
他放貸是歛財自肥。

四、至薛收債

　　齊策：驅而之薛，使吏召諸民當償者，悉來合券。券徧合，
　　　　　起矯命以責賜諸民，因燒其券，民稱萬歲。
　　史記：至薛，召取孟嘗君錢者皆會，得息錢十萬。迺多釀
　　　　　酒，買肥牛，召諸取錢者，能與息者皆來，不能與息
　　　　　者亦來，皆持取錢之券書合之。齊爲會，日殺牛置
　　　　　酒。酒酣，乃持券如前合之，能與息者，與爲期；貧
　　　　　不能與息者，取其券而燒之。曰：「孟嘗君所以貸錢
　　　　　者，爲民之無者以爲本業也；所以求息者，爲無以奉
　　　　　客也。今富給者以要期，貧窮者燔券書以捐之。諸君

　　　　彊飲食，有君如此，豈可負哉！」坐者皆起，再拜。

1. 《戰國策》載馮諼矯命焚券之舉，這是在孟嘗君說出「視吾家所寡有者」時，已打算好要如此去做。這表現出馮諼的膽識和魄力。但是沒有對放貸取息之目的作說明，則使孟嘗君處於斂財取利之地，而抬高馮諼焚券市義之身分。

　　　　《史記》載馮驩處理債務的技巧十分高明，把對象分為三類：一為有現金可還息錢者，收齊後，「得息錢十萬」；二為有能力還利息，但一時欠收，還不出者，與之約定期限；三為貧困無力償還利息者，「取其券而燒之」，本息一筆勾銷。如此處理，既得息錢十萬，可以完成「充客奉」的任務；又令有能力還息者延期償還，而不致催逼苦民；至於貧困無力償還者，乾脆焚其債券，以寬貧民之憂。另外，馮驩當眾宣布：「孟嘗君所以貸錢者，為民之無者以為本業」，放貸是為了濟民之急。「所以求息者，為無以奉客也」，收取利息是為了充門客之花費。可見孟嘗君放貸取息都是義舉，毫無斂財自肥的意圖（參見賴漢屏《史記評賞》）。

2. 《戰國策》一書收錄策士之言，側重突出策士；《史記》為孟嘗君立傳，則突顯傳主。但《戰國策》貶損主人，抬高門客，不僅孟嘗君有斂財自肥之過；而馮諼矯命焚券，難免失之放肆、孟浪，未免失之兩傷。《史記》所寫馮驩，計慮周詳，乃智者形象；孟嘗君放債取息，都是義舉，則使主客相得益彰，兩全其美。

五、返齊覆命

　　齊策：長驅到齊，晨而求見。孟嘗君怪其疾也，衣冠而見
　　　　　之，曰：「責畢收乎？來何疾也！」曰：「收畢
　　　　　矣。」「以何市而反？」馮諼曰：「君云：『視吾
　　　　　家所寡有者』，臣竊計：君宮中積珍寶，狗馬實外

廄，美人充下陳。君家所寡有者以義耳！竊以爲君市
義。」孟嘗君曰：「市義奈何？」曰：「今君有區區
之薛，不拊愛子其民，因而賈利之。臣竊矯君命，以
責賜諸民，因燒其券，民稱萬歲。乃臣所以爲君市義
也。」孟嘗君不說，曰：「諾，先生休矣！」

史記：孟嘗君聞馮驩燒券書，怒而使使召驩。驩至，孟嘗君
曰：「文食客三千人，故貸錢於薛。文奉邑少，而民
尚多不以時與其息，客食恐不足，故請先生收責之。
聞先生得錢，即以多具牛酒而燒券書，何？」馮驩
曰：「然。不多具牛酒即不能畢會，無以知其有餘不
足。有餘者，爲要期；不足者，雖守而責之十年，息
愈多，急，即以逃亡自捐之。若急，終無以償，上則
爲君好利不愛士民，下則有離上抵負之名，非所以
屬士民、彰君聲也。焚無用虛債之券，捐不可得之虛
計，令薛民親君而彰君之善聲也，君有何疑焉！」孟
嘗君乃拊手而謝之。

1. 《戰國策》載馮諼燒券市義後，得意洋洋地「長驅到齊」，迫不及待
地「晨而求見」。又見孟嘗君「衣冠而見之」，本以爲自此可以知遇
於主人，施展抱負，所以滔滔不絕地陳說「市義」的用心和立竿見影
的成效。不料，卻引起孟嘗君不悅，滿腔熱忱被孟嘗君一句「諾，先
生休矣！」給澆熄了。

　　《史記》載馮驩被召回，面對孟嘗君之責問：「聞先生得錢，即
以多具牛酒而燒券書，何？」其回答完全針對自己的行爲作說明：
「不多具牛酒即不能畢會，無以知其有餘不足。」這是說明「多具牛
酒」的原因；「不足者，雖守而責之十年，息愈多，急，即以逃亡自
捐之。若急，終無以償，上則爲君好利不愛士民，下則有離上抵負之
名，非所以屬士民、彰君聲也。焚無用虛債之券，捐不可得之虛計，

令薛民親君而彰君之善聲也。」這是說明「燒券書」的原因。一方面顯現出馮驩辯才無礙的智士風範，一方面看出馮驩處處為孟嘗君設想的苦心。

2. 《戰國策》載「孟嘗君怪其疾也」，收債速度未免太快，與先前「出記」徵求「習計會」人才收債是一件艱鉅任務的預估有了落差。「衣冠而見之」，是以禮接見，重視馮諼的表現。「責畢收乎？來何疾也！」以馮諼「來何疾也」的行為，懷疑在此短暫時間內能否收畢債款，故有「責畢收乎？」的疑問。孟嘗君在馮諼答「收畢矣」之後，順便問：「以何市而反？」一面呼應上文收債辭行時馮諼問「責畢收，以何市而反？」；一方面引出下文馮諼「竊以為君市義」的回答。孟嘗君追問：「市義奈何？」引出馮諼「竊矯君命，以責賜諸民，因燒其券，民稱萬歲。」的回答。但孟嘗君對馮諼「市義」的苦心，並不領情，而是心有不悅，一句「諾，先生休矣！」打發掉馮諼。雖對馮諼不悅，但不怪罪，可見孟嘗君能容人但不能知人的特性。

　　《史記》載孟嘗君「聞馮驩燒券書，怒而使使召驩」，由其責問馮驩「文食客三千人，故貸錢於薛。文奉邑少，而民尚多不以時與其息，客食恐不足，故請先生收責之」的理由，可知「燒券書」之舉，不僅收不到利息以奉門客，連本金也都拿不回來，難怪孟嘗君「怒召」馮驩。而責問的重點在「多具牛酒」浪費金錢，及「燒券書」使得本息皆失。所以馮驩的回答，也是針對這兩點而作說明。孟嘗君聽後，「乃拊手而謝之」，表現其明理納諫的風度。這就比《戰國策》中的孟嘗君高明多了。

3. 《戰國策》載馮諼之言：「君家所寡有者以義耳」、「今君有區區之薛，不拊愛子其民，因而賈利之。」顯然是貶抑孟嘗君；「臣竊矯君命，以責賜諸民，因燒其券，民稱萬歲。乃臣所以為君市義也。」則是抬高馮諼。兩相映襯，高下立見，難怪孟嘗君聽後不悅。若就事論事，放貸求息一事，孟嘗君確實有過；但孟嘗君門客三千，這不是

最大義舉嗎？且對馮諼三次彈劍而歌的要求，都一一滿足其需要，這不是「義」嗎？怎能說「君家所寡有者以義耳」？尤其是出自馮諼之口，所以孟嘗君會有不悅的反應。

六、孟嘗罷相

> 齊策：後期年，齊王謂孟嘗君曰：「寡人不敢以先王之臣爲臣。」孟嘗君就國於薛，未至百里，民扶老攜幼迎君道中。孟嘗君顧謂馮諼：「先生所爲文市義者，乃今日見之。」
>
> 史記：齊王惑於秦、楚之毀，以爲孟嘗君名高其主而擅齊國之權，遂廢孟嘗君。諸客見孟嘗君廢，皆去。

1. 《戰國策》載齊王謂孟嘗君之言：「寡人不敢以先王之臣爲臣」，屬婉曲修辭法中的曲折。不直接說出罷免的話，使孟嘗君仍保有顏面，自動知難而退。此處未說明齊王罷免孟嘗君之原因，若參照《史記》所載「齊王惑於秦、楚之毀」，是受秦、楚二國流言所惑，而其內容是「以爲孟嘗君名高其主而擅齊國之權」，所以「遂廢孟嘗君」。則齊王罷免孟嘗君之因，即可明白，二書內容可爲互補，此其例也。而流言內容「名高其主，擅齊國之權」，是居上位者最害怕，最不能容忍的，所以易於發揮效果。如：〈魏公子列傳〉載秦王求晉鄙客，令毀公子於魏王，內容是「諸侯徒聞魏公子，不聞魏王。」魏王日聞其毀，不能不信，後來果然使人代公子將。親如愛弟，一樣因毀而被廢。〈范雎蔡澤列傳〉有范雎說秦王之言：「聞秦之有太后、穰侯、華陽、高陵、涇陽，不聞其有王也。」秦王於是「廢太后，逐穰侯、高陵、華陽、涇陽君於關外。」母后、親舅、親弟，亦因名高其主而受猜忌。

2. 《戰國策》有薛民扶老攜幼迎孟嘗君於道中的記載，作爲馮諼「市義」的交代，如此寫，馮諼「燒券書」的市義行爲，才不致落空。

《史記》沒有此段，並無影響。

3. 《史記》有「諸客見孟嘗君廢，皆去」的記載，一來映襯馮驩臨難不去的義氣；二來作爲末段孟嘗君復位，賓客再至，孟嘗君欲「必唾其面而大辱之」，馮驩以「市朝」爲譬的伏筆。

七、孟嘗復相

齊策：馮諼曰：「狡兔有三窟，僅得免其死耳。今君有一窟，未得高枕而臥也。請爲君復鑿二窟。」孟嘗君予車五十乘，金五百斤，西遊於梁，謂惠王曰：「齊放其大臣孟嘗君於諸侯，諸侯先迎之者，富而兵強。」於是梁王虛上位，以故相爲上將軍，遣使者，黃金千斤，車百乘，往聘孟嘗君。馮諼先驅誡孟嘗君曰：「千金，重幣也；百乘，顯使也。齊其聞之矣。」梁使三反，孟嘗君固辭不往也。齊王聞之，君臣恐懼，遣太傅賫黃金千斤，文車二駟，服劍一，封書謝孟嘗君曰：「寡人不祥，被於宗廟之祟，沉於諂諛之臣，開罪於君，寡人不足爲也。願君顧先王之宗廟，姑反國統萬人乎？」馮諼誡孟嘗君曰：「願請先王之祭器，立宗廟於薛。」廟成，還報孟嘗君曰：「三窟已就，君姑高枕爲樂矣。」孟嘗君爲相數十年，無纖介之禍者，馮諼之計也。

史記：馮驩曰：「借臣車一乘，可以入秦者，必令君重於國而奉邑益廣，可乎？」孟嘗君乃約車幣而遣之。馮驩乃西說秦王曰：「天下之游士憑軾結靷西入秦者，無不欲彊秦而弱齊；憑軾結靷東入齊者，無不欲彊齊而弱秦。此雄雌之國也，勢不兩立爲雄，雄者得天下矣。」秦王跽而問之曰：「何以使秦無爲雌而可？」

馮驩曰:「王亦知齊之廢孟嘗君乎?」秦王曰:「聞之。」馮驩曰:「使齊重於天下者,孟嘗君也。今齊王以毀廢之,其心怨,必背齊;背齊入秦,則齊國之情,人事之誠,盡委之秦,齊地可得也,豈直爲雄也!君急使使載幣陰迎孟嘗君,不可失時也。如有齊覺悟,復用孟嘗君,則雌雄之所在未可知也。」秦王大悅,迺遣車十乘、黃金百鎰以迎孟嘗君。馮驩辭以先行,至齊,說齊王曰:「天下之游士憑軾結靷東入齊者,無不欲彊齊而弱秦者;憑軾結靷西入秦者,無不欲彊秦而弱齊者。夫秦齊雄雌之國,秦彊則齊弱矣,此勢不兩雄。今臣竊聞秦遣使車十乘載黃金百鎰以迎孟嘗君。孟嘗君不西則已,西入相秦則天下歸之,秦爲雄而齊爲雌,雌則臨淄、即墨危矣。王何不先秦使之未到,復孟嘗君,而益與之邑以謝之?孟嘗君必喜而受之。秦雖彊國,豈可以請人相而迎之哉?折秦之謀,而絕其霸彊之略。」齊王曰:「善。」乃使人至境候秦使,秦使車適入齊境,使還馳告之,王召孟嘗君而復其相位,而與其故邑之地,又益以千戶。秦之使者聞孟嘗君復相齊,還車而去矣。

1. 《戰國策》有馮諼提出「狡兔三窟」的說法:民扶老攜幼以迎孟嘗君,則薛地民心爲一窟;復爲齊相,二窟也;立宗廟於薛,三窟也。《史記》無「狡兔三窟」的說法,而馮驩爲孟嘗君所做,僅強調「復相齊」的經過。

2. 《戰國策》載馮諼西說梁惠王迎聘孟嘗君;再誠孟嘗君固辭,齊王聞之,君臣恐懼而自責迎聘孟嘗君;馮諼再誠孟嘗君請先王祭器,立宗廟於薛。如此規劃,詳盡妥善,所以馮諼敢說:「三窟已就,君姑高枕爲樂矣。」

《史記》載馮驩西說秦王迎聘孟嘗君,再以同樣理由東說齊王迎孟

嘗君，終使齊王召孟嘗君而復其相位，與其故邑之地，又益以千戶。

　　馮諼（驩）是西說梁王或秦王，難以判斷眞僞。因爲就馮諼（驩）遊說內容判斷，《史記》以「秦王」爲對象，是符合當時國際局勢，齊湣王與秦昭王曾有並稱「東帝」、「西帝」的打算（見〈秦本紀〉、〈田敬仲完世家〉），所以馮驩說此二國是「雄雌之國也」。《戰國策》中，馮諼只說「諸侯先迎之者，富而兵強」，則對象以連續敗績的梁惠王較符合，而且《戰國策‧秦策四》有「薛公入魏」的記載，則馮諼西說梁王亦有可能。

八、人情冷暖

　　史記：自齊王毀廢孟嘗君，諸客皆去。後召而復之，馮驩迎之，未到，孟嘗君太息歎曰：「文常好客，遇客無所敢失，食客三千有餘人，先生所知也。客見文一日廢，皆背文而去，莫顧文者。今賴先生得復其位，客亦有何面目復見文乎？如復見文者，必唾其面而大辱之。」馮驩結轡下拜，孟嘗君下車接之，曰：「先生爲客謝乎？」馮驩曰：「非爲客謝也，爲君之言失。夫物有必至，事有固然，君知之乎？」孟嘗君曰：「愚不知所謂也。」曰：「生者必有死，物之必至也；富貴多士，貧賤寡友，事之固然也。君獨不見夫朝趣市者乎？平明，側肩爭門而入；日暮之後，過市朝者掉臂而不顧。非好朝而惡暮，所期物亡其中。今君失位，賓客皆去，不足以怨士而徒絕賓客之路，願君遇客如故。」孟嘗君再拜曰：「敬從命矣。聞先生之言，敢不奉教焉！」

《史記》有末段孟嘗君罷相，「諸客皆去」，後來復位，孟嘗君向馮驩感歎：「客見文一日廢，皆背文而去，莫顧文者」，因而產生「客

亦有何面目復見文乎？如復見文者，必唾其面而大辱之」的念頭。馮
驩則指出他這話的錯誤，並以「朝趣市」爲喻，來說明「富貴多士，
貧賤寡友，事之固然也」的道理，要孟嘗君體認「今君失位，賓客
皆去，不足以怨士而徒絕賓客之路。」並希望孟嘗君「遇客如故」。
司馬遷在〈孟嘗君列傳〉結尾時，引用馮驩這一番議論，眞是透析人
情，這也是司馬遷遭遇李陵之禍後，對人情冷暖感受特別深刻的一種
表現。

　　《戰國策》無此段文字，但在〈齊策四〉「孟嘗君逐於齊而復
反」章，有類似的記載：

> 孟嘗君逐於齊而復反。譚拾子迎之於境，謂孟嘗君曰：「君
> 得無有所怨齊士大夫？」孟嘗君曰：「有。」「君滿意殺之
> 乎？」孟嘗君曰：「然。」譚拾子曰：「事有必至，理有固
> 然，君知之乎？」孟嘗君曰：「不知。」譚拾子曰：「事之
> 必至者，死也；理之固然者，富貴則就之，貧賤則去之：此
> 事之必至，理之固然者。請以市諭：市，朝則滿，夕則虛，
> 非朝愛市而夕憎之也，求存故往，亡故去。願君勿怨。」孟
> 嘗君乃取所怨五百牒削去之，不敢以爲言。

其中，馮驩變爲譚拾子；孟嘗君所怨者，由門客變爲齊士大夫；孟嘗
君對門客原存「必唾其面而大辱之」，變爲殺之而後滿意；孟嘗君聽
後的反應，由「敬從命矣」變爲「取所怨五百牒削去之」。

參、結語

　　經由上述比較分析，可以歸納出下列幾點結論：

一、主題不同

　　《戰國策》「齊人有馮諼者」章的主題，是「市義」一事，所以
文章詳述馮諼「市義」的經過與結果。由馮諼辭行時，問：「責畢收，

以何市而反?」埋下伏筆;當孟嘗君回答:「視吾家所寡有者」時,馮諼已擬定「市義」計畫;所以一到薛地,「使吏召諸民當償者,悉來合券」,隨即「起矯命以責賜諸民,因燒其券」,做得乾脆俐落;「長驅到齊,晨而求見」,是迫不及待要回報孟嘗君;馮諼云:「臣竊計:君宮中積珍寶,狗馬實外廄,美人充下陳。君家所寡有者以義耳!」又云:「今君有區區之薛,不拊愛子其民,因而賈利之。臣竊矯君命,以責賜諸民,因燒其券,民稱萬歲。乃臣所以為君市義也。」反覆說明「市義」的理由及立即成果;後來孟嘗君罷相回薛,「未至百里,民扶老攜幼迎君道中」,則將「市義」成效顯現出來——獲得薛地民心愛戴。

　　《史記・孟嘗君列傳》附載馮驩事蹟,其主題是要突顯「富貴多士,貧賤寡友」的人情冷暖現象,所以強調「諸客見孟嘗君廢,皆去」;其後復位,孟嘗君太息而歎:「文常好客,遇客無所敢失……客見文一日廢,皆背文而去,莫顧文者,今賴先生得復其位,客亦有何面目復見文乎?如復見文者,必唾其面而大辱之。」馮驩則以「市朝」為喻:「君獨不見夫朝趣市者乎?平明,側肩爭門而入;日暮之後,過市朝者掉臂而不顧。非好朝而惡暮,所期物亡其中。」說明「今君失位,賓客皆去,不足以怨士而徒絕賓客之路。」這類「富貴多士,貧賤寡友」的嘲諷主題,在《史記》一書中,經常出現。如:〈汲鄭列傳〉有翟公之事:

　　始翟公為廷尉,賓客闐門;及廢,門外可設雀羅。翟公復為
　　廷尉,賓客欲往,翟公乃大署其門曰:「一死一生,乃知交
　　情;一貧一富,乃知交態;一貴一賤,交情乃見。」

而汲黯、鄭當時二人,亦有類似情況:「此兩人中廢,家貧,賓客益落。」(〈汲鄭列傳〉)司馬遷之所以特別強調這種趨炎附勢,人情冷暖的現象,大概與他個人遭遇有關,司馬遷因替李陵仗義直言而得罪,但是當時「交遊莫救,左右親近不為壹言」(〈報任安書〉),

使他對於人情冷暖有了更深刻的體會，並有意識地加以嘲諷。

二、寫作重點不同

㈠戰國策的寫作重點

　　《戰國策・齊策四》「齊人有馮諼者」一文，寫作重點在於突顯馮諼的才能，所以布局安排方面，以馮諼為主角，孟嘗君只是居於被動的配角，除了能容能忍的胸襟之外，看不出他有什麼才幹和見識。作者以馮諼的才智為經，寫他由懷才不遇到漸露鋒芒，終至扭轉乾坤，令梁王、齊王、孟嘗君皆隨其起舞，而達到為孟嘗君完成「三窟」的高枕無憂成果。並藉由貶抑孟嘗君等王侯將相，來突顯馮諼的才智。

1. 孟嘗君之個性，在《戰國策》中，優點只有能容能忍的胸襟。如：初見馮諼，馮諼雖回答：「客無好也」、「客無能也」，但是孟嘗君仍是「笑而受之」，有容人雅量。馮諼三次彈劍而歌，孟嘗君三次皆滿足其要求，使人「食之」，比門下之客；使人「為之駕」，比門下之車客；及「使人給其母食用無乏」：這也是容人的雅量，使馮諼不復歌，心中存有「士為知己者死」的念頭。馮諼燒券以市義的行為，雖引起孟嘗君不悅，但孟嘗君只是說一句：「諾，先生休矣！」打發馮諼，而不怪罪，這是有容人雅量，但不能知人。

2. 《戰國策》中，以突顯馮諼之才智為主。如初見孟嘗君時，回答曰：「客無好也」、「客無能也」，這是馮諼因貧而寄食門下，初時尚未以孟嘗君為知己，故不必汲汲求表現；馮諼三次彈劍而歌，其目的一為考驗孟嘗君之好客，作為往後出處參考，二為主動造勢，引人注意，加深孟嘗君之印象，作為晉身之階；馮諼「乘其車，揭其劍，過其友曰：『孟嘗君客我。』」是善於假借孟嘗君名聲以自我宣傳；孟嘗君出記，徵求收債人才，馮諼署曰：「能。」是主動爭取表現的機會；馮諼問：「責畢收，以何市而反？」主動詢問該買什麼回來，一來顯現馮諼是舉一反三，頭腦機靈的人，而不是一個口令、一個動作

的奴僕，二來馮諼此問，乃早已察覺孟嘗君家中所欠缺者，希望藉此機會爲孟嘗君塡補；馮諼至薛，即「矯命以責賜諸民，因燒其券」，這些舉動是在孟嘗君說出「視吾家所寡有者」時，馮諼早已打算好要這樣做，所以才會那麼快完事，這一方面展現馮諼的機智，另一方面也是其膽識和魄力的表現；馮諼爲孟嘗君經營三窟，使孟嘗君爲相數十年無纖介之禍，全靠馮諼之計，可見其智非凡。

3.藉由貶抑孟嘗君等王侯將相，以突顯馮諼的才智。如：馮諼問：「責畢收，以何市而反？」孟嘗君卻回答：「視吾家所寡有者」，則是孟嘗君不懂馮諼的暗示，一來顯示孟嘗君甚少自省，不知家中真正欠缺的是什麼，二來收了債還不知如何運用，而任由門客自由決定，可見放貸收息之行爲，是斂財自肥。因此，馮諼爲孟嘗君燒券書以市義於民，立即的效果是「民稱萬歲」，但卻惹來孟嘗君「不悅」。其後，孟嘗君罷相，就國於薛，市義的功能就顯現出來：「未至百里，民扶老攜幼迎君道中」，此時孟嘗君才發覺當初燒券市義的效果。藉由孟嘗君「視吾家所寡有者」的不知不覺，對馮諼燒券市義的「不悅」表現，及「先生所爲文市義者，乃今日見之」的喜出望外，映襯出馮諼的先見之明及智慮周詳。

　　另外，馮諼西說梁王，使得梁王「虛上位，以故相爲上將軍，遣使者齎黃金千斤、車百乘，往聘孟嘗君」，而且「梁使三反」，都無法達成目的。其實，在馮諼的計畫中，梁王只是一顆用來刺激齊王的棋子，梁王禮賢下士的結果，只是爲孟嘗君抬高身份，自己完全被耍弄於股掌之間。而齊王受到梁王此舉的刺激，反而向孟嘗君「封書謝罪」，並恢復其相位，且在薛地另立宗廟。梁王、齊王可說全都墜入馮諼彀中，一切發展，全在馮諼預料之中。可見馮諼才智過人，算無遺策。

㈡史記的寫作重點

　　《史記‧孟嘗君列傳》篇後附載馮驩事蹟，其寫作重點，一方面表現傳主孟嘗君的個性，另一方面藉由馮驩才智表現，映襯孟嘗君的人

品，使得二人之間，相得益彰。在體裁上，馮驩附傳仍須與孟嘗君本傳之內容相呼應，才不致前後矛盾。

1.表現傳主孟嘗君個性為主

〈孟嘗君列傳〉以表現傳主孟嘗君之個性為主，如：

(1)孟嘗君有主動關懷賓客的誠意，如馮驩初見，孟嘗君即問：「先生遠辱，何以教文也？」十日後，孟嘗君主動問傳舍長：「客何所為？」又五日，再問傳舍長；又五日，復問傳舍長。

(2)孟嘗君也有不悅發愁的時候，與常人無異。如：馮驩已由傳舍遷入幸舍，又由幸舍遷入代舍，已是出入有車，以孟嘗君門下分客三等，依才能貢獻高低而享有不同待遇。馮驩未有任何表現，孟嘗君已破格升遷，算是對馮驩有知遇之恩，但馮驩仍不滿足，還彈劍而歌：「無以為家！」這已是超過門下賓客待遇範圍，而且孟嘗君「邑入不足以奉客」、「客奉將不給」，若再額外照顧賓客家屬，勢必力有不逮，且易引起他人計較之心，難怪孟嘗君會不悅。當孟嘗君聞知馮驩燒券書，則是「怒而使使召驩」，因為「食客三千人，故貸錢於薛，文奉邑少，而民尚多不以時與其息，客食恐不足」，所以請馮驩收債，馮驩卻「燒券書」，如此則本息皆無，「客食恐不足」，孟嘗君才會「怒而使使召驩」。孟嘗君罷相，諸客皆去，齊王後來召而復之，孟嘗君則太息歎曰：「客亦有何面目復見文乎？如復見文者，必唾其面而大辱之。」這是經歷人情冷暖之後，對於趨炎忘恩之徒的盛怒。

(3)情緒常隨當時情境而自然發作，孟嘗君是人，難免有情緒，所以會有不悅發怒的情形，但畢竟他的理智仍能主導一切，所以他很能從諫如流，如馮驩被召回，解釋「燒券書」是為了「焚無用虛債之券，捐不可得之虛計，令薛民親君而彰君之善聲也」，孟嘗君聽後，「乃拊手而謝之」。馮驩以「市朝」為喻，來說明「富貴多士，貧賤寡友」是「事之固然也」，他希望孟嘗君了解「今君失位，賓客皆去，不足以怨士而徒絕賓客之路」，更希望「願君遇客

如故」，孟嘗君聽後，再拜曰：「敬從命矣！聞先生之言，敢不奉
教焉！」可見孟嘗君有從諫納諫的明智。

2.藉馮驩以彰顯孟嘗君

〈孟嘗君列傳〉之馮驩，一方面取材於古本《戰國策》原始材
料，所以表現出馮驩身為策士的才智；另一方面，司馬遷將之採入〈孟
嘗君列傳〉，欲藉馮驩之言行，映襯孟嘗君好客喜士，而能得門客回
報。馮驩及孟嘗君二人相得益彰，而不是抑彼彰此。

孟嘗君放貸於薛，是因為「邑入不足以奉客」；而請馮驩收債，是
因為「貸錢者多不能與其息，客奉將不給」；馮驩受命之後，以十分高
明的技巧處理債務，他把對象分為三類：一為有現金可還息錢者，「得
息錢十萬」，則可以解決「客奉將不給」的危機；二為有能力還息，但
一時欠收，則與之約定期限，可以延期償還，不致催逼苦民；三為貧困
無力償還利息者，「取其券而燒之」，本息一筆勾銷，以寬貧民之憂。
〈孟嘗君列傳〉中，馮驩如此處理，比《戰國策》中馮諼一概「矯命以
責賜諸民，因燒其券」的作法，來得思慮周詳。

馮驩又當眾宣言：「孟嘗君所以貸錢者，為民之無者以為本業；所
以求息者，為無以奉客也！」藉此映襯孟嘗君放貸及取息都是義舉，而
非斂財自肥。馮驩與孟嘗君在《史記》中，是主人賢明，門客才智，二
人是相得益彰。

3.與本傳呼應

〈孟嘗君列傳〉載孟嘗君初次「主家，待賓客」時，其特色是
「無所擇」、「平等相待」及「盡心盡力」。在馮驩的附傳則有傳舍、
幸舍及代舍三等之別。表面似乎矛盾，但這是不同時期，因應不同情況
所做的不同措施，不可誤以為司馬遷敘事前後矛盾。

〈孟嘗君列傳〉先前載有「其舍人魏子為孟嘗君收邑入，三反而不
一致」的前例，所以在馮驩附傳中，則有傳舍長推薦馮驩收債的三項理
由：「形容狀貌甚辯」、「長者」、「無他伎能」，全都是以「防弊」

為考量，希望馮驩不會重蹈魏子舊路。

三、詳略互補

　　《戰國策》與《史記》所載馮諼（驩）二文，雖有主題及寫作重點不同，但畢竟在情節上仍是大致相似，在此相似情節中，二文之詳略不同，所以合觀二文情節，可以使其詳略互補，增進讀者認識情節。

1. 初次求見孟嘗君時，《戰國策》云：馮諼「貧乏不能自存，使人屬孟嘗君，願寄食門下」，《史記》云：馮驩「聞孟嘗君好客，躡蹻而見之」。二者可為互補說明：馮諼（驩）確實是「貧乏不能自存」，所以他的打扮是「躡蹻」；馮諼（驩）為何「願寄食門下」，當然是「聞孟嘗君好客」，才敢前往；馮諼（驩）「使人屬孟嘗君」是求見孟嘗君的必要過程，可安排入《史記》「馮驩聞孟嘗君好客」之下，作為補充。

2. 初次見面，《戰國策》云：「孟嘗君曰：『客何好？』曰：『客無好也。』曰：『客何能？』曰：『客無能也。』」而《史記》云：「孟嘗君曰：『先生遠辱，何以教文也？』馮驩曰：『聞君好士，以貧身歸於君。』」二者亦可互補。故《戰國策》下文有孟嘗君三次滿足馮諼之要求，顯見其「好士」態度；而《史記》下文亦有傳舍長薦馮驩「無他伎能」，可見馮諼（驩）之表現，初期是「無能也」的隱伏狀態。

3. 孟嘗君門客三千，依才能分上、中、下三等，將《戰國策》與《史記》所載馮諼（驩）彈劍而歌的結果作為互補，即可歸納為：傳舍客，粗食，食無魚；幸舍客，食有魚；代舍客，出有車。而「無以為家」的要求，則是例外之求，不在正常門客等級之列。

4. 《戰國策》云：「齊王謂孟嘗君曰：『寡人不敢以先王之臣為臣。』孟嘗君就國於薛。」若參考《史記》所云：「齊王惑於秦、楚之毀，以為孟嘗君名高其主而擅齊國之權，遂廢孟嘗君。」則孟嘗君被廢之原因即可明白。

第十三章

善用動畫提升教學效
果——以蔡志忠動畫
《史記》爲例

壹、前言

　　動畫是指由許多影格靜止的畫面，以一定的速度（如每秒16張）連續播放時，肉眼因視覺殘象產生錯覺，而誤以為畫面活動的作品。為了得到活動的畫面，每個畫面之間都會有細微的改變。而畫面的製作方式，最常見的是手繪在紙張或賽璐珞片上，其它的方式還包含了運用黏土、模型、紙偶、沙畫等。由於電腦科技的進步，現在也有許多利用電腦動畫軟體，直接在電腦上製作出來的動畫，或者是在動畫製作過程中使用電腦進行加工的方式，這些都已經大量運用在商業動畫的製作中。（維基百科「動畫」條）

　　拜現代科技進步與互聯網運用方便，許多有趣、有內涵、有教學功用的動畫都可以在網路上搜尋得到，尤其是YouTube上面的動畫影片都可以下載當做教學輔助資料，只要老師善加運用，就可以提升教學效果。本文即是筆者以蔡志忠動畫《史記》作為教學輔助資料的經驗分享。

貳、善用動畫之優點

　　蔡志忠動畫《史記》，顧名思義當然是以《史記》所載內容為依歸，它的內容只有「戰國四公子」，亦即孟嘗君、平原君、信陵君和春申君四個單元短片。筆者發現：該動畫的優點頗多，應當善加運用。

一、反復對照，增添印象

　　因為動畫內容是依據《史記》編製，學生讀過《史記》〈孟嘗君列傳〉、〈平原君列傳〉、〈魏公子列傳〉和〈春申君列傳〉之後，再看蔡志忠動畫《史記》，情節內容相同，可以反復對照，增添印象。

二、由抽象文字敘述變為具體動畫影音

　　《史記》是古典散文，這種文字敘述對於學生來說，較為抽象，不易深入體會。蔡志忠將其製成動畫，較為具體地呈現內容，影像生動活

潑，容易引發興趣，提升學習意願。

三、可與其他文獻或動畫比較

老師可以拿蔡志忠動畫《史記》來和其他文獻或動畫作比較，如「孟嘗君」單元中有「馮驩客孟嘗君」一段，這是依《史記‧孟嘗君列傳》的內容而編製，它和《戰國策‧齊策四‧齊人有馮諼者章》的內容不盡相同，一般有關馮諼的動畫，大都根據《戰國策》的內容，如「成語故事 高枕無憂」動畫、「龍騰高中國文4 第8課 馮諼客孟嘗君【動畫】」，都是以《戰國策》的內容編製。經由比較，可以看出蔡志忠動畫《史記》和其他文獻或動畫的異同，讓學生可以更深入了解《史記》和《戰國策》兩個文本的差異。若是無法看出其間異同，可以參考筆者發表的〈馮諼客孟嘗君事件評析——以《史記‧孟嘗君列傳》與《戰國策‧齊人有馮諼者章》作比較〉一文，文中有許多詳盡的比較分析。

參、善用動畫之缺點

蔡志忠動畫《史記》雖然有上述許多優點，但難免百密一疏，出現某些缺失。老師可以善用這些缺點，以提問方式引起學生注意，讓學生思索後回答，若答案不太理想，老師再加以解說，比較能讓學生印象深刻，產生興趣。筆者發現該動畫有下列幾項缺失：

一、誤用避諱文字

司馬遷寫作《史記》，為了避諱而改字，但文中當事人時代早於司馬遷，並不會如司馬遷一般去避諱改字，只會用正確的字。該動畫忽略了這一層，也讓文中當事人用了司馬遷避諱的字，那就造成頗大的誤解。

㈠將「談」避諱改為「同」

該動畫在「平原君」單元中有秦圍邯鄲，平原君手下進來通報

說：「邯鄲傳舍吏的兒子李同求見公子。」此處「邯鄲傳舍吏的兒子李同」是依據《史記‧平原君虞卿列傳》的內容：

> 秦急圍邯鄲，邯鄲急，且降，平原君甚患之。邯鄲傳舍吏子李同說平原君曰：「君不憂趙亡邪？」平原君曰：「趙亡則勝爲虜，何爲不憂乎？」李同曰：「邯鄲之民，炊骨易子而食，可謂急矣，而君之後宮以百數，婢妾被綺縠，餘粱肉，而民褐衣不完，糟糠不厭。民困兵盡，或剡木爲矛矢，而君器物鍾磬自若。使秦破趙，君安得有此？使趙得全，君何患無有？今君誠能令夫人以下編於士卒之閒，分功而作，家之所有盡散以饗士，士方其危苦之時，易德耳。」於是平原君從之，得敢死之士三千人。李同遂與三千人赴秦軍，秦軍爲之卻三十里。亦會楚、魏救至，秦兵遂罷，邯鄲復存。李同戰死，封其父爲李侯。

其中，「邯鄲傳舍吏子李同」，唐‧張守節《正義》曰：「名談，太史公諱改也。」是說李同本名李談，因司馬遷避父親司馬談的名諱而改爲「李同」。司馬遷的父親名叫「司馬談」，凡有名「談」者，《史記》都避諱改爲「同」，意思是和我父親同名。如〈趙世家〉：「襄子懼，乃夜使相張孟同私於韓、魏。韓、魏與合謀，以三月丙戌，三國反滅知氏，共分其地。」《索隱》：「按：《戰國策》作『張孟談』。談者，史遷之父名，遷例改爲『同』。」《史記》將漢文帝時的宦官「趙談」改爲「趙同」，〈袁盎鼂錯列傳〉：「宦者趙同以數幸，常害袁盎，袁盎患之。」《集解》引徐廣曰：「《漢書》作『談』字。」《漢書‧爰盎鼂錯傳》：「宦者趙談以數幸，常害盎，盎患之。」在〈報任安書〉「同子參乘，爰絲變色。」又稱趙談爲「同子」，意思是說和我父親同名的先生。司馬遷在《史記》中爲了避諱而改字，動畫創製者不了解這一層關鍵，也讓動畫中當事人稱「李談」爲「李同」，那就時間錯亂，誤導觀眾。

㈡將「相邦」避諱改為「相國」

該動畫在「春申君」單元中有黃歇說：「我去找秦國宰相應侯，請他幫忙。」見了應侯范雎說：「相國真的是楚太子的好朋友嗎？」這是依據《史記・春申君列傳》的內容：

> 楚頃襄王病，太子不得歸。而楚太子與秦相應侯善，於是黃歇乃說應侯曰：「相國誠善楚太子乎？」應侯曰：「然。」

《史記》中關於七國相國的記載尤多，如稱張儀為秦惠王相，又說秦昭王時魏冉為相國。但在銅器銘文中，只有相邦儀和相邦冉。又《史記》言呂不韋為相國，而作於秦始皇三年、四年、五年、七年、八年的銅戈銘文上有「相邦呂不韋」。銅器銘文中從不見有相國之名，唯古籍作相國，可能是漢代人因避漢高祖劉邦之諱而改「邦」為「國」所致。（百度百科「相邦」條）。這種避國君名諱的作法，《史記》中還有：如避漢景帝劉啟之諱，而將「微子啟」寫成「微子開」（〈宋微子世家〉）；為避漢武帝劉徹之諱，將「蒯徹」寫成「蒯通」（〈淮陰侯列傳〉）。則春申君當時必不會稱應侯范雎為「相國」，而是稱為「相邦」。

二、誤讀通假字音

該動畫在「信陵君」單元中，一開始旁白提到：「魏公子無忌是魏昭王的小兒子，魏安釐王同父異母的弟弟。昭王死後，安釐王即位，封公子無忌為信陵君。」將「魏安釐王」的「釐」讀為「ㄌㄧˊ」。這是依據《史記・魏公子列傳》一開始的內容：

> 魏公子無忌者，魏昭王少子而魏安釐王異母弟也。昭王薨，安釐王即位，封公子為信陵君。

本來筆者認為司馬遷的祖父名叫「司馬喜」，《史記》將「魯僖公」

稱爲「魯釐公」；將「魏安僖王」稱爲「魏安釐王」，是將「僖」避諱改爲「釐」。後來發現這是一種誤解。原因有三：一、若是避諱，前人注解應會注明，如前述避其父司馬談之諱，而將「談」改爲「同」，前人注解都有注明，但將「僖」改爲「釐」則完全沒有前人注解說明；二、《禮記・曲禮上》：「禮不諱嫌名。」鄭玄注：「嫌名，謂音聲相近，若禹與雨，丘與區也。」則避諱通常只避同字，不避嫌名，亦即不避音同音近的字，「喜」和「僖」音近但不同字，司馬遷不必爲此而避諱；三是《韓非子・有度第六》稱「魏安釐王攻燕救趙，取地河東；攻盡陶、魏（魏當作衛）之地；加兵於齊，私平陸之都；攻韓拔管，勝於淇下；睢陽之事，荆軍老而走；蔡、召陵之事，荆軍破；兵四布於天下，威行於冠帶之國；安釐死而魏以亡。」《漢書・古今人表》將「魏安釐王」列爲「下上」，也是將「魏安僖王」寫成「魏安釐王」，韓非和班固並非爲了避諱而改字，他們應該是以同音字「釐」來假借「僖」。

　　有關通假字的音讀，基本上應將假借字讀爲本字的音。如：

(一)那些較常見的、在古代作品中形成習慣通用的假借字，一般多知道是某字的假借，可按所表示的本字來讀。如古書中常借「女」爲「汝」，這個「女」即應讀爲ㄖㄨˇ，不讀ㄋㄨˇ（應爲ㄋㄩˇ）的音。同樣，「不」常借爲「否」，應讀爲ㄈㄡˇ，又常借爲「丕」（如「丕顯」），應讀ㄆㄧ；「亡」常借爲「無」（如「亡何」），可讀ㄨˊ；「內」常借爲「納」，可議（應爲讀）ㄋㄚˋ；「邪」常借爲「耶」，可讀ㄧㄝˊ；「失」常借爲「佚」（如「淫佚」），可讀爲ㄧˋ；「台」常借爲「怡」，可讀爲ㄧˊ；「見」常借爲「現」（如「見在」），可讀爲ㄒㄧㄢˋ；「歸」常借爲「饋」，可讀爲ㄎㄨㄟˋ；「還」常借爲「旋」（如「還踵」），可讀爲

ㄒㄩㄢˊ；「說」常借爲「悅」，可讀爲ㄩㄝˋ等等。

(二)那些不很常見的使用假借字的詞語，古書中偶然出現，而現代的字典、詞典已訂定其讀音，也可按所表示的本詞（字）來讀音。如「惡池」是「滹沱」（河名）的假借，名雖不常見，但工具書已注明其應讀ㄏㄨ ㄊㄨㄛˊ，則可按這一讀音來讀；又如「湯谷」（古代認爲是日出的地方）的湯，是暘字的假借，也應讀ㄧㄤˊ；「罷敝」和「罷癃」（腰曲背駝）的罷是疲字的假借，也應讀爲ㄆㄧˊ；「適嗣」、「適長」的適是嫡字的假借，也應讀ㄉㄧˊ而不讀ㄕˋ；「矜寡」的矜是「鰥」字的假借，就應讀ㄍㄨㄢ而不讀ㄐㄧㄣ，等等。（木鐸編輯室《國學導讀》）

這些通假字之所以要按本字來讀音，主要是因爲字義的不同是通過聲音來表現，表示某個字義最好用原來表示它的那種的聲音讀出。比如把「惡池」讀爲ㄜˋ ㄔˊ，一般就很難領會它就是「滹沱」；把「不顯」（即「丕顯」）讀成ㄅㄨˋ ㄒㄧㄢˇ，就會使人誤解爲不明顯，與丕顯的意義剛好相反。

筆者查「教育部重編國語詞典修訂本」網頁，發現「釐」字有兩種讀音：

1.ㄌㄧˊ，〔名〕❶量詞：⑴計算長度的單位。公制一釐等於千分之一公尺。⑵計算地積的單位。一釐等於百分之一畝。⑶計算重量的單位。一釐等於千分之一兩。⑷計算利率的單位。年利率一釐是本金的百分之一，月利率一釐是本金的千分之一。❷寡婦。通「嫠」。《文選·張協·七命》：「縈釐爲之擗摽，孀老爲之嗚咽。」❸姓。如五胡十六國時後秦有釐豔。

〔動〕❶治理。《書經·堯典》：「允釐百工，庶績咸熙。」漢·孔安國·傳：「釐，治。工，官。」《資治通鑑·卷一七一·陳紀

五‧宣帝太建六年》：「羣臣表請，累旬乃止。命太子總釐庶政。」
❷改正、改變。《後漢書‧卷三四‧梁統傳》：「議者以爲隆刑峻
法，非明王急務，施行日久，豈一朝所釐？」《梁書‧卷三八‧賀琛
傳》：「今若釐其風而正其失，易於反掌。❸賜予。《詩經‧大雅‧
既醉》：「其僕維何？釐爾女士。」漢‧毛亨‧傳：「釐，予也。」
2.ㄒㄧ〔名〕福氣、吉祥。通「禧」。如：「春釐」、「恭賀年
釐」。《史記‧卷一0‧孝文本紀》：「今吾聞祠官祝釐，皆歸福朕
躬，不爲百姓，朕甚愧之。」南朝梁‧蕭統〈陶淵明集序〉：「或懷
釐而謁帝，或披褐而負薪。」

　　筆者又查該網頁「僖」字，只有一個「ㄒㄧ」的讀音。〔形〕喜
樂。《說文解字‧人部》：「僖，樂也。」〔名〕❶諡號。如：「魯僖
公」、「晉僖公」。❷姓。如春秋時曹國有僖負羈。

　　由此看來，「魯僖公」、「魏安僖王」是正確的諡號，讀爲「ㄒ
ㄧ」；「魯釐公」、「魏安釐王」則是將「僖」通假爲「釐」，依通假
字的讀法，則應將「釐」讀爲「ㄒㄧ」，絕不能將它讀爲「ㄌㄧˊ」，
蔡志忠《史記》動畫裏將「魏安釐王」的「釐」讀爲「ㄌㄧˊ」，那是
錯誤的讀法。同樣，「秦穆公」是正確的諡號，讀爲「ㄇㄨˋ」；「秦
繆公」則是將「穆」通假爲「繆」，依通假字的讀法，則應將「繆」讀
爲「ㄇㄨˋ」，絕不能將它讀爲「ㄇㄧㄡˋ」。

三、誤由當時人說出在世國君之諡號

　　該動畫在「孟嘗君」單元中，秦昭王寵妃說：「我答應你去向昭王
說好話，但希望孟嘗君能將他的那件白狐裘送給我。」孟嘗君說：「可
是白狐裘已經送給昭王了。現在該如何是好鍋！」這是根據《史記‧孟
嘗君列傳》而來：

　　　孟嘗君使人抵昭王幸姬求解。幸姬曰：「妾願得君狐白
　　　裘。」此時孟嘗君有一狐白裘，直千金，天下無雙，入秦獻

之昭王，更無他裳。

《史記》只有在相當於旁白的文字敘述時才會用「昭王」這個謚號，
人物對話中則不會用到尚在人世國君的謚號。

該動畫在「信陵君」單元中，旁白稱「秦王」，卻從探子口中向
魏王報告說：「不好了！秦王派人送信來警告大王了。秦昭王在信上
說：『誰敢派兵去營救趙國的，在他占領趙國之後，一定調兵先攻擊
他。』」這是根據《史記・魏公子列傳》而來：

> 秦王使使者告魏王曰：「吾攻趙旦暮且下，而諸侯敢救者，
> 已拔趙，必移兵先擊之。」

《史記》只說「秦王」，並沒有說「秦昭王」這個謚號。

該動畫在「春申君」單元中，使者通報說：「楚頃襄王患病，望太
子能即刻回國。」這是根據《史記・春申君列傳》「楚頃襄王病，太子
不得歸。」的內容而來。《史記》是用旁白方式來敘述歷史，並不是由
當時人口中說出「楚頃襄王」這個謚號。

謚號是死後才依其言行功過而定，國君在世之時，尚未有謚號，當
時的人不可能預知其謚號，也就不可能從對話中說出「秦昭王」、「楚
頃襄王」這些謚號。蔡志忠《史記》動畫裏卻由當時人口中說出這些謚
號，這是誤導觀眾。

四、時間有誤

該動畫在「平原君」單元中，於「殺姬謝躄」事件之後，由旁白
提到：「趙惠文王九年，秦圍趙國都城邯鄲」，趙王命平原君為特使，
速到楚國去求救兵，於是有「毛遂自薦」的故事。這個時間應該是根據
唐・張守節《史記正義》的注解。《史記・平原君虞卿列傳》云：「秦
之圍邯鄲，趙使平原君求救，合從於楚」，《正義》在「秦之圍邯鄲」
之下注曰：「趙惠文王九年，秦昭王十五年。」

查《史記·六國年表》趙惠文王九年正好是秦昭王十七年，則《正義》所言「趙惠文王九年，秦昭王十五年。」與事實不符。而且，趙表「惠文王九年」是空白，沒有大事發生；該年秦表「昭王十七年」所載爲「魏入河東四百里。」若秦表「昭王十五年」所載爲「魏冄免相。」全都與「秦圍邯鄲」無關。

其實，「秦圍邯鄲」是在長平之戰以後。查《史記·六國年表》長平之戰發生在趙孝成王六年、秦昭王四十七年（西元前260年），秦圍邯鄲發生在趙孝成王九年、秦昭王五十年（西元前257年）。由此可知《史記正義》的「趙惠文王九年，秦昭王十五年。」是將「趙孝成王九年，秦昭王五十年」傳抄錯誤，將「趙孝成王」誤爲「趙惠文王」，將「秦昭王五十年」誤爲「秦昭王十五年」。

又據《史記·魏公子列傳》云：「魏安釐王二十年，秦昭王已破趙長平軍，又進兵圍邯鄲。」〈六國年表〉魏表「魏安釐王二十年」（西元前257年）所載爲「公子無忌救邯鄲，秦兵解去。」也都證明秦圍邯鄲是在長平之戰以後，是在趙孝成王時代，而非趙惠文王時代。

肆、結語

動畫本身將書面文字具體化，影像生動活潑，可以引發學生的學習興趣。蔡志忠動畫《史記》更是以《史記》內容爲依據加以編製，老師可以善用該動畫的優點：「反復對照，增添印象」、「由抽象文字敘述變爲具體動畫影音」、「可與其他文獻或動畫比較」，以提升教學效果。另外，該動畫編製時，因爲缺乏史學專長，造成許多不合史實的缺點。老師可以轉禍爲福，因敗爲功，將這些缺點化爲教學上的利器，以提問法讓學生找出該動畫有哪些錯誤之處，再問學生原因何在？正確答案爲何？如此一來，必能使學生注意該問題，進而主動思索。若是無法答出，再由老師講解原因，則較能讓學生印象深刻，也能養成「於不疑處有疑」的做學問好習慣。

第十四章

《史記・劉敬叔孫通
列傳》析評

壹、前言

《史記》之合傳人物，不是「性質相近」者，便是「關係密切」者。而劉敬與叔孫通二人屬於「性質相近」一類。二人之所以合為一傳，乃因二人為漢家奠定長治久安之制度，一是建都關中，一是制訂朝儀，皆有其久遠影響。本文即是以劉敬與叔孫通二人合傳，略作析評。

貳、立傳原因

漢初開國奠基的功臣，有張良、陳平等運籌帷幄的謀士；有韓信、彭越等攻城略地的名將；有蕭何等鎮撫關中的大臣；有酈生、陸賈等折衝樽俎的辯士：他們在滅秦滅項戰爭中各展長才，建立了許多汗馬功勞。但劉邦建國後，不能以馬上治天下，必須有人協助劉邦穩定時局，創立各種制度，作為治國規模，劉敬及叔孫通正是這類人才。

沒有前面那些汗馬功勞的功臣，固然無法建國；少了後面這些創立制度的名臣，也無法治國。此即史公為蕭何、張良等作「世家」，又為韓信、彭越、酈生、陸賈等作「列傳」之後，又為劉敬、叔孫通立傳的原因。所以他在〈太史公自序〉云：「徙彊族，都關中，和約匈奴；明朝廷禮，次宗廟儀法：作劉敬叔孫通列傳。」是說肯定二人對漢代制度之貢獻而為之立傳。而本傳之「太史公曰」亦云：

> 語曰：「千金之裘，非一狐之腋；臺榭之榱，非一木之枝也；三代之際，非一士之智也。」信哉！夫高祖起微細，定海內，謀計用兵，可謂盡之矣。然劉敬脫輓輅一說，建萬世之安，智豈可專邪？叔孫通希世度務，制禮進退，與時變化，卒為漢家儒宗。

史公認為「三代之際，非一士之智也」，同樣地，建立漢朝，必須群策群力。而高祖「定海內，謀計用兵，可謂盡之矣」，唯有「建都關中」及「制訂朝儀」二事，乃此二人之貢獻，所以為二人立傳。

參、傳主性格

史公描寫人物，經常以人物的言談、舉止來表現其性格，劉敬本是一位下層游士，有率直灑脫的個性，以及戰國策士的氣息；叔孫通則是圓滑識機，希世度務的變通者。史公在本傳中，將二人性格表現如下：

一、劉敬

(一)率直灑脫

本傳開頭即敘婁敬「脫輓輅，衣其羊裘」去見同鄉虞將軍，以求引見於劉邦。虞將軍欲與之「鮮衣」，婁敬卻說：「臣衣帛，衣帛見；衣褐，衣褐見。終不敢易衣。」這真是灑脫不拘的表現，有「說大人的則藐之」的豪氣。這種表現，一來保有自己的真貌，不必虛偽逢迎；二來符合劉邦的胃口。反觀叔孫通儒服，漢王憎之；短衣、楚製，漢王則喜。可知劉邦不喜拘泥，而愛粗豪，所以明代鍾惺說：「劉敬此舉非唯自處甚高，對慢易大度之主正宜如此真率。」（《史記評林補標》）

(二)戰國策士之口辯

欲說劉邦建都關中，則先反問一句：「陛下都洛陽，豈欲與周室比隆哉？」等到劉邦回答「然。」就已經掌握住劉邦的心思，於是先從「陛下取天下與周室異」分析起：周取天下是「積德累善十有餘世」的功德；周都洛陽的原因是「欲令周務以德致人，不欲依險阻，令後世驕奢以虐民」；所以周都洛陽之利是「周之盛時，天下和洽，四夷鄉風。」；周都洛陽之害是「周之衰也，分而為兩，天下莫朝，周不能制。」一口氣將周都洛陽之事，分四段闡述，條理明晰。之後再回顧今日漢朝：漢取天下是「大戰七十，小戰四十，使天下之民，肝腦塗地，父子暴骨中野，不可勝數。」回應與周之取天下有異，所以，劉敬認為「欲比隆於成康之時，臣竊以為不侔也。」既然無法「比隆成康」，不如退而求自保：「因秦之故，資甚美膏腴之地，此所謂天府者也。陛下

入關而都之，山東雖亂，秦之故地，可全而有也。」並以「與人鬥」爲喻，「今陛下入關而都，案秦之故地，此亦搤天下之亢而拊其背。」可以「全其勝」。劉敬的說辭，洋洋灑灑，傾瀉而下，可見其口才辯給。又如他出使匈奴回來，提出看法：「兩國相擊，此宜夸矜見所長。今臣往，徒見羸瘠老弱，此必欲見短，伏奇兵以爭利。愚以爲匈奴不可擊也！」可見其見識比「使者十餘輩」高出許多。

　　但劉敬的理論中，難免會有一些矛盾、漏洞，如請建都關中，則誇言「卒然有急，百萬之眾可具也。」欲徙豪強於關中，則說「秦中新破，少民」，又說「今陛下雖都關中，實少人。」所以宋代劉辰翁批評說：「新破少民與百萬可具，又自相忤。故知說士不足憑。」（《史記評林》）又如說和親之策，則言「冒頓在，固爲子壻；死，則外孫爲單于。豈嘗聞外孫敢與大父抗禮者哉！」來慫恿劉邦；但又以「冒頓殺父代立，妻羣母，以力爲威，未可以仁義說也。」來威嚇劉邦。所以明人董份說：「其言似善策，然據敬所云『殺父、妻羣母』，則又何有于大父哉！使當時即是而論，則不待折以辭而自窮矣。」（《史記評林》）所以司馬光《資治通鑑》也針對和親一事，指出劉敬矛盾之處：

> 臣光曰：建信侯謂冒頓殘賊，不可以仁義說，而欲與爲婚姻，何前後之相違也！夫骨肉之恩，尊卑之敘，唯仁義之人爲能知之，柰何欲以此服冒頓哉！蓋上世帝王之御夷狄也，服則懷之以德，叛則震之以威，未聞與爲婚姻也。且冒頓視其父如禽獸而獵之，奚有於婦翁！建信侯之術，固已疏矣；況魯元已爲趙后，又可奪乎！

這些矛盾現象，皆可顯示劉敬帶有戰國策士的氣息；誇言利害，使人動容，易入其心；但反面思索，卻又矛盾。有如蘇秦說六國合縱，則誇言六國之強，以抗秦國；張儀倡連橫之策，則極言六國之敝，以結合於秦。

二、叔孫通

史公以「希世度務」評叔孫通，意即度量事務，以希求合乎世用。而其訣竅即在「與時變化」，不拘泥小節。好的方面是圓融識機，壞的方面則是見風轉舵，投機取巧。如陳勝起兵，二世問諸博士，皆言「反」，勸二世「急發兵擊之」；但二世「怒，作色」，這是他自尊心受挫及剛愎自用的反應；叔孫通則說：「此特羣盜，鼠竊狗盜耳，何足置之齒牙間。郡守尉今捕論，何足憂！」用以投合二世心理。結果博士諸生皆受譴責，叔孫通反而受賞。之後諸生責問他：「先生何言之諛也。」叔孫通說：「公不知也，我幾不脫於虎口。」於是「亡去。」可見叔孫通多麼識機達變。

又如叔孫通儒服，引起劉邦憎厭，在〈酈生陸賈列傳〉中有「沛公不好儒，諸客冠儒冠來者，沛公輒解其冠，溲溺其中。」的記載，叔孫通很機靈，馬上「變其服，短衣，楚製。」使得劉邦高興，這又是隨機應變的例子。

又如叔孫通降漢之時，隨從的儒生弟子百餘人，但叔孫通只向劉邦進言推薦「諸故羣盜壯士」，而不推薦自己弟子，弟子們都竊罵、不滿，他說：「漢王方蒙矢石，爭天下，諸生寧能鬥乎？故先言斬將搴旗之士。」後來天下一統，劉邦令叔孫通制定朝儀完成，叔孫通才把弟子推薦給劉邦，劉邦「悉以為郎」，諸生皆喜曰：「叔孫誠聖人也。知當世之要務。」由叔孫通弟子前後不同反應，一方面可以襯托叔孫通識時務的圓融，令弟子終究得償所願；一方面弟子們唯利是視，反復無常的行徑，符合「何知仁義？已享其利者為有德」的鄙人之言（〈游俠列傳〉）。若說有其師必有其徒，則寫弟子，正是在寫叔孫通。

叔孫通起朝儀，魯有兩生不肯行，並批評叔孫通：「公所事者且十主，皆面諛以得親貴。今天下初定，死者未葬，傷者未起，又欲起禮樂，禮樂所由起，積德百年而後可興也。吾不忍為公所為，公所為，不合古，吾不行，公往矣，無汙我！」叔孫通則笑曰：「若真鄙儒也，不知時變。」明人王維楨云：「敘兩生不行語，亦因以著叔孫通人品

耳。」（《史記評林》）清人吳見思亦云：「借兩生以形容叔孫通，一邊迂拙，一邊通脫；一邊持正，一邊希世。兩兩對照，逼出神情。」（《史記論文》）史公分明是以魯之兩生來烘托叔孫通的爲人。兩位儒生所討厭的是「所事者且十主，皆面諛以得親貴」的叔孫通人品，這和轅固對公孫弘所言：「公孫子，務正學以言，無曲學以阿世」（〈儒林列傳〉）的情形相同。「至於禮樂所由起，積德百年而後可興也」的說法，只不過是一種藉口罷了。

叔孫通建議起朝儀，是抓住「高帝悉去秦苛儀，法爲簡易，羣臣飲酒爭功，醉或妄呼，拔劍擊柱，高帝患之」的時機，由「叔孫通知上益厭之也」一句，可看出叔孫通善察人主心意。當劉邦問「得無難乎？」又交代「可試爲之，令易知，度吾所能行，爲之。」善體人意的叔孫通心中已有計較，觀朝儀之成果：「竟朝，置酒，無敢誼譁失禮者。」及劉邦得意之言：「吾迺今日知爲皇帝之貴也。」可知漢朝儀完全是以迎合劉邦心意而設計，這也是叔孫通希世度務的表現。

叔孫通爲太子太傅，劉邦欲以趙王如意易太子，叔孫通以晉獻公廢太子而立奚齊，秦不早定扶蘇，令趙高得詐立胡亥，來勸諫劉邦，並說「臣願先伏誅以頸血汙地」來死諫，看似守正，其實這也是希世度務的用心。宋人黃震說：

> 叔孫通所事且十主，皆面諛取親貴……然後出直言諫易太子。然向使高帝未老，呂后不強，度如意可攘太子位，又安知不反其說以阿意耶？（《史記評林》）

以叔孫通平時的言行來看，黃震之言頗能深中其心，茅坤說：「覽諫易太子數語，凜凜然有正氣。」（《史記評林》）這種正氣言論是表現給呂后及太子看的，假若叔孫通真的以國家爲重，則不會諛二世以脫禍，致令秦朝覆滅。他當初懼死以諛二世，今日卻欲「伏誅以頸血汙地」來死諫劉邦，其中隱情，不禁令人猜疑。

孝惠帝爲往東朝見太后於長樂宮，怕出警入蹕煩擾人民，於是建造

空中走廊的複道。叔孫通認為高帝陵寢所藏高帝衣冠，每月出游至高帝廟的路線，正好在複道底下經過，怎能讓後代子孫走在複道上而高出宗廟出遊路線。孝惠帝聽後大懼，下令「急壞之」，叔孫通則說：

> 人主無過舉，今已作，百姓皆知之。今壞此，則示有過舉。願陛下為原廟渭北，衣冠月出遊之，益廣多宗廟，大孝之本也。

叔孫通的建議，頗似管仲「善因禍而為福，轉敗而為功」（〈管晏列傳〉）的權變措施。通權達變也是希世度務的表現。

孝惠帝曾經春天出遊離宮，叔孫通則建議：「古者有春嘗果，方今櫻桃熟，可獻。願陛下出，因取櫻桃獻宗廟。」諸種鮮果獻享宗廟的禮節，由此而興。這也是隨機應變的措施。

綜上所述，叔孫通之性格，以史公所評「希世度務」、「與時變化」二語，即能概括一切。

肆、史事評論

一、劉敬

本傳敘劉敬之事，共有勸都關中、諫伐匈奴、和親及徙豪強大姓四事，此皆漢初大事，可見史公取材之精，而劉敬之功業自見矣。茲就此四事評論其功過影響：

㈠勸都關中

劉敬認為周都洛陽的目的：「凡居此者，欲令周務以德致人，不欲依險阻，令後世驕奢以虐民也。」所以在周之盛時，「天下和洽，四夷鄉風，慕義懷德，附離而事天子。」可是到了周之衰也，「分而為兩，天下莫朝，周不能制也。」這是什麼原因呢？「非其德薄也，而形勢弱也。」何況劉邦的德澤，不如周之豐厚，無法比隆於成康；而且洛陽的

形勢不如關中，一旦有急，難以自處。他認爲：

> 秦地披山帶河，四塞以爲固，卒然有急，百萬之眾可具也。
> 因秦之故，資甚美膏腴之地，此所謂天府者也。陛下入關而
> 都之，山東雖亂，秦之故地可全而有也。

他認爲建都關中，就像「與人鬥」，可以「搤天下之亢而拊其背」，
達到全勝的位置。

　　建都關中的見解，不僅劉敬有此想法，在項羽入關時，就有人說
之：「關中阻山河四塞，地肥饒，可都以霸。」（〈項羽本紀〉）其後
韓信被拜爲大將，他爲劉邦分析項羽的優劣時，也說到「項王雖霸天下
而臣諸侯，不居關中而都彭城」（〈淮陰侯列傳〉）的失誤。劉邦機智
靈敏，對建都關中的道理，應明白於心；而且關中是他與項羽爭奪天下
的根據地，更是了解關中的重要性。但是因爲「羣臣皆山東人，爭言周
王數百年，秦二世即亡，不如都周。」因而令劉邦「疑未能決」。其實
羣臣所云「周王數百年，秦二世即亡」，只是一種藉口，他們都是「山
東人」，華山以東的六國民眾，都存有項羽當初那種「富貴不歸故鄉，
如衣繡夜行，誰知之者！」（〈項羽本紀〉）的懷鄉心理。劉邦面對羣
臣的勸阻，加以劉敬人微言輕，不足以聳動聽聞，只好「疑未能決」。
幸好留侯「明言入關便」，贊成建都關中，而張良又是能左右形勢的
人，於是劉邦當機立斷：「即日車駕西都關中」。

　　張良處世原則是不爭先、不強出頭，這或許是圯上老人對他考驗
後的影響；而劉邦對張良十分信任，只要張良表態，他大都依從。如劉
邦入關，見秦宮室帷帳狗馬重寶婦女以千數，意欲留居之，樊噲諫沛公
出舍，沛公不聽，及張良開口：「願沛公聽樊噲言。」沛公乃還軍霸上
（〈留侯世家〉）。又如劉邦欲廢太子，改立趙王如意，大臣多諫爭，
未能得堅決者也。張良爲太子畫計，迎商山四皓爲援，劉邦最後「竟不
易太子者，留侯本招此四人之力也。」（〈留侯世家〉）。而此次遷都
關中，若非劉敬首先提出，否則張良是不會說的，因爲得罪羣臣是張良

所不願的。劉邦應該明白這點，他感謝劉敬適時提出建議，而引起張良的贊同，所以劉邦說：「本言都秦地者婁敬」，並且「賜姓劉氏，封爲奉春君」，以爲答謝。

在〈留侯世家〉中，也記載此事如下：

> 劉敬說高帝曰：「都關中。」上疑之。左右大臣皆山東人，多勸上都雒陽：「雒陽東有成皋，西有殽黽，倍河向伊雒，其固亦足恃。」留侯曰：「雒陽雖有此固，其中小，不過數百里，田地薄，四面受敵，此非用武之國也，夫關中左殽函、右隴蜀，沃野千里，南有巴、蜀之饒，北有胡苑之利。阻三面而守，獨以一面東制諸侯，諸侯安定，河渭漕輓天下，西給京師，諸侯有變，順流而下，足以委輸，此所謂金城千里，天府之國也。劉敬說是也。」於是高帝即日駕，西都關中。

這是史料安排上採用「互見法」來表現，所以劉敬所言省略爲「都關中」三字，而張良的回答則詳加敘述。詳略情形洽與〈劉敬叔孫通列傳〉相反，如此才能突顯傳主，不致主從混淆，輕重不分。

劉邦「即日駕西都關中」，他的反應眞是機伶。若不當機立斷，恐怕牽延淹滯，慢慢地阻力就會增加，則喪失遷都良機。宋太祖本欲先遷都洛陽，再入長安，但因羣臣反對而作罷，他曾歎曰：「不出百年，天下民力殫矣。」（《讀史方輿紀要》卷四十七開封府）所以宋代積弱不振，與建都開封有關，開封地處平原，必須重兵護衛，則軍費開銷驚人，民力殫竭。劉邦納諫識機，行動劍及履及，所以西漢國勢鼎盛，得助於建都關中多矣。

㈡勸阻伐匈奴

韓王信反，劉邦親自討伐。聽聞韓王信與匈奴連合欲共擊漢，劉邦大怒，使人出使匈奴，匈奴匿其壯士肥牛馬，但見老弱及羸畜。這種

作法，是兵法中「實則虛之」的戰略，故露破綻，引敵深入，再伏兵擊之。使者十輩都說：「匈奴可擊」，是墮入匈奴彀中。劉敬卻能識破此中玄機，提出「兩國相擊，以宜夸矜見所長」，這是正常人情，虛張聲勢以威嚇敵人，如赤壁之戰，曹操遺書孫權云：「今治水軍八十萬眾，方與將軍會獵於吳。」這是戰前夸矜見所長；然而周瑜分析云：「彼所將中國人不過十五、六萬，且已久疲；所得（劉）表眾亦極七、八萬耳，尚懷狐疑。」（《通鑑》卷六十五）這才是實情。可是匈奴「徒見羸瘠老弱」，違反常理，所以劉敬判斷：「此必欲見短，伏奇兵以爭利。愚以為匈奴不可擊也。」但是此時漢兵已踰句注山，二十餘萬兵已行，劉邦大怒，罵劉敬曰：「齊虜以口舌得官，今迺妄言沮吾軍。」並將劉敬械繫於廣武。這與官渡之戰前，田豐強諫，袁紹以為沮眾而械繫之的情形相同（《通鑑》卷六十三）。後來匈奴果然出奇兵圍劉邦於白登，七日然後得解。劉邦至廣武，赦劉敬，並悔過曰：「吾不用公言，以困平城，吾皆已斬前使十輩言可擊者矣。」並封劉敬二千戶為關內侯，號為建信侯。劉邦這種過而能改的心胸，是他能夠成就功業的原因之一。反觀袁紹於官渡敗後，不僅不知悔過，還遷怒田豐，對僚屬曰：「吾不用田豐言，果為所笑。」遂殺田豐。（《通鑑》卷六十三）袁紹無容人之量，此其終究失敗之因。

(三)建和親匈奴之策

　　劉敬提出和親政策，是在匈奴「兵彊，控弦三十萬，數苦北邊」，及劉邦新敗於白登，且「天下初定，士卒罷於兵」的內外窘迫情勢之下，所作的建議。只因當時漢朝國力不強，無法以武力對抗匈奴，所以劉邦只好權宜行事；而匈奴一來貪圖漢朝所遺「重幣」，二來本身實力有限，無法滅漢佔領，所以也接納和親政策。

　　對於和親之事，後人頗多批評：如明代王維楨曰：「啟和親之端，為萬世恥，可恨耳！」（《史記評林》）余有丁亦云：「敬創此說，其卑中國而為後世禍不淺。」（《史記評林》）丁晏則說：「至請

以公主妻單于，開千古和親之衃，此則罪之大者，匪直謀之不臧也。」
（《史記評林》）這些見解，一方面認爲和親有損國格尊嚴，是萬世之
恥；另一方面認爲和親是姑息表現，遺禍後世。但在當時高帝新困白
登，用陳平秘計，方得脫身的情勢之下，唯有權宜採用和親政策，才能
稍解邊患。所以在孝惠之時，單于曾以書信侮辱呂后，樊噲曰：「臣願
得十萬眾，橫行匈奴中。」季布則當廷叱責曰：「樊噲可斬也！夫高帝
將兵四十餘萬眾，困於平城，今噲奈何以十萬眾橫行匈奴中，面欺！」
（〈季布欒布列傳〉）呂后自知無力討伐匈奴，只好罷朝，「遂不復議
擊匈奴事。」孝文之時，亦時時以匈奴爲憂，而不敢或忘，所以文帝
曰：「吾獨不得廉頗、李牧時爲吾將，吾豈憂匈奴哉！」（〈張釋之馮
唐列傳〉）所以和親是力有未逮的不得已措施，但漢朝君臣莫不引以爲
恥，一旦有能力反擊，則必不再姑息忍辱。所以武帝之時，多次出塞北
伐匈奴，頗有斬獲，觀武帝詔令：「高皇帝遺朕平城之憂，高后時單于
書絕悖逆。昔齊襄公復九世之讎，春秋大之。」（〈匈奴列傳〉）可知
武帝討伐匈奴之心，蓄志已久。漢代君臣絕非姑息，而是忍耐小忿，另
圖雪恥。

㈣徙豪傑大姓以實關中

　　劉敬認爲劉邦雖建都關中，但有三項憂慮：一、因爲秦中新破，
所以「少人」；二、匈奴河南、白羊、樓煩王去長安近者七百里，輕騎
一日一夜可以至秦中，這是「北近胡寇」；三、「諸侯初起時，非齊諸
田、楚昭屈景，莫能興。」這是「東有六國之族，宗彊。」所以「一旦
有變，陛下亦未得高枕而臥也。」因此，他建議：

> 臣願陛下徙齊諸田、楚昭屈景、燕、趙、韓、魏後，及豪傑
> 名家，居關中。無事，可以備胡；諸侯有變，亦足率以東
> 伐。此彊本弱末之術也。

劉敬的政策，一來可以促進關中的發展，增強漢朝廷的實力；二來可

以去除山東六國舊有勢力，達到彊本弱末的目的。如此一來，上述三項憂慮，亦可化解。所以劉邦當時稱「善」，使劉敬「徙所言關中十餘萬口」。因此景帝時七國之亂得以快速平定，劉敬此政策發揮了極大貢獻。其後，主父偃亦曾建議武帝：「天下豪傑并兼之家，亂民之眾，皆可徙茂陵。」其用意也是「內實京師，外銷姦猾」（〈平津侯主父列傳〉），與劉敬之策同樣是彊本弱末之術。

二、叔孫通

　　本傳敘叔孫通之事，共有諛二世以脫虎口、短衣楚製以逢迎劉邦、專言羣盜壯士以進之、起朝儀、諫易太子、因複道以起原廟及因出游以獻鮮果。此皆針對叔孫通「希世度務」的人格而作的安排，上文已有述及，此處則專就其功過影響作一評論：

(一)諛二世以脫虎口

　　有關叔孫通阿諛二世之意，而以「鼠竊狗盜」譬擬陳勝起兵一事，前人多有批評：如張之象曰：

　　二世暴虐，將軍馮劫等進諫而下吏自殺，叔孫通諛言承順乃得脫虎口，利害不同如此。但人臣事君當致其身，寧為馮劫而死，無為叔孫通而生也。（《史記評林》）

凌稚隆曰：

　　二世雖暴虐，通已臣事之矣。鼠竊之對與指鹿何異？（《史記評林》）

他們都是以後世「臣事君」的標準來論斷叔孫通。但是秦漢之人，大都承襲戰國風氣，尤其君臣之間的關係，孔子主張「君君，臣臣」（《論語‧顏淵》）為君者要盡君道，為臣者要盡臣道。孟子則云：「君之視臣如手足，則臣視君如腹心；君之視臣如犬馬，則臣視君如

國人:君之視臣如土芥,則臣視君如寇讎。」(《孟子‧離婁下》)特別強調君臣之間的雙向相對關係,而非後世「君要臣亡,臣不敢不亡」的單向絕對關係。既然二世暴虐,叔孫通已諜言脫禍,僅以自保,這行為合乎孔孟的「君臣」之道。凌稚隆將其比為趙高「指鹿為馬」,則未免太過苛責。而張之象「寧為馮劫而死,無為叔孫通而生」的評論,亦昧於當時客觀環境。

㈡短衣楚製以逢迎劉邦

㈢專言羣盜壯士以進之

此二事主要在表現叔孫通「希世度務」,圓滑識機的人格,「短衣楚製」可令劉邦高興,則是進階求寵的表現,但未免沒有儒生風骨。「專言羣盜壯士」,而不推薦自己弟子,也可算是公而不私。

㈣起朝儀

叔孫通「起朝儀」一事,乃「頗採古禮與秦儀雜就之」而完成。叔孫通為秦之待詔博士,「秦儀」乃其平素所熟習者,秦之朝儀,有「設九賓」之禮,如〈廉頗藺相如列傳〉有「秦王齋五日後,乃設九賓禮於廷,引趙使者藺相如」的記載。〈刺客列傳〉亦有「秦王聞之,大喜,乃朝服,設九賓,見燕使者咸陽宮」的記載。而秦法規定:「羣臣侍殿上者不得持尺寸之兵,諸郎中執兵皆陳殿下,非有詔召不得上。」(〈刺客列傳〉)觀叔孫通所製朝儀亦有「大行設九賓、臚句傳」及「廷中陳車騎、步卒衛宮,設兵、張旗志,傳言趨。殿下郎中俠陛,陛數百人。功臣、列侯、諸將軍、軍吏以次陳西方、東鄉;文官丞相以下陳東方、西鄉」的規定,尤其是「皇帝輦出房,百官執職傳警,引諸侯王以下,至吏六百石,以次奉賀,自諸侯王以下,莫不振恐肅敬。」可知「秦儀」是以尊君卑臣為其精神,叔孫通所訂朝儀亦襲「秦儀」精神,藉以取悅高祖,難怪高祖事後說:「吾迺今日知為皇帝之貴也。」

有關叔孫通「訂朝儀」一事，歷來毀譽皆有，毀之者大都針對叔孫通逢迎劉邦，以「尊君抑臣」爲制定原則，使得三代以前「師友之制」蕩然全失，一直影響到後代二千多年。如邵寶云：

> 周之文，漢高不能行矣；殷之質、夏之忠，何往不可哉？苟簡且易，漢高未必不從也。通也不以簡易量主，而以尊重逢君，故秦儀是采，秦苛既除，而驕復蹈之，此通之罪也。（《史記評林》）

茅坤曰：

> 此儀直行至今日，大略皆秦故尊君抑臣之舊也。而三代以前，其上下同體處消歇矣，此可見爲國以禮，直自有本。（《史記評林》）

然而也有人爲叔孫通此舉略作開脫，不必深加究責，吳見思曰：

> 正見「希世」處，然觀下高帝一語，則當時之禮，只可如此，不必歸咎叔孫也。（《史記論文》）

吳見思此評之下文，有高帝之語：「可試爲之，令易知，度吾所能行，爲之。」則高帝只是不欲煩苛之禮以自我束縛，此時叔孫通若能以簡易爲制禮原則，高帝未必不接受，但是他卻爲了取悅劉邦，而以「尊君抑臣」的秦儀爲骨架來制訂漢朝儀，則顯然是矯枉過正，而且趨於諂諛，這是他「希世」之處，也因此爲後世立下不良慣例。但是吳見思說：「當時之禮，只可如此，不必歸咎叔孫」，則失之太過厚道。

　　叔孫通訂朝儀一事，雖然其用心可議，但是在當時「高帝去秦苛儀，法爲簡易，羣臣飲酒爭功，醉或妄呼，拔劍擊柱」的亂象之下，叔孫通能經由朝儀之施行，而達到「竟朝，置酒，無敢諠譁失禮者」的效

果，也是對漢代根基有穩定功勞。所以史公評叔孫通「制禮進退，與時變化，卒爲漢家儒宗。」肯定其訂朝儀之功。但是對於叔孫通之爲人與用心，則以「大直若詘，道固委蛇，蓋謂是乎？」提出反問：眞正的正直，有時好像委屈求全；大道本來就是委婉曲折；這大概是在說叔孫通嗎？史公若是肯定叔孫通之爲人，則用肯定句「蓋謂是也」，如今用「蓋謂是乎」，則有懷疑口氣，甚至有反詰、否定的成分。

另外，魯之兩生批評叔孫通：

> 公所事者且十主，皆面諛以得親貴。今天下初定，死者未葬，傷者未起，又欲起禮樂，禮樂所由起，積德百年而後可興也。吾不忍爲公所爲，公所爲，不合古，吾不行，公往矣，無汙我。

有關魯之兩生與叔孫通，孰對？孰錯？後人有一些見解：如董份曰：

> 叔孫通雖陋，然兩生言亦未究其本也。夫天下一日不可無禮樂，所謂百年而興者，及其成功耳。若必待百年而後議，則百年之前所爲治者何事哉？但言叔孫非其人則得矣。（《史記評林》）

其見解非常正確，兩生批評叔孫通「所事者且十主，皆面諛以得親貴」，董份認爲「但言叔孫非其人則得矣」，正因爲叔孫通「面諛」，用心可議，故導致以「尊君抑臣」之秦儀爲漢朝儀之骨架，而遺誤後世，此其罪也。魯兩生認爲「禮樂所由起，積德百年而後可興也」，則未免迂腐之見，故董份以爲「所謂百年而興者，及其成功耳。若必待百年而後議，則百年之前所爲治者何事哉？」可謂點中魯兩生之敝。魯兩生認爲「今天下初定，死者未葬，傷者未起，又欲起禮樂」是不對的行爲，亦是不通之論，故董份以「天下一日不可無禮樂」反駁之。

㈤諫易太子

　　叔孫通身爲太子太傅，理應傅保太子，當高祖欲以趙王如意易太子，叔孫通諫之，首先舉史例二則：「晉獻公以驪姬之故，廢太子，立奚齊，晉國亂者數十年，爲天下笑；秦以不蚤定扶蘇，令趙高得以詐立胡亥，自使滅祀。此陛下所親見。」以戒高祖勿重蹈覆轍；接著陳述太子之材：「太子仁孝，天下皆聞之。」可以繼承宗廟，不可輕廢；再動之以情：「呂后與陛下攻苦食啖，其可背哉？」；最後總結自己的意思：「陛下必欲廢適而立少，臣願先伏誅以頸血汙地。」若以正常角度觀察叔孫通此次之言行，確實可謂盡理盡職，故茅坤曰：「覽諫易太子數語，凜凜然有正氣。」（《史記評林》）又曰：「叔孫通一生賴有此著。」（《史記評林》）但是若從其用心揣度，叔孫通一生特色爲「希世度務」，所以黃震曰：

> 叔孫通所事且十主，皆面諛取親貴，既起朝儀，得高帝心，然後出直言諫易太子。然向使高帝未老，呂后不強，度如意可攘太子位，又安知不反其說以阿意耶？（《史記評林》）

這種直探叔孫通之用心，可謂一針見血。

㈥因複道以起原廟

㈦因出游以獻鮮果

　　上文提及此二事，頗似管仲「善因禍而爲福，轉敗而爲功」的權變措施。原是機巧順勢之舉，得以增進孝道治化。但是叔孫通身爲太傅，卻對惠帝說：「人主無過舉，今已作，百姓皆知之。今壞此，則亦有過舉。」乃是教君文過飾非，居心已不正。子貢曰：「君子之過，如日月之食焉。過也，人皆見之；更也，人皆仰之。」（《論語‧子張》）叔孫通不務於此，而教惠帝「人主無過舉」的觀念，難怪董份批評他：「叔孫通所謂逢君之過者，使人主惡聞憚改，通實啟之。」（《史記

評林》）惠帝曾於春天出遊離宮，叔孫通即附會古禮曰：「古者有春嘗果，方今櫻桃熟，可獻。願陛下出，因取櫻桃獻宗廟。」其用意也是藉獻果以文飾惠帝出遊之過。幸好惠帝仁孝，若是好遊喜獵之君，叔孫通此舉則反成鼓勵君主出遊。

伍、寫作方式

一、直起直收

(一)劉敬部分

　　開頭「劉敬者，齊人也」簡單一句交代籍貫，接著即敘事：記載勸都關中之事、勸阻伐匈奴之事、建和親匈奴之策、建徙豪強以實關中之策，隨即收束，下接叔孫通。

(二)叔孫通部分

　　開頭「叔孫通者，薛人也」亦是簡單一句交代籍貫，接著敘事：諛二世而脫虎口、變儒服為楚製以討好劉邦、創制朝儀、勸阻廢太子、勸立原廟以掩複道之失、因惠帝出游而使獻果宗廟。隨即收束，下接「太史公曰」的評論。

　　這種寫法是專就幾項重點敘述，而不旁生枝節，使讀者可就二人重要事蹟加以認識、比較，不致本末輕重不分。至於不寫兩人之死，大概是「列傳雖標人，實仍主敘事，固不必一一皆備其人之始末，非史公之疏也。」（吳福助《史記解題》）

二、映襯對比

　　二人皆有功於漢初制度之建立，但出身不同，行事風格有異，則對其人格、功業有不同影響，所以史公以相互對比的方式，映襯出二人各自特色。如：

(一)劉敬與叔孫通之對比

劉敬出身爲「戍卒」，叔孫通出身「待詔博士」；劉敬是「衣帛，衣帛見；衣褐，衣褐見。終不敢易衣。」叔孫通則是「儒服，漢王憎之；迺變其服，服短衣、楚製，漢王喜。」；劉敬力排眾議，不顧羣臣皆山東人，而建請定都關中，令劉邦「疑未能決」。不顧使者十輩皆言匈奴可擊，而認爲匈奴不可擊，令劉邦怒罵並被械繫於廣武，此皆持正爲國之言；叔孫通言陳勝爲「鼠竊狗盜」以諛二世，純爲己身脫禍之策；變儒服爲短衣楚製，純爲討好劉邦，以求進身之階，此皆投機變通之言行。

(二)劉敬部分之對比

劉敬帶有戰國策士之風，在說建都關中時，先點出「陛下取天下與周室異」，再正面鋪述周之得天下以德，反面鋪述漢之取天下以戰；其後說明周都洛陽，有德則易以王，無德則易以亡，著重在德不在險；漢若都關中，可「搤天下之亢而拊其背」，此「全勝」之策，著重形勢之險固。

劉敬在說和親匈奴之策，反面認爲匈奴「未可以武服也」、「未可以仁義說也」，正面則點出「獨可以計久遠子孫爲臣耳」；之後，正面提出「陛下誠能以適長公主妻之」的功效，反面則點出「若陛下不能遣長公主」之缺失。

劉敬在說徙豪強大姓於關中，以「秦中新破，少民」跟「地肥饒，可益實」對襯；以「無事，可以備胡」跟「諸侯有變，亦足率以東伐」對襯。

(三)孫叔通部分之對比

陳勝起兵，博士諸生回答二世：「人臣無將，將即反，罪死無赦，願陛下急發兵擊之。」結果是「二世怒，作色」；叔孫通則答曰：「此特羣盜鼠竊狗盜耳，何足置之齒牙間？郡守尉今捕論，何足憂！」

結果是「二世喜曰善」。之後，二世令御史案諸生「言反者下吏」、「諸言盜者皆罷之」；反之，「賜叔孫通帛二十匹，衣一襲，拜爲博士」。以諸生據實回答卻受罰，來映襯叔孫通阿諛逢迎卻受賞。

初時，叔孫通「專言諸故羣盜壯士進之」，結果，「弟子皆竊罵曰：事先生數歲，幸得從降漢，今不能進臣等，專言大猾，何也？」；其後，叔孫通向高祖推薦弟子，高祖悉以爲郎，結果「諸生迺喜曰：叔孫生誠聖人也，知當世之要務。」叔孫弟子因不得進而竊罵，其後得官則稱聖人，前後對比，則是見其徒可知其師。

初時，「高帝悉去秦苛儀，法爲簡易」，產生了「羣臣飲酒爭功，醉或妄呼，拔劍擊柱」的亂象，使得「高帝患之」；其後，叔孫通訂朝儀，產生了「諸侯王以下莫不振恐肅敬」及「竟朝置酒，無敢讙譁失禮者」的整飭作用，使得高帝曰：「吾迺今日知爲皇帝之貴也」。以朝儀制訂之前後作對比，映襯出漢朝儀「尊君抑臣」的功效。

叔孫通訂朝儀，徵魯諸生三十餘人，其中有兩生不肯行，並批評叔孫通「皆面諛以得親貴」、並認爲「禮樂所由起，積德百年而後可興」；叔孫通則笑曰：「若眞鄙儒也，不知時變。」借兩生以形容叔孫通：一邊迂拙，一邊通脫；一邊持正，一邊希世；兩兩對照，逼出神情（吳見思《史記論文》）。

三、敘事明晰

本傳對二人之事蹟，都敘述得很有條理，其中尤以漢朝儀一節，採示現法將之一一敘出，層次井然，依序而出：

1. 先平明，謁者治禮，引以次入殿門，廷中陳車騎步卒衛宮，設兵、張旗志。2. 傳言「趨」，殿下郎中俠陛，陛數百人。3. 功臣、列侯、諸將軍、軍吏以次陳西方，東鄉；文官丞相以下，陳東方，西鄉；大行設九賓，臚句傳。4. 於是皇帝輦出房，百官執職傳警。5. 引諸侯王以下，至吏六百石，

以次奉賀;自諸侯王以下,莫不振恐肅敬。6.至禮畢,復置
法酒,諸侍坐殿上,皆伏抑首,以尊卑次起上壽,觴九行,
謁者言罷酒,御史執法,舉不如儀者,輒引去。7.竟朝置
酒,無敢諠譁失禮者。

吳見思評此文云:「一篇漢儀注百餘字耳,而事體詳盡,句法峭勁,
後人作紀事文,當熟此等格。」(《史記論文》)董份曰:「陳次歷
歷,雖未嘗至闕廷者,亦可以想漢儀矣。」(《史記評林》)皆是
贊許史公記事明晰,層次井然。其實本段可以略分為七節:首節言入
殿門及廷中陳列;次節言百官趨進及俠陛郎中;三節言武官東鄉,文
官西鄉,而大行設九賓臚傳;四節言皇帝輦出,百官傳警;五節言百
官以次奉賀;六節言置法酒,百官上壽;末節總結朝儀之威嚴。其中
又採類疊手法,凡四用「以次」,三用「以下」,則羣臣依序行禮之
景,如躍目前。

陸、結語

　　劉敬與叔孫通二人,對於漢家長治久安之制度,卓有功績,此史公
為二人合傳之因,所以二人寫法,以直起直收,採對稱類似格式行之;
但是二人性格差異頗大,所以史公以對比手法,映襯出二人性格特色,
此為本傳基本寫作方式。

　　至於傳主事蹟,劉敬所言,大都公忠體國之論,並不因個人私利好
惡而有所避;反之,叔孫通一生行事,皆以「希世度務」為原則,圓滑
識機,卻也投機取巧。一莊嚴、一諂諛,人品高下有別。

第十五章

善用史實作為分辨疑難之關鍵——以秦王子嬰之身分為例

壹、前言

史料中有時會出現矛盾的記載,若爲甲則不可能爲乙或丙,若爲乙則不可能爲甲或丙,若爲丙則不可能爲甲或乙,其中只有一個合理正確的答案。此時,讀者應當如何取捨?筆者認爲:可以善用其他史實作爲分辨疑難之關鍵,找出眞正可信之答案。本文以《史記》中所載「秦王子嬰」之身分爲例,加以論證說明。

貳、問題之提出

在《史記》書中有三處提到秦王子嬰之身分:一爲〈秦始皇本紀〉,二爲〈六國年表〉,三爲〈李斯列傳〉:

> 《史記‧秦始皇本紀》:「立二世之兄子公子嬰爲秦王。」
> 《史記‧六國年表‧二世三年》:「趙高反,二世自殺,高立二世兄子嬰。子嬰立,刺殺高,夷三族。諸侯入秦,嬰降,爲項羽所殺。尋誅羽,天下屬漢。」
> 《史記‧李斯列傳》:「高自知天弗與,羣臣弗許,乃召始皇弟,授之璽。子嬰即位」《集解》引徐廣曰:「一本曰『召始皇弟子嬰,授之璽』。」《索隱》:「劉氏云:『「弟」字誤,當爲「孫」。子嬰,二世兄子。』

根據上述三條資料,由於文字斷讀不同,秦王子嬰的身分就有四種不同說法:

一、二世之兄子

依〈秦始皇本紀〉:「立二世之兄子公子嬰爲秦王。」將「二世之兄子」作爲身分,「公子嬰」作爲稱謂。宋代鄭樵甚至將子嬰確定爲扶蘇之子。《通志‧卷四‧秦紀四》:「秦王子嬰者,始皇之孫,公子扶蘇之子也。扶蘇、嬰父子皆有賢德,百姓愛之。二世三年九月,趙高既

殺二世，懼禍及，遂立子嬰，以從人望。」

二、二世兄

依〈六國年表〉：「高立二世兄子嬰。子嬰立，刺殺高，夷三族。諸侯入秦，嬰降，為項羽所殺。」將「二世兄」作為身分，「子嬰」作為稱謂（亦有稱「嬰」，則「二世兄子」為身分）。

三、始皇弟

依〈李斯列傳〉：「高自知天弗與，羣臣弗許，乃召始皇弟，授之璽。子嬰即位」。將「始皇弟」作為身分，「子嬰」作為稱謂。

四、始皇弟子

依《集解》引徐廣曰：「一本曰『召始皇弟子嬰，授之璽』。」將「始皇弟子」作為身分，「嬰」作為稱謂（或將「始皇弟」作為身分，「子嬰」作為稱謂）。

之所以會有上述四種不同解讀，主要是因為稱謂可以是「公子嬰」、「子嬰」或「嬰」。那麼如何分辨誰對誰錯呢？

參、分辨方法

分辨四種說法何者為是，可以從五個史實入手：一是公子嬰的稱謂；二是胡亥聽趙高之讒而殺諸公子；三是胡亥殺蒙氏兄弟，而子嬰曾勸諫；四是趙高以義立子嬰為秦王；五是子嬰年齡。

一、「公子嬰」的稱謂

由上述《史記》三處資料可知，「公子嬰」也可稱為「子嬰」或「嬰」。但周秦時期，諸侯之子才能稱「公子」，《春秋左傳集解・隱公八年》杜預注云：「諸侯之子稱公子，公子之子稱公孫，公孫之子以王父字為氏。」依此標準，則「二世之兄子」（其父為二世兄，其父只

是公子，不是諸侯，則子嬰只是諸侯之孫，應稱為公孫，不能稱為公子）、「始皇弟子」（始皇弟，《史記》有成蟜，只是公子，其子只能稱公孫）都不符資格。只有「二世兄」（其父即秦始皇）和「始皇弟」（其父即秦莊襄王）符合。

二、胡亥聽趙高之讒而殺諸公子

《史記》中曾多次提到二世聽趙高之讒而殺諸公子：

> （二世）乃行誅大臣及諸公子，以罪過連逮少近官三郎，無得立者，而六公子戮死於杜。公子將閭昆弟三人囚於內宮，議其罪獨後。二世使使令將閭曰：「公子不臣，罪當死，吏致法焉。」將閭曰：「闕廷之禮，吾未嘗敢不從賓贊也；廊廟之位，吾未嘗敢失節也；受命應時，吾未嘗敢失辭也。何謂不臣？願聞罪而死。」使者曰：「臣不得與謀，奉書從事。」將閭乃仰天大呼天者三，曰：「天乎！吾無罪！」昆弟三人皆流涕拔劍自殺。宗室振恐。（〈秦始皇本紀〉）

此言六公子戮死於杜。公子將閭昆弟三人囚於內宮，而後拔劍自殺。

> 二世燕居，乃召高與謀事，謂曰：「夫人生居世間也，譬猶騁六驥過決隙也。吾既已臨天下矣，欲悉耳目之所好，窮心志之所樂，以安宗廟而樂萬姓，長有天下，終吾年壽，其道可乎？」高曰：「此賢主之所能行也，而昏亂主之所禁也。臣請言之，不敢避斧鉞之誅，願陛下少留意焉。夫沙丘之謀，諸公子及大臣皆疑焉，而諸公子盡帝兄，大臣又先帝之所置也。今陛下初立，此其屬意怏怏皆不服，恐為變。且蒙恬已死，蒙毅將兵居外，臣戰戰栗栗，唯恐不終。且陛下安得為此樂乎？」二世曰：「為之奈何？」趙高曰：「嚴法而刻刑，令有罪者相坐誅，至收族，滅大臣而遠骨肉；貧者富

之，賤者貴之。盡除去先帝之故臣，更置陛下之所親信者近
之。此則陰德歸陛下，害除而姦謀塞，羣臣莫不被潤澤，蒙
厚德，陛下則高枕肆志寵樂矣。計莫出於此。」二世然高之
言，乃更爲法律。於是羣臣諸公子有罪，輒下高，令鞠治
之。殺大臣蒙毅等，公子十二人僇死咸陽市，十公主矺死於
杜，財物入於縣官，相連坐者不可勝數。（〈李斯列傳〉）

此言公子十二人僇死咸陽市，十公主矺死於杜。

公子高欲奔，恐收族，乃上書曰：「先帝無恙時，臣入則賜
食，出則乘輿。御府之衣，臣得賜之；中廐之寶馬，臣得賜
之。臣當從死而不能，爲人子不孝，爲人臣不忠。不忠者無
名以立於世，臣請從死，願葬酈山之足。唯上幸哀憐之。」
書上，胡亥大說，召趙高而示之，曰：「此可謂急乎？」趙
高曰：「人臣當憂死而不暇，何變之得謀！」胡亥可其書，
賜錢十萬以葬。（〈李斯列傳〉）

此言公子高欲奔，恐收族，乃上書請從先帝死，願葬酈山之足。則二
世胡亥誅殺諸公子及諸公主，確爲事實。另外，有一則史料值得注
意：

閻樂前即二世數曰：「足下驕恣，誅殺無道，天下共畔足
下，足下其自爲計。」二世曰：「丞相可得見否？」樂曰：
「不可。」二世曰：「吾願得一郡爲王。」弗許。又曰：
「願爲萬戶侯。」弗許。曰：「願與妻子爲黔首，比諸公
子。」閻樂曰：「臣受命於丞相，爲天下誅足下，足下雖
多言，臣不敢報。」麾其兵進。二世自殺。（〈秦始皇本
紀〉）

參考胡亥說「願與妻子爲黔首，比諸公子」，則二世之兄（二世爲始

皇少子）尚有未被誅殺者，但卻廢爲黔首。依此，二世之兄大都因趙高之讒而被誅殺，少數未死者也被廢爲黔首。則趙高不可能擁立與己有仇的二世之兄或二世之兄子爲秦王。則子嬰不會是二世之兄或二世之兄子。

三、胡亥殺蒙氏兄弟，而子嬰曾勸諫

二世剛即位時，因趙高之讒而欲殺蒙氏兄弟，子嬰曾勸諫：

> 胡亥聽而繫蒙毅於代。前已囚蒙恬於陽周。喪至咸陽，已葬，太子立爲二世皇帝，而趙高親近，日夜毀惡蒙氏，求其罪過，舉劾之。子嬰進諫曰：「臣聞故趙王遷殺其良臣李牧而用顏聚，燕王喜陰用荊軻之謀而倍秦之約，齊王建殺其故世忠臣而用后勝之議。此三君者，皆各以變古者失其國而殃及其身。今蒙氏，秦之大臣謀士也，而主欲一旦弃去之，臣竊以爲不可。臣聞輕慮者不可以治國，獨智者不可以存君。誅殺忠臣而立無節行之人，是內使羣臣不相信而外使鬪士之意離也，臣竊以爲不可。」胡亥不聽。（〈蒙恬列傳〉）

二世殺害蒙恬、蒙毅時，子嬰敢於勸阻，指出「誅殺功臣而立無節之人，是內使羣臣不相信而外使鬪士之意離也。」二世雖不聽，卻未行誅殺，則子嬰未被廢爲庶民，仍可上朝勸諫，不當是「二世兄」，也不當是「二世兄子」，則「始皇弟」以叔父長輩身分來勸諫二世較爲符合。

四、趙高以義立子嬰為秦王

趙高立子嬰爲秦王的考量點是「義」：

> 子嬰與其子二人謀曰：「丞相高殺二世望夷宮，恐羣臣誅之，乃詳以義立我。」（〈秦始皇本紀〉）

始皇諸子被趙高所讒被殺或被廢爲黔首，趙高不可能立與己有仇之二世之兄或有殺父之仇的二世之兄子（始皇之孫）爲秦王。子嬰以始皇之弟、二世之叔的身分，且有勸諫二世殺蒙氏兄弟之事實，則符合「義」的條件。

五、子嬰年齡

子嬰曾與其二子謀殺趙高：

> 子嬰與其子二人謀曰：「丞相高殺二世望夷宮，恐羣臣誅之，乃詳以義立我。我聞趙高乃與楚約，滅秦宗室而王關中。今使我齋見廟，此欲因廟中殺我。我稱病不行，丞相必自來，來則殺之。」高使人請子嬰數輩，子嬰不行，高果自往，曰：「宗廟重事，王奈何不行？」子嬰遂刺殺高於齋宮，三族高家以徇咸陽。（〈秦始皇本紀〉）

此言子嬰與其二子謀。

> 子嬰即位，患之，乃稱疾不聽事，與宦者韓談及其子謀殺高。高上謁，請病，因召入，令韓談刺殺之，夷其三族。（〈李斯列傳〉）

此言子嬰與宦者韓談及其子謀殺趙高。子嬰若是二世之兄子，則始皇長子扶蘇在二世之兄輩中年齡最大，以始皇13歲即位，若15歲娶妻，16歲生長子，始皇在位38年，至始皇死時，扶蘇至多35歲，至二世三年時，扶蘇至多38歲。若以扶蘇15歲娶妻，16歲生子，其子（子嬰）在二世三年時最多23歲。若子嬰15歲娶妻，16歲生子，其子（子嬰之子）最多8歲。試問子嬰如何與其二子（8歲或7歲）謀殺趙高？則以年齡而言，子嬰不當是二世兄子。若子嬰是始皇弟，在二世三年時，其年齡約爲50~41歲。──此時始皇爲53歲，成蟜爲51歲，子嬰應比成蟜年幼，則最多50歲。若子嬰爲莊襄王遺腹子，此時至少41

歲。——若子嬰15歲娶妻，16歲生子，其子（子嬰之子）也早已成年，自然能與子嬰共謀殺趙高。

肆、結語

　　雖然張金銑〈秦王子嬰身世蠡測〉（《史學集刊》第4期，2000年11月）曾提出「子嬰極可能是秦孝文王之子，即莊襄王之兄弟，秦始皇的叔父或伯父。」但是《史記》及其他秦漢典籍都沒有明文記載，就算這種說法有其合理性，也是不能貿然採納。我們只能根據《史記》三處提到子嬰身分的資料來做判斷，亦即《史記‧秦始皇本紀》：「立二世之兄子公子嬰爲秦王。」《史記‧六國年表‧二世三年》：「趙高反，二世自殺，高立二世兄子嬰。」《史記‧李斯列傳》：「高自知天弗與，羣臣弗許，乃召始皇弟，授之璽。子嬰即位」《集解》引徐廣曰：「一本曰『召始皇弟子嬰，授之璽』。」分別從「二世之兄子」、「二世兄」、「始皇弟」、「始皇弟子」四種身分來推敲。基於「公子嬰」的稱謂、胡亥聽趙高之讒而殺諸公子、胡亥殺蒙氏兄弟而子嬰曾勸諫、趙高以義立子嬰爲秦王、子嬰年齡等史實，子嬰的身分應是始皇弟。

第十六章

善用「時間」作為分辨
疑難之關鍵——以漢孝
惠皇后之身分爲例

壹、前言

《史記·外戚世家》曰:「呂后長女爲宣平侯張敖妻,敖女爲孝惠皇后。呂太后以重親故,欲其生子萬方,終無子,詐取後宮人子爲子。」只說孝惠皇后爲「敖女」,並沒有指明是魯元公主所生之女;而且因爲張敖女成爲孝惠皇后而有親上加親的「重親」關係,呂太后要她生下子嗣,用了許多方法,終究無子。

《漢書·外戚傳》曰:「孝惠張皇后。宣平侯敖尙帝姊魯元公主,有女。惠帝即位,呂太后欲爲重親,以公主女配帝爲皇后。欲其生子,萬方終無子,乃使陽爲有身,取後宮美人子名之,殺其母,立所名子爲太子。」則直接指明「宣平侯敖尙帝姊魯元公主,有女」、「以公主女配帝爲皇后」,認爲孝惠皇后乃魯元公主所生之女;而且將因果關係顚倒,說是呂太后要親上加親(重親),把魯元公主生的女兒許配給孝惠帝當皇后。許多學者根據《漢書》的說法,也都認爲孝惠皇后是魯元公主所生,如:《資治通鑑》卷12曰:「(孝惠皇帝四年)冬,十月,立皇后張氏。后,帝姊魯元公主女也,太后欲爲重親,故以配帝。」胡三省注曰:「后,張敖女也。魯元公主降敖而生后,因下文重親,故直書帝姊魯元公主女;既以紀人倫之變,且著外戚固寵也。」則孝惠帝娶自己的親外甥女,難道沒有亂倫之嫌?難道不怕血緣太近,其生不蕃嗎?筆者頗爲疑惑,因此深入探究,以釐清眞相。本文主要是從時間上來推論,看哪一種說法較爲合理。

貳、魯元公主嫁張敖的時間

魯元公主嫁張敖的時間,依《史記·張耳陳餘列傳》曰:「漢五年,張耳薨,謚爲景王。子敖嗣立爲趙王。高祖長女魯元公主爲趙王敖后。漢七年,高祖從平城過趙,趙王朝夕袒韝蔽,自上食,禮甚卑,有子壻禮。」《漢書·張耳陳餘傳》曰:「四年夏,立耳爲趙王。五年秋,耳薨,謚曰景王。子敖嗣立爲王,尙高祖長女魯元公主,爲王

后。七年，高祖從平城過趙，趙王旦暮自上食，體甚卑，有子壻禮。」
兩者所記相同。看起來好像「高祖長女魯元公主爲趙王敖后」是在高祖
五年。但這只是《史記》及《漢書》漏寫「高祖長女魯元公主爲趙王敖
后」的時間所導致的誤解。

　　另外，《史記・漢興以來諸侯王年表》「張耳薨」在高祖四年，張
敖封王在高祖五年。《漢書・異姓諸侯王表》「張耳薨」在高祖五年，
「子敖嗣爲王」在高祖六年。筆者將上述四處資料以表格呈現，就可以
發現其中內涵：

表16-1　《史記》、《漢書》所載張耳薨、張敖嗣立時間對照表

		《史記》		《漢書》	
		〈張耳陳餘列傳〉	〈漢興以來諸侯王年表〉	〈張耳陳餘傳〉	〈異姓諸侯王表〉
張耳薨	漢四年		✓		
	漢五年	✓		✓	✓
張敖嗣立	漢五年		✓		
	漢六年				✓

　　經由上表，筆者得出以下三點推論：

1. 「張耳薨」的時間在「漢四年」只有一處（《史記・漢興以來諸侯王
　年表》），在「漢五年」卻有三處，則應以「漢五年」爲是。

2. 有明確記載「張敖嗣立」時間只有兩處，一爲「漢五年」（《史記・
　漢興以來諸侯王年表》），一爲「漢六年」（《漢書・異姓諸侯王

表》），依前項所述，《史記·漢興以來諸侯王年表》有誤，則「張敖嗣立」應爲「漢六年」。

3. 《史記·漢興以來諸侯王年表》與《漢書·異姓諸侯王表》所載「張耳薨」與「張敖嗣立」都不在同一年，而是隔年。依《漢書·張耳陳餘傳》曰：「五年秋，耳薨，謚曰景王。」漢初以多十月爲歲首，秋則是歲末，五年秋張耳薨，則張敖嗣立應爲隔年，即漢六年。

因此，《史記·張耳陳餘列傳》那段話若補上時間則爲：「漢五年，張耳薨，謚爲景王。【六年】子敖嗣立爲趙王。高祖長女魯元公主爲趙王敖后。漢七年，高祖從平城過趙，趙王朝夕袒韝蔽，自上食，禮甚卑，有子壻禮。」《漢書·張耳陳餘傳》那段話若補上時間則爲：「四年夏，立耳爲趙王。五年秋，耳薨，謚曰景王。【六年】子敖嗣立爲王，尚高祖長女魯元公主，爲王后。七年，高祖從平城過趙，趙王旦暮自上食，體甚卑，有子壻禮。」則魯元公主嫁張敖的時間爲「漢六年」。

但是，查《史記·劉敬叔孫通列傳》曰：

漢七年，韓王信反，高帝自往擊之。……高帝罷平城歸，韓王信亡入胡。當是時，冒頓爲單于，兵彊，控弦三十萬，數苦北邊。上患之，問劉敬。劉敬曰：「天下初定，士卒罷於兵，未可以武服也。冒頓殺父代立，妻羣母，以力爲威，未可以仁義説也。獨可以計久遠子孫爲臣耳，然恐陛下不能爲。」上曰：「誠可，何爲不能！顧爲奈何？」劉敬對曰：「陛下誠能以適長公主妻之，厚奉遺之，彼知漢適女送厚，蠻夷必慕以爲閼氏，生子必爲太子，代單于。何者？貪漢重幣。陛下以歲時漢所餘彼所鮮數問遺，因使辯士風諭以禮節。冒頓在，固爲子婿；死，則外孫爲單于。豈嘗聞外孫敢與大父抗禮者哉？兵可無戰以漸臣也。若陛下不能遣長公主，而令宗室及後宮詐稱公主，彼亦知，不肯貴近，無益

也。」高帝曰：「善。」欲遣長公主。呂后日夜泣，曰：「妾唯太子、一女，奈何弃之匈奴！」上竟不能遣長公主，而取家人子名爲長公主，妻單于。使劉敬往結和親約。

此時乃高祖七年從平城回都以後，魯元公主應尚未嫁給張敖，劉敬才會建議以長公主和親匈奴，高帝才會「欲遣長公主」出嫁單于，呂后才會「日夜泣」，曰：「妾唯太子、一女，奈何弃之匈奴！」如果魯元公主此時已出嫁，就不可能將之再嫁單于。那此處就與上段「【六年】子敖嗣立爲趙王。高祖長女魯元公主爲趙王敖后。漢七年，高祖從平城過趙，趙王朝夕袒韝蔽，自上食，禮甚卑，有子壻禮。」相矛盾。難怪司馬光的《資治通鑑》加以評論：

> 臣光曰：建信侯謂冒頓殘賊，不可以仁義說，而欲與爲婚姻，何前後之相違也！夫骨肉之恩，尊卑之敍，唯仁義之人爲能知之，奈何欲以此服冒頓哉！蓋上世帝王之御夷狄也，服則懷之以德，叛則震之以威，未聞與爲婚姻也。且冒頓視其父如禽獸而獵之，奚有於婦翁！建信侯之術，固已疏矣；況魯元已爲趙后，又可奪乎！

則司馬光認爲魯元公主在劉敬說高祖與匈奴和親之前已嫁張敖。筆者認爲：承認「漢六年」魯元公主已嫁張敖，則〈劉敬叔孫通列傳〉所言不合理；反之，若認可〈劉敬叔孫通列傳〉，則「漢六年」魯元公主已嫁張敖爲不合理。既然互相矛盾，那就以相對合理之理由來解釋，使其兩全其美而不矛盾，豈非更佳？因此，若將「【六年】子敖嗣立爲趙王。高祖長女魯元公主爲趙王敖后。漢七年，高祖從平城過趙，趙王朝夕袒韝蔽，自上食，禮甚卑，有子壻禮。」中的「高祖長女魯元公主爲趙王敖后」視爲已許嫁張敖，但尚未結婚，則與張敖「有子壻禮」不衝突，也與〈劉敬叔孫通列傳〉所言不矛盾。其中理由尚有「張耳薨」於「五年秋」，張敖須守三年之喪，不可能在守

喪期間（漢六年）而完婚。很可能因呂后怕魯元公主遠嫁匈奴，而急著在漢七年將魯元公主下嫁張敖。所以「高祖長女魯元公主爲趙王敖后」，應是許婚，而完婚則在高祖七年。

參、張敖女立爲孝惠皇后的時間

張敖女立爲孝惠皇后的時間，依《漢書・惠帝紀》：「四年冬十月壬寅，立皇后張氏。」師古注曰：「張敖之女也。」也是說孝惠張皇后爲「張敖之女」，沒說是魯元公主所生之女。高祖以十月至霸上，故因襲秦制以十月爲歲首，則「四年冬十月壬寅」應爲惠帝四年之歲首。

肆、張敖女立爲孝惠皇后時的年齡

若張敖女爲魯元公主所生，她被立爲孝惠皇后時的年齡，最多應只有八足歲。推算的依據爲：魯元公主於高祖七年嫁張敖，假設第二年（高祖八年）生下女兒，至惠帝四年歲首（高祖在位十二年），頂多只有八足歲，相當於現在小學三年級的年紀。退一步說，魯元公主嫁張敖的時間最早也只是在高祖六年（依「【六年】子敖嗣立爲趙王。高祖長女魯元公主爲趙王敖后」），則孝惠皇后也頂多九足歲。身體尚未發育成熟，還是個小孩，如何成親？如何生育？呂太后欲其生子，豈非緣木求魚？

伍、「重親」的解讀

《史記・外戚世家》曰：「呂后長女爲宣平侯張敖妻，敖女爲孝惠皇后。呂太后以重親故，欲其生子萬方，終無子，詐取後宮人子爲子。」「重親」的意義，班固可能誤解，所以《漢書・外戚傳》曰：「孝惠張皇后。宣平侯敖尚帝姊魯元公主，有女。惠帝即位，呂太后欲爲重親，以公主女配帝爲皇后。欲其生子，萬方終無子，乃使陽爲有身，取後宮美人子名之，殺其母，立所名子爲太子。」將「張敖女」解

為「張敖與魯元公主所生之女」。

　　首先，《史記》是說呂太后因為張敖女（孝惠皇后）有「重親」的緣故，想要她生子，用了很多方法都無效。其前提是因張敖女是親上加親，想要她生子。《漢書》卻是說呂太后想要親上加親（重親），就把魯元公主的女兒許配給惠帝當做皇后。兩書對於「重親」的因果前提說法不同。從文意上來看，《史記》所言孝惠皇后只是張敖之女，不是魯元公主所生，但因有「重親」關係，呂太后愛屋及烏，欲其生子。《漢書》則斷言呂太后想「重親」，因而將魯元公主之女許配孝惠帝為皇后。

　　但依上述推論，孝惠皇后不可能是魯元公主所生，我們即可大膽推論：張敖尚魯元公主之前已有妾室，已生有子女。如：《史記・張耳陳餘列傳》曰：「張敖，高后六年薨。子偃為魯元王。以母呂后女故，呂后封為魯元王。元王弱，兄弟少，乃封張敖他姬子二人：壽為樂昌侯，侈為信都侯。」可見張敖另有姬妾及其所生子女。又《漢書・張耳陳餘傳》曰：「高后元年，魯元太后薨。後六年，宣平侯敖復薨。呂太后立敖子偃為魯王，以母為太后故也。又憐其年少孤弱，乃封敖前婦子二人：壽為樂昌侯，侈為信都侯。」可見此姬妾為張敖「前婦」。迨張敖尚魯元公主，必以為嫡妻，則其他姬妾之子女皆視魯元公主為嫡母，名義上皆為魯元公主之子女。如：《史記・惠景間侯者年表》提到信都侯張侈和樂昌侯張受被封的原因（侯功），都是「以張敖、魯元太后子侯。」張侈、張受（壽）二人都是張敖其他姬妾之子，皆視魯元公主為嫡母，名義上皆為魯元公主之子。因此，該表之「侯功」如此記載。這也是《史記》所說親上加親的「重親」。

　　周騁〈漢孝惠皇后身份辨〉（《中國典籍與文化》2003年03期）曰：「及呂后死，大臣誅呂氏，基本上是斬草除根式的。受誅者不僅有呂氏封侯之人，更有漢孝惠皇帝劉盈的三個年幼之少帝及皇子，樊噲之子、嗣封之舞陽侯樊伉也死於是役。偏偏沒有殺惠帝皇后，實屬意味深長之舉。其中的最主要原因或許就是，惠帝后無呂氏血緣。」這又是一

個有力證據，說明孝惠張皇后並非魯元公主所生，與呂氏沒有血緣關係。

陸、結語

漢孝惠皇后的身分，究竟是否爲魯元公主所生之女？基於上述論證，筆者認爲她不是張敖與魯元公主所生之女，而是張敖與前婦所生之女。其理由如下：一、《史記・外戚世家》曰：「呂后長女爲宣平侯張敖妻，敖女爲孝惠皇后。」只說張敖之女爲孝惠皇后；二、張敖早有前婦，也生有二子，則孝惠皇后可能是張敖與前婦所生之女；三、魯元公主既是張敖嫡妻，則張敖其他姬妾之子女在名義上也是魯元公主的子女，那就符合親上加親的「重親」意義。

反之，若孝惠皇后爲張敖與魯元公主所生，則有數點不合邏輯之處：一、孝惠帝娶親外甥女，有亂倫之譏；二、血源太近，其生不蕃；三、孝惠皇后當時只有八足歲。這都與呂后「欲其生子」的願望相違背。

另外，若孝惠皇后爲魯元公主所生，爲求孝惠皇后當時年齡，則必先得知魯元公主嫁張敖的時間。但因《史記》和《漢書》所載有所缺漏，且又與《史記・劉敬叔孫通列傳》所載矛盾。爲求兩全其美，筆者認爲：「張耳薨」於「漢五年秋」，張敖於「漢六年」嗣立爲趙王，高祖長女魯元公主爲趙王敖后，乃許嫁而尙未完婚，此因張敖須守三年之喪。「漢七年，高祖從平城過趙，趙王朝夕袒鞲蔽，自上食，禮甚卑，有子壻禮。」既已許婚，則張敖「有子壻禮」乃極爲合理。正因尙未完婚，待高祖從平城回都，劉敬建議以長公主出嫁匈奴單于，高祖才會同意，而呂后才會擔憂哭泣加以勸阻。迨高祖不遣長公主，呂后爲免夜長夢多，乃急著將魯元公主與張敖完婚。則其完婚時間約在「高祖七年」。

第十七章

善用電子資料庫解決
教研問題——以「季
布母弟丁公」爲例

壹、前言

　　拜現代科技之賜，電子資料庫已建立的很完整，我們可以善用這些資源，來解決教學和研究方面的問題。尤其是「中央研究院‧漢籍電子文獻‧瀚典全文檢索系統」更是值得善加運用。它有幾項優點：㈠免費；㈡資料豐富；㈢搜尋方便；㈣根據版本完善。這些資料庫在我們面對問題時，可以提供完整的資訊，以利判斷抉擇。茲以「季布母弟丁公」為例，加以說明。

　　《史記‧季布欒布列傳》云：「季布母弟丁公，為楚將。」唐‧司馬貞《索隱》：「案：謂布之舅也。」是將「母弟」二字解為「母親的弟弟」，所以認為丁公是季布母親的弟弟，也就是季布的舅舅。

　　但是，《漢書‧季布欒布田叔傳》云：「布母弟丁公，為項羽將」。唐‧顏師古曰：「此母弟為同母異父之弟。」是將「母弟」二字解為「同母的弟弟」，因丁公姓丁，而季布姓季，二人不同姓，應是不同父親，所以說是「同母異父之弟」。

　　這兩種說法，都是唐代大儒的注解，哪一種正確呢？

貳、輸入「母弟」關鍵字

　　筆者認為：可以用《史記》一書的語料作為判斷依據。我們可以從《史記》全文輸入「母弟」二字，得到下列「母弟」、「同母弟」和「異母弟」三種資料：

一、母弟

　　得到「母弟」的資料如下：

> 景公母弟后子鍼有寵，景公母弟富，或譖之，恐誅，乃奔晉，車重千乘。（〈秦本紀〉）

「景公母弟后子鍼」是說「秦景公同母弟弟后子鍼」。「母弟」前之

領屬性人物爲景公。

> 三十一年六月，襄公卒。其九月，太子卒。魯人立齊歸之子
> 裯爲君，是爲昭公。昭公年十九，猶有童心。穆叔不欲立，
> 曰：「太子死，有母弟可立，不即立長。年均擇賢，義鈞則
> 卜之。今裯非適嗣，且又居喪意不在戚而有喜色，若果立，
> 必爲季氏憂。」季武子弗聽，卒立之。（〈魯周公世家〉）

「太子死，有母弟可立」是說「魯襄公的太子死了，還有太子的同母
弟弟可立爲君」。「母弟」前之領屬性人物爲太子。

> 文公元年，晉率諸侯伐宋，責以弒君。聞文公定立，乃去，
> 二年，昭公子因文公母弟須與武、繆、戴、莊、桓之族爲
> 亂，文公盡誅之，出武、繆之族。（〈宋微子世家〉）

「昭公子因文公母弟須與武、繆、戴、莊、桓之族爲亂」是說「昭公
的兒子藉著文公的同母弟弟公子須與武公、繆公、戴公、莊公、桓公
的族人作亂」。「母弟」前之領屬性人物爲文公。

> 齊，王舅也；晉及魯、衛，王母弟也；（〈楚世家〉）

「晉及魯、衛，王母弟也」是說「晉及魯、衛的始封之君，是周武王
的同母弟弟」。「母弟」前之領屬性人物爲周武王。

> 王誠能無羞從子母弟以爲質（〈蘇秦列傳〉）

是說「燕王眞能無羞愧於把寵愛的兒子或同母弟弟當作人質」。「母
弟」前之領屬性人物爲燕王。

> 梁孝王，景帝母弟，竇太后愛之（〈韓長孺列傳〉）

是說「梁孝王是漢景帝的同母弟弟，竇太后很愛他」。「母弟」前之
領屬性人物爲景帝。

二、同母弟

得到「同母弟」的資料如下：

三十二年，釐公同母弟夷仲年死。其子曰公孫無知，釐公愛
之，令其秩服奉養比太子。（〈齊太公世家〉）

「釐公同母弟夷仲年」是說「齊釐公同母弟弟夷仲年」。「同母弟」
前之領屬性人物為齊釐公。

十年，幽王卒，同母弟猶代立，是為哀王。（〈楚世家〉）

「幽王卒，同母弟猶代」是說「楚幽王死，幽王的同母弟弟公子猶代
替即位」。「同母弟」前之領屬性人物為幽王。

宣太后二弟：其異父長弟曰穰侯，姓魏氏，名冉；同父弟曰
芈戎，為華陽君。而昭王同母弟曰高陵君、涇陽君。（〈穰
侯列傳〉）

「昭王同母弟曰高陵君、涇陽君」是說「秦昭王的同母弟弟是高陵
君、涇陽君」。「同母弟」前之領屬性人物為秦昭王。

涇陽君、高陵君皆昭王同母弟也。（〈范雎蔡澤列傳〉）

是說「涇陽君和高陵君都是秦昭王的同母弟弟」。「同母弟」前之領
屬性人物為秦昭王。

武安侯田蚡者，孝景后同母弟也（〈魏其武安侯列傳〉）

是說「武安侯田蚡是孝景皇后的同母弟弟」。「同母弟」前之領屬性
人物為孝景帝王皇后。

三、異母弟

得到「異母弟」的資料如下：

武王取魏女爲后，無子。立異母弟，是爲昭襄王。（〈秦本紀〉）

「立異母弟」是說「立秦武王的異母弟弟」。「異母弟」前的領屬性人物爲武王。

崔杼立莊公異母弟杵臼，是爲景公。（〈齊太公世家〉）

「崔杼立莊公異母弟杵臼」是說「崔杼立了莊公的異母弟弟公子杵臼」。「異母弟」前之領屬性人物爲莊公。

子朔之兄壽，太子異母弟也，知朔之惡太子而君欲殺之，（〈衛康叔世家〉）

「太子異母弟也」是說「太子伋的異母弟弟」。「異母弟」前之領屬性人物爲太子。

魏公子無忌者，魏昭王少子而魏安釐王異母弟也。（〈魏公子列傳〉）

是說「魏公子無忌是魏昭王的小兒子而魏安釐王的異母弟弟」。「異母弟」前之領屬性人物爲魏安釐王。

上述「母弟」、「同母弟」、「異母弟」都是指它們前面領屬性人物的同母弟弟或異母弟弟，而不是母親的弟弟（舅舅）。

參、輸入「舅」關鍵字

從《史記》全文輸入「舅」字，得到下列「舅」、「舅父」和「親舅」三種資料：

一、舅

得到「舅」的資料如下：

晉文公重耳，晉獻公之子也。自少好士，年十七，有賢士五人：曰趙衰；狐偃咎犯，文公舅也（〈晉世家〉）

「狐偃咎犯，文公舅也」是說「狐偃咎犯是晉文公的舅舅」。這是稱「舅」。「舅」前之領屬性人物為文公。

二、舅父

得到「舅父」的資料如下：

封淮南王舅父趙兼為周陽侯，齊王舅父駟鈞為清郭侯（〈孝文本紀〉）

這是稱「舅父」。「舅父」前之領屬性人物為淮南王、齊王。

齊王既聞此計，乃與其舅父駟鈞、郎中令祝午、中尉魏勃陰謀發兵。（〈齊悼惠王世家〉）

「齊王既聞此計，乃與其舅父駟鈞」是說「齊王聽聞此計，就和他的舅父駟鈞」，這是稱「舅父」。「舅父」前之領屬性人物為齊王。

周陽由者，其父趙兼以淮南王舅父侯周陽，故因姓周陽氏。（〈酷吏列傳〉）

這是稱「舅父」。「舅父」前之領屬性人物為淮南王。

三、親舅

得到「親舅」的資料如下：

太史公曰：穰侯，昭王親舅也。（〈穰侯列傳〉）

「穰侯，昭王親舅也」是說「穰侯是秦昭王的親舅舅」。這是稱「親舅」。「親舅」前之領屬性人物為昭王。

可見《史記》中若是指母親的弟弟，則會直說「舅」、「舅父」或「親舅」。另外，也有稱爲「母某某之弟」者：

穰侯、華陽君，昭王母宣太后之弟也（〈范雎蔡澤列傳〉）

是說「穰侯和華陽君是秦昭王的母親宣太后的弟弟」，這是稱「母某某之弟」。它不會簡稱爲「母弟」，而令讀者誤會。

肆、「母弟」指「舅」的誤讀

但是，有一則「母弟」指舅舅，其例如下：

上方怒趙王，未理厲王母。厲王母弟趙兼因辟陽侯言呂后，呂后妒，弗肯白，辟陽侯不彊爭。及厲王母已生厲王，恚，即自殺。（〈淮南衡山列傳〉）

趙兼是厲王的舅舅，從字面上看「厲王母弟趙兼」，「母弟」二字指母親的弟弟，即舅舅。若是如此，則與前述「母弟」解成「同母弟弟」的用法不同。但是此句領屬性人物爲「厲王母」，而非「厲王」。由「上方怒趙王，未理厲王母」、「及厲王母已生厲王，恚，即自殺」，可知「厲王母」爲這段文字的主要人物，因此「厲王母弟趙兼因辟陽侯言呂后」，是說「『厲王母』的弟弟趙兼因辟陽侯言呂后」，而非「厲王的同母弟弟趙兼因辟陽侯言呂后」。

伍、結語

基於上述論證，「季布母弟丁公」是說「季布的同母弟弟丁公」，而非「季布母親的弟弟丁公」。因此，丁公是季布的同母異父弟弟，而非舅舅。所以教育部《重編國語辭典修訂本》網頁對「母弟」的解釋爲：「稱謂。稱同母所生的弟弟。」而非「母親的弟弟（舅舅）」。

　　由本文的寫作，可以提供讀者下列建議：

一、善用電子資料庫

　　「中央研究院・漢籍電子文獻・瀚典全文檢索系統」免費而且具有權威性，以它作爲查尋工具，方便而且可接受公評，應多加運用。

二、資料庫解讀

　　資料庫的建立，雖然投入頗多心力，仍難免會有小缺失。在運用的時候，應配合下列步驟：

㈠查核原文

　　以《史記》爲例，查到的資料依其頁碼找到《新校本史記》，核對原文，以資取信。

㈡分門別類

　　將查到的資料先行分類，再加以敘述，才不會蕪雜紊亂，令讀者無法閱讀。如本文先輸入「母弟」二字，而有「母弟」、「同母弟」和「異母弟」三種資料。其中「厲王母弟趙兼」與其他資料情況不同，因而另行敘述。

㈢解讀正確

　　根據所要解決的問題，對查到的資料加以解讀，然後提出見解。如「厲王母弟趙兼」的解讀。

三、培養解決問題的能力

　　透過本文實際操作，讀者應該可以培養解決問題的能力，而不是人云亦云，應聲附和。

Note

Note

國家圖書館出版品預行編目資料

<<史記>>概說及名篇賞析／魏聰祺著. －－初
版. －－臺北市：五南, 2018.09
　　面；　公分
ISBN 978-957-11-9819-4（平裝）
1.史記　2.研究考訂
610.11　　　　　　　　　107011550

1XFK 經典文學系列

《史記》概說及名篇賞析

作　　者 ─ 魏聰祺

發 行 人 ─ 楊榮川

總 經 理 ─ 楊士清

副總編輯 ─ 黃惠娟

責任編輯 ─ 蔡佳伶

校　　對 ─ 蘇禹璇

封面設計 ─ 王麗娟

出 版 者 ─ 五南圖書出版股份有限公司

地　　址：106台北市大安區和平東路二段339號4樓

電　　話：(02)2705-5066　　傳　　真：(02)2706-6100

網　　址：http://www.wunan.com.tw

電子郵件：wunan@wunan.com.tw

劃撥帳號：19628053

戶　　名：五南圖書出版股份有限公司

法律顧問　林勝安律師事務所　林勝安律師

出版日期　2018年9月初版一刷

定　　價　新臺幣500元